실무 문서 117개로 필수 기능을 모으는 엑셀 생존 전략

회사에서 엑셀로 X 살아남기

김경자 지음

/IB 한빛미디어
Hanbit Media, Inc.

지은이 김경자

24년 차 엑셀 강사로 활동하며 엑셀 여신 블로그를 운영하고 있습니다. IT/정보화 교육 전문 회사인 컴피플 대표이며 연성대학교 겸임교수로도 활동하고 있습니다.

저서로는 《회사에서 바로 통하는 실무 엑셀 함수&수식》(한빛미디어, 2021), 《회사에서 바로 통하는 실무 엑셀 매크로&VBA》(한빛미디어, 2020), 《회사에서 바로 통하는 실무 엑셀 데이터 활용+분석》(한빛미디어, 2019), 《엑셀 2016 기본+실무완성》(북스홀릭퍼블리싱, 2018), 《회사에서 바로 통하는 엑셀 함수 실무 강의》(한빛미디어, 2017), 《엑셀 2016 매크로&VBA》(정보문화사, 2016), 《회사에서 바로 통하는 엑셀 데이터 활용+분석》(한빛미디어, 2016), 《엑셀 2013 기본+실무완성》(북스홀릭퍼블리싱, 2014), 《엑셀 2010 매크로&VBA》(영진닷컴, 2012), 《엑셀 2010 기본+실무완성》(북스홀릭퍼블리싱, 2011) 등이 있습니다.

이메일 onwings@cpedu.co.kr
블로그 blog.naver.com/onwings

회사에서 엑셀로 살아남기

초판 1쇄 발행 2023년 10월 5일

지은이 김경자 / **펴낸이** 김태헌
펴낸곳 한빛미디어(주) / **주소** 서울시 서대문구 연희로2길 62 한빛미디어(주) IT출판1부
전화 02-325-5544 / **팩스** 02-336-7124
등록 1999년 6월 24일 제25100-2017-000058호 / **ISBN** 979-11-6921-150-5 13000

총괄 배윤미 / **책임편집** 장용희 / **기획** 진명규 / **편집** 박지수
디자인 이아란 / **전산편집** 오정화
영업 김형진, 장경환, 조유미 / **마케팅** 박상용, 한종진, 이행은, 김선아, 고광일, 성화정, 김한솔 / **제작** 박성우, 김정우

이 책에 대한 의견이나 오탈자 및 잘못된 내용에 대한 수정 정보는 한빛출판네트워크 홈페이지나 아래 이메일로 알려주십시오.
잘못된 책은 구입하신 서점에서 교환해 드립니다. 책값은 뒤표지에 표시되어 있습니다.
한빛출판네트워크 홈페이지 www.hanbit.co.kr / 이메일 ask@hanbit.co.kr / 자료실 www.hanbit.co.kr/src/11150

지금 하지 않으면 할 수 없는 일이 있습니다.
책으로 펴내고 싶은 아이디어나 원고를 메일(writer@hanbit.co.kr)로 보내주세요.
한빛미디어(주)는 여러분의 소중한 경험과 지식을 기다리고 있습니다.

엑셀 자격증과 엑셀 실무는 다르다

엑셀은 회사의 업무를 순조롭게 하기 위해 필수로 사용되는 프로그램으로, 최근 기업의 모집 요강에서 "엑셀 능통자 우대"라는 말을 흔히 볼 수 있습니다. 그래서 취업을 위해 많은 사람이 엑셀 자격증을 취득하여 엑셀을 자신 있게 사용할 수 있다고 자랑합니다. 그러나 막상 취업을 하여 회사 업무를 하다 보면 현실은 그렇게 녹록하지 않습니다. 자격증을 취득하기 위해 배웠던 엑셀 기능은 회사 업무에 필요한 스킬과 너무나 다르기 때문입니다. 그래서 대부분 직장인은 업무에 부딪혀가면서 엑셀을 다시 배우게 됩니다. 이 책은 엑셀의 기능은 알고 있지만 실제 회사 업무에 엑셀을 어떻게 사용해야 하는지 잘 모르는 분들을 위해 집필했습니다. 실제 업무 현장에서 사용되는 예제를 처음부터 끝까지 직접 만들어, 독자분들이 엑셀 실무를 효과적으로 배울 수 있도록 준비했습니다.

엑셀은 응용할수록 깊이가 더 깊어진다

엑셀을 업무에 제대로 사용하는 사람은 엑셀이 제공하는 기능을 정석으로 사용하는 것이 아니라 내 업무의 효율성을 높이기 위해 각 상황에 맞게 최적의 도구로 활용합니다. 즉, 엑셀을 업무 특성에 맞게 제대로 응용해서 사용하는 것입니다.

이렇게 엑셀을 제대로 응용할 수 있는 능력자들은 다른 사람들이 엑셀로 온종일 하는 일을 단 1시간 이내에 끝내 주변을 놀라게 합니다. 이 능력은 하루아침에 생긴 것이 아니라 엑셀을 끊임없이 분석하고 새로운 버전에 추가된 기능이 있으면 주저 없이 응용해보면서 실무를 해온 결과입니다. 여러분도 이 책을 통해 다양한 예제로 실무에 응용하는 방법을 습득하신 후 내 업무에 직접 응용해서 적용해보시길 권합니다.

나도 이제 엑셀 능력자가 될 수 있다

어떠한 형태로 예제를 설명하고 기능을 전달해야 엑셀 실무를 익히는 독자분들이 가장 잘 이해할 수 있을지, 그리고 하나하나의 예제마다 추가로 궁금해하는 질문 사항이 어떤 것이 있을지 세심히 고민하고 분석해서 이 책을 만들었습니다. 이러한 노력이 이 책으로 엑셀 실무를 익히고자 하는 분들께 그대로 전달됐으면 좋겠습니다. 이 책을 보시는 분들 모두가 회사에서 엑셀을 잘하는 능력자로 인정받을 수 있기를 바랍니다.

2023년 10월
김경자

CHAPTER 실습

엑셀 전문 강사가 직장인들에게 가장 필요한 엑셀 기술을 선별해 구성한 예제입니다. 업무 문제 해결을 위한 A to Z 솔루션을 제공합니다.

CHAPTER 예제 미리 보기

이번 CHAPTER에서는 어떤 내용을 학습할 수 있는지, 업무가 주어졌을 때 어떤 방식으로 해결하고 처리할 수 있는지 미리 확인할 수 있습니다.

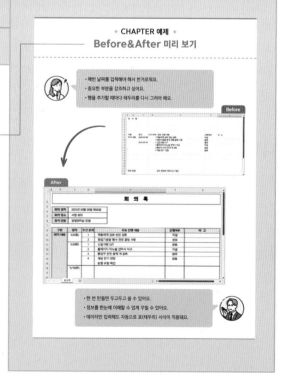

STEP 실습

각 CHAPTER는 업무 문제 해결을 위해
1~3개의 STEP으로 제공됩니다. 업무를 효
율적으로 처리하는 방법을 통해 업무 프로세
스를 더욱 업그레이드할 수 있습니다.

실습/완성 파일

실습에 필요한 예제 파일을 활용해 업무 처
리 방법을 직접 실습해보세요! 실습/완성 파
일은 STEP별로 제공됩니다.

엑셀로 살아남기

업무 프로세스에서 중요한 포인트와 솔루션
을 미리 확인할 수 있습니다.

STEP 02 미제출 서류 목록 자동으로 표시하기

실습 파일 | 2_서류제출확인-STEP02.xlsx
완성 파일 | 2_서류제출확인[완성].xlsx

제출해야 할 서류 목록 중 체크 표시가 없는 서류의 이름이 자동으로 G열에 표시되도록 '미제출 서류
목록'을 만들어보겠습니다. IF 함수와 TEXTJOIN 함수를 사용하여 [D:I] 열 중에 빈 셀에 해당하는
머리글의 문자를 연결하여 한 셀에 표시합니다. 미제출 서류 목록이 모두 표시되면 [부서명], [성명],
[미제출 서류 목록] 열만 복사하여 [미제출서류] 시트로 복사해보겠습니다.

💡 엑셀로 살아남기 여러 셀의 데이터를 합칠 때는 TEXTJOIN 함수

1. **서식 복사** 같은 서식의 열이 추가로 필요할 때 단순하게 복사하여 붙여 넣으면 셀에 입력된 데이터
뿐만 아니라 셀에 설정된 유효성 검사나 조건부 서식도 함께 복사됩니다. 이때는 [서식 복사]를 이용
하여 열에 설정된 서식만 복사합니다.

> [홈] 탭-[클립 보드] 그룹-[서식 복사ⵁ]

2. **IF+TEXTJOIN 함수** IF 함수는 조건에 따라 서로 다른 식이나 값을 표시하는 함수고, TEXTJOIN
함수는 셀 범위에 입력된 문자를 합쳐서 한 셀에 표시해주는 함수입니다. 이 두 함수를 중첩하여 체
크 표시가 되지 않은 서류의 이름만 추출하여 G열에 표시합니다.

> G열에 수식 입력 : =TEXTJOIN(" ",TRUE,IF(D4:I4=" ",$D$3:$I$3," "))

3. **필터** 미제출 서류가 한 개 이상 있는 신입사원들만 추출할 때는 [필터] 기능을 이용합니다. G열에
표시된 미제출 서류 목록에서 [비어 있음]을 제외하는 빈칸만 표시한 후 해당 범위를 [미제출서류] 시트
로 복사합니다. 이때 셀 데이터만 복사하기 위해 [값 붙여넣기]를 사용합니다.

> [데이터] 탭-[정렬 및 필터] 그룹-[필터ⵁ], [미제출 서류 목록] : 비어 있음 해제

CHAPTER 02 셀에 자동으로 체크 아이콘이 표시되는 입사 제출 서류 관리표 만들기 **043**

---

01 지점명 범위 이름 정의하기 지점을 선택하는 유효성 검사 목록으로 사
로, 정의해보겠습니다. [전체] 시트에서 작업합니다. ❶ [A1:A41] 셀 범위를
탭-[정의된 이름] 그룹-[선택 영역에서 만들기⟶]를 클릭합니다. ❸ [선택
대화상자에서 [첫 행]에만 체크한 후 ❹ [확인]을 클릭합니다. ❺ [이름 상자]
인합니다.

🚨 **SOS** 셀 범위를 선택할 때 [A1] 셀을 클릭한 후 Ctrl + Shift + ↓ 를 누르면 빠르게 범위를 선택할 수 있습니다.

02 지점명 유효성 검사 설정하기 ❶ [분석보고서] 시트의 [C4] 셀을 선택합니다. ❷ [데이터]
탭-[데이터 도구] 그룹-[데이터 유효성 검사⟶]를 클릭합니다. [데이터 유효성] 대화상자의 [설정]
탭에서 ❸ [제한 대상]으로 [목록]을 선택한 후 ❹ [원본]에 =지점명을 입력합니다. ❺ [확인]을 클릭
합니다.

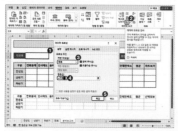

📈 **실력UP** 정의된 이름을 유효성 검사의 목록 원본으로 사용할 때는 '=이름' 형식으로 입력해야 합니다. 등호(=)가 없으면 이름의
셀 범위가 목록으로 표시되지 않고 이름 문자 한 개만 표시됩니다.

SOS 팁

예제를 따라 하며 막히는 부분, 전문가의 도움
이 필요한 부분을 확인하고 해결하며 실습을
진행할 수 있습니다.

실력UP 팁

예제를 실습하며 추가로 알면 좋은 내용, 궁금
한 부분을 학습할 수 있습니다.

04 미재출 서류 목록 함수로 표시하기 ❶ [J4] 셀에 **=TEXTJOIN(",",TRUE,IF(D4:I4="",D 3:$I$3,""))**를 입력합니다. ❷ [J4] 셀의 채우기 핸들⊞을 더블클릭하여 수식을 복사합니다. ❸ [J4:J30] 셀 범위에 미재출 서류 제목이 표시됩니다.

📈 **실력UP** =TEXTJOIN(",",TRUE,IF(D4:I4="",$D$3:$I$3,""))는 [D4:I4] 셀 범위가 빈 셀이면 [D3:I3] 셀에 입력된 문자를 각각 쉼표(,)로 구분하여 표시하는 수식입니다. [D4] 셀이 빈 셀일 경우 [D3] 셀 값을 표시하고, [E4] 셀이 빈 셀일 경우 [E3] 셀 값을 표시하는 형태로 두 범위가 맞대응하여 계산됩니다. IF 함수는 빈 셀인지 확인한 후 빈 셀일 경우 서류 제목을 반환하는 역할이고, TEXTJOIN 함수는 IF 함수가 반환한 서류 제목을 셀에 합쳐서 표시해주는 역할을 합니다.

📈 **실력UP** 수식을 복사할 때 [D3:I3] 셀 범위는 변하지 않아야 하므로 F4를 한 번 눌러 절대 참조로 지정합니다.

 IF 함수

IF 함수는 지정한 조건에 맞으면 참(TRUE)값을, 맞지 않으면 거짓(FALSE)값을 반환합니다. 참과 거짓에 해당하는 인수는 숫자, 문자, 수식 등 다양하게 지정할 수 있습니다.

함수 형식	=IF(Logical_test, [Value_if_true], [Value_if_false]) =IF(조건식 참일 때 값, 거짓일 때 값)
인수	· Logical_test 참과 거짓을 판단할 수 있는 값이나 식으로 비교 연산자(>,<,>=,<=,<>)를 함께 사용합니다. · Value_if_true 조건식의 결과가 참일 때 셀에 입력할 값이나 계산할 수식입니다. 생략하면 TRUE가 입력됩니다. · Value_if_false 조건식의 결과가 거짓일 때 셀에 입력할 값이나 계산할 수식입니다. 생략하면 FALSE가 입력됩니다.

회사에서 살아남는 NOTE

실습에 사용하는 엑셀 주요 기능, 함수 설명을 바로바로 학습해 회사에서 엑셀로 살아남는 힘을 기를 수 있습니다.

분리된 표 연결하기
KeyPoint | 필터, 바꾸기

실습 파일 | 2_강사노하우분리된표연결하기1.xlsx
완성 파일 | 2_강사노하우분리된표연결하기1_완성.xlsx

엑셀 데이터베이스는 데이터 중간에 빈 행이나 빈 열이 없어야 하고, 필드명(머리글)은 한 번만 입력되어 있어야 하며 병합된 셀이 없어야 합니다. 그런데 시스템에서 다운로드한 파일이 페이지 단위로 보고서 형식으로 분리되어 있어 엑셀 데이터베이스 조건에 모두 충족하지 못할 때가 있습니다. 이러한 데이터는 올바르게 가공해야 엑셀에서 제대로 사용할 수 있습니다. [이동 옵션]과 [필터] 기능을 적용하여 빠르게 편집해보겠습니다.

셀 병합 해제하기

01 A열 왼쪽의 ▣을 클릭하여 모든 셀을 선택합니다. Ctrl+1을 눌러 [셀 서식] 대화상자를 표시합니다.

02 [셀 서식] 대화상자의 [맞춤] 탭에서 [텍스트 조정]-[자동 줄 바꿈], [셀 병합]의 체크를 해제합니다. [자동 줄 바꿈]을 해제해야 열 너비 자동 맞춤을 적용했을 때 한 줄로 입력됩니다. [셀 병합] 해제는 [홈] 탭-[맞춤] 그룹-[병합하고 가운데 맞춤]을 클릭해도 되지만, 행과 열 개수가 많을 경우 [셀 서식] 대화상자에서 해제하는 것이 속도가 더욱 빠릅니다. [확인]을 클릭합니다.

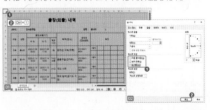

강사 노하우

CHAPTER와 STEP 실습에서 학습한 내용에 더해 회사에서 엑셀로 살아남기 위한 주요 기능, 기능 응용 방법을 추가로 실습할 수 있습니다.

엑셀 강사의 노하우가 담긴 동영상 강의 15강 시청하기

E-러닝 플랫폼에서 활발히 활동하는 저자의 특별 노하우가 담긴 동영상 강의를 제공합니다. 각 CHAPTER 후반부의 '강사 노하우' 중 동영상 강의로 학습했을 때 효과적인 15개 부분만 선별했습니다. 특별강의 15강을 통해 여러분의 업무 실력을 업그레이드할 수 있습니다.

1 CHAPTER 후반부에 있는 '강사 노하우'에서 특별 강의 접속 QR 코드를 핸드폰 카메라 기능으로 스캔해 접속합니다.

2 강의 화면이 나타나면 영상이 자동으로 재생됩니다. 만약 재생되지 않는다면 [재생] 버튼을 클릭합니다.

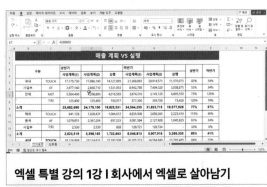

엑셀 특별 강의 1강 I 회사에서 엑셀로 살아남기

3 강의 시청 도중 빠르게 봐야 할 부분은 배속으로 시청하거나, 확인이 필요한 부분은 [일시 정지] 버튼을 클릭해 강의를 잠깐 멈춘 후 실습을 진행할 수 있습니다.

엑셀 특별 강의 1강 I 회사에서 엑셀로 살아남기

실습 예제 다운로드하기

이 책에 사용된 모든 실습 및 완성 예제 파일은 한빛출판네트워크 홈페이지(www.hanbit.co.kr)에서 다운로드할 수 있습니다. 예제 파일은 따라 하기를 진행할 때마다 사용되므로 컴퓨터에 저장해놓고 활용합니다.

1 한빛출판네트워크 홈페이지(www.hanbit. co.kr)로 접속합니다. 화면 오른쪽 아래에서 자료실 을 클릭합니다.

2 자료실 도서 검색란에 도서명을 입력하고 를 클릭합니다.

3 검색한 도서가 표시되면 오른쪽에 있는 예제소스 를 클릭합니다.

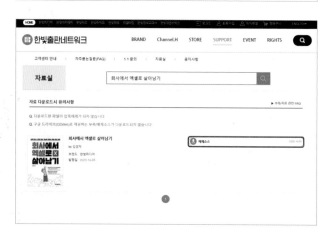

다운로드한 예제 파일은 일반적으로 [다운로드] 폴더에 저장되며, 사용하는 웹 브라우저 설정에 따라 다를 수 있습니다.

목차

CHAPTER 01

데이터만 입력해도 서식이 자동으로 완성되는
업무 회의록 만들기

CHAPTER 02

셀에 자동으로 체크 아이콘이 표시되는
입사 제출 서류 관리표 만들기

목차

목차

데이터만 입력해도
서식이 자동으로 완성되는

업무 회의록 만들기

업무 문서를 잘 만드는 사람들의 공통점은 문서를 활용하는 사람의 입장을 고려하여 만든다는 점입니다. 다른 사람에게 정보나 의견을 전달하는 문서는 한눈에 이해할 수 있도록 보기 좋고 쉽게 작성하는 것이 기본입니다. 여기에 추가로 데이터가 추가, 변경될 때 자동으로 서식이 적용되면 더 좋은 문서가 될 것입니다.

이번 CHAPTER에서는 업무에 사용할 회의록 양식을 엑셀로 작성해보고, 문서 서식을 보기 쉽도록 설정해보겠습니다. 특히, 회의록에 날짜와 항목이 추가될 때마다 항목을 구분하는 테두리 서식이 자동으로 적용되는 방법도 같이 알아보겠습니다.

Before&After 미리 보기

- 매번 날짜를 입력해야 해서 번거로워요.
- 중요한 부분을 강조하고 싶어요.
- 행을 추가할 때마다 테두리를 다시 그려야 해요.

Before

After

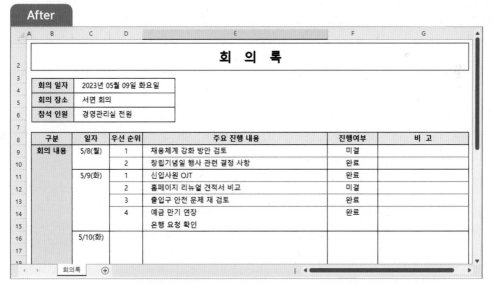

- 한 번 만들면 두고두고 쓸 수 있어요.
- 정보를 한눈에 이해할 수 있게 꾸밀 수 있어요.
- 데이터만 입력해도 자동으로 표(테두리) 서식이 적용돼요.

회의록 기본 양식 만들기

실습 파일 | 1_업무회의록.xlsx
완성 파일 | 1_업무회의록-STEP02.xlsx

업무 회의록의 기본 양식을 만들고 각 항목별로 서식을 설정해보겠습니다. 제목은 열을 병합하지 않고 표 전체를 기준으로 가운데 위치하도록 설정합니다. 상단표는 열 너비에 영향을 받지 않고 작성하기 위해 연결된 그림으로 붙여 넣습니다. 회의록 내용에는 세로 테두리만 지정하고 각 열의 특성에 맞도록 채우기 색과 맞춤을 설정합니다.

 엑셀로 살아남기   업무 회의록에 꼭 필요한 내용, 세 가지만 지켜라!

---

1. 날짜 표시 형식 회의록은 날짜에 따른 정보 업데이트가 중요하므로 통일된 '날짜 표시 형식'은 필수입니다. 어떤 형식으로 입력해도 같은 데이터로 보일 수 있게 표시되어야 합니다.

> [셀 서식] 대화상자-[표시 형식] 탭-[범주]-[사용자 지정], yyyy년 mm월 dd일 aaaa 입력

2. 텍스트 정렬(내용 서식) [선택 영역의 가운데로] 맞춤을 설정하면 선택된 셀 범위가 병합되지 않고 첫 번째 셀에 있는 데이터가 범위 가운데 위치합니다. 표에서 셀을 병합하면 자르고 붙여 넣을 때 '병합된 셀에서는 실행할 수 없다'는 오류 메시지가 표시되어 표 편집이 불편합니다. 이때 [선택 영역의 가운데로] 맞춤을 적용하면 이러한 오류를 해결할 수 있습니다.

> [셀 서식] 대화상자-[맞춤] 탭-[텍스트 맞춤]-[가로], [선택 영역의 가운데로]

3. 연결된 그림으로 복사 한 시트에 열 개수와 너비가 다른 표를 작성할 때는 다른 시트에 표를 각각 작성한 후 복사하여 [연결된 그림으로 붙여넣기]로 붙여 넣습니다. 연결된 그림으로 붙여 넣은 표 그림은 원본 데이터를 수정하면 자동으로 변경됩니다.

> 표 복사 후 [선택하여 붙여넣기]-[연결된 그림 📑]

01 제목 서식 설정하기 ❶ [B2] 셀을 선택합니다. ❷ [홈] 탭-[글꼴] 그룹에서 [글꼴 크기]를 **20**으로 변경하고 ❸ [굵게[가]]를 클릭합니다. ❹ 2행 머리글 경계선을 아래로 드래그하여 높이를 적당히 조절합니다.

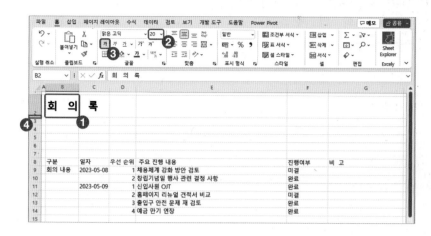

📈 **실력UP** 행 높이가 작은 경우 셀 테두리를 지정하면 글자가 잘려 보일 수 있어 2행의 높이를 크게 변경합니다.

02 ❶ [B2:G2] 셀 범위를 선택한 후 [Ctrl]+[1]을 누릅니다. ❷ [셀 서식] 대화상자의 [맞춤] 탭에서 [텍스트 맞춤]-[가로]를 [선택 영역의 가운데로]로 선택합니다. ❸ [테두리] 탭에서 [스타일]은 [굵은 선], ❹ [색]은 [검정, 텍스트1, 50% 더 밝게], ❺ [미리 설정]은 [윤곽선⊞]으로 각각 설정하고 ❻ [확인]을 클릭합니다.

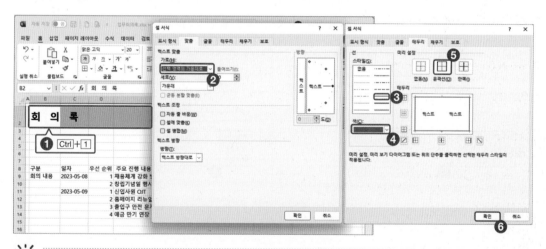

🚨 **SOS** [Ctrl]+[1]은 [셀 서식] 대화상자를 표시하는 단축키입니다. 선택된 셀 혹은 셀 범위를 마우스 오른쪽 버튼으로 클릭한 후 [셀 서식]을 선택해도 됩니다.

📈 **실력UP** [선택 영역의 가운데로] 맞춤을 설정하면 선택된 셀 범위를 병합하지 않고도 첫 번째 셀에 있는 데이터를 선택된 범위의 가운데로 정렬할 수 있습니다. 표에서 셀을 병합하면 자르거나 붙여 넣을 때 '병합된 셀에서는 실행할 수 없습니다'라는 오류 메시지가 표시되어 표 편집이 불편합니다. 이때 [선택 영역의 가운데로] 맞춤을 적용하면 이러한 오류를 해결할 수 있습니다.

03 상단 표 연결된 그림 만들기 ❶ [3:35] 행을 선택한 후 ❷ 3행 머리글 테두리 경계선을 아래로 약간만 드래그하여 행 높이 조금 더 높게 변경합니다.

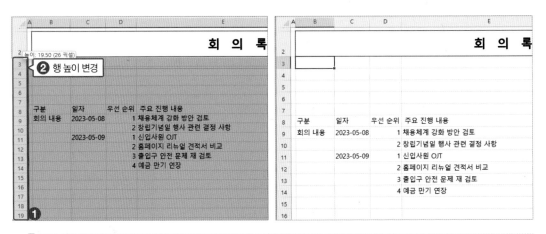

📈 **실력UP** [3:7] 행에는 [상단표] 시트에서 작성할 표를 붙여 넣을 공간을 확보하기 위해, [8:35] 행은 회의 내용이 잘 보이도록 높이를 조금 높게 변경합니다.

04 ❶ [상단표] 시트를 선택합니다. ❷ [B2:C4] 셀 범위를 선택한 후 ❸ [홈] 탭–[글꼴] 그룹–[테두리 ▦]–[모든 테두리]를 선택합니다. ❹ [B2:B4] 셀 범위를 선택한 후 ❺ [홈] 탭–[글꼴] 그룹–[굵게 ᄀᆞ]를 클릭하고 ❻ [채우기 색 ▧]에서 [황금색, 강조 4, 80% 더 밝게]를 선택합니다. ❼ B열과 C열의 열 머리글 경계선을 각각 드래그하여 열 너비를 적절하게 변경합니다.

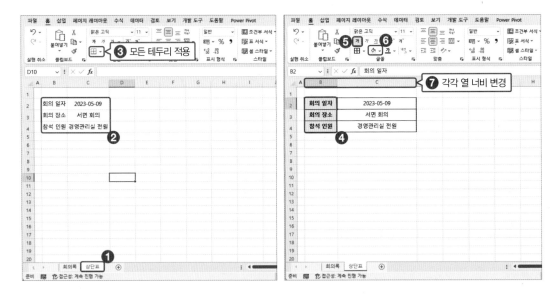

05 ❶ [C2:C4] 셀 범위를 선택한 후 ❷ [홈] 탭–[맞춤] 그룹–[왼쪽 맞춤圭]을 클릭하고 ❸ [들여 쓰기圭]를 클릭합니다. ❹ [C2] 셀을 선택한 후 Ctrl + 1 을 누릅니다. ❺ [셀 서식] 대화상자의 [표시 형식] 탭에서 [범주]–[사용자 지정]을 선택한 후 ❻ [형식]에 **yyyy년 mm월 dd일 aaaa**를 입력합니다. ❼ [확인]을 클릭합니다.

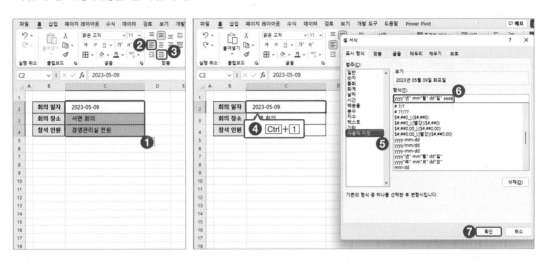

📈 **실력UP** [왼쪽 맞춤圭]을 적용한 후 [들여 쓰기圭]를 한 번 클릭할 때마다 셀 왼쪽에 한 칸의 여백이 생깁니다. 열 너비가 넉넉할 때 왼쪽 테두리와 글자 사이에 여백을 두면 가독성이 높아집니다. [들여 쓰기圭]를 제거하려면 [내어 쓰기圭]를 클릭합니다.

📈 **실력UP** 날짜는 [형식]에 yyyy(연), mm(월), dd(일), aaaa(요일) 등을 입력해 필요한 영역만 표시할 수 있으며 대소문자는 구분하지 않습니다.

06 ❶ [B2:C4] 셀 범위를 선택한 후 Ctrl + C 로 복사합니다. ❷ [회의록] 시트를 선택한 후 ❸ [B3] 셀에서 마우스 오른쪽 버튼을 클릭하고 [선택하여 붙여넣기]–[기타 붙여넣기 옵션▷]–[연결된 그림圖]을 선택합니다. ❹ 그림으로 붙여진 표를 선택한 후 ❺ [홈] 탭–[글꼴] 그룹–[채우기 색◇]–[흰색, 배경 1]을 선택합니다.

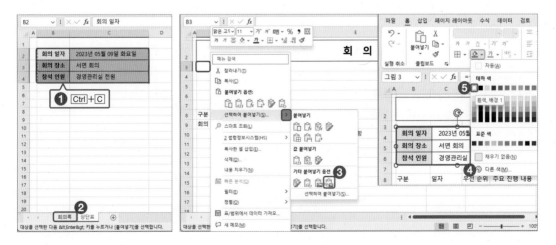

📈 **실력UP** 복사한 표를 [연결된 그림🔗]으로 붙여 넣으면 원본 데이터가 변경되었을 때 자동으로 내용이 변경되는 그림이 됩니다. 만약 원본 데이터 시트가 삭제되면 그림은 그대로 유지되지만 추가로 수정할 수 없으니 주의합니다.

📈 **실력UP** 그림으로 붙여 넣은 표에 채우기 색이 없으면 투명한 표가 되어 셀 눈금선이 비쳐 보입니다. 이때 채우기 색을 흰색으로 설정하면 배경이 불투명한 표가 됩니다.

07 내용 서식 설정하기 ❶ [B8:G35] 셀 범위를 선택한 후 Ctrl + 1 을 누릅니다. ❷ [셀 서식] 대화상자의 [맞춤] 탭에서 [텍스트 맞춤]–[가로]–[가운데]로 선택하고 ❸ [테두리] 탭에서 [스타일]에서 [실 선], ❹ [미리 설정]에서 [윤곽선⊞], ❺ [테두리]에서 [안쪽 수직⊞]을 각각 설정합니다. ❻ [확인]을 클릭합니다.

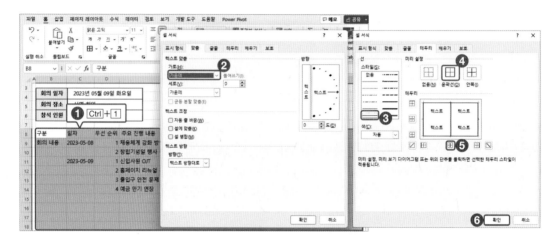

08 ❶ [B8:G8] 셀 범위를 선택한 후 ❷ [홈] 탭–[글꼴] 그룹–[굵게 가]를 클릭하고 ❸ [테두리⊞]–[모든 테두리]를 선택합니다. ❹ [채우기 색🎨]에서 원하는 색을 선택합니다.

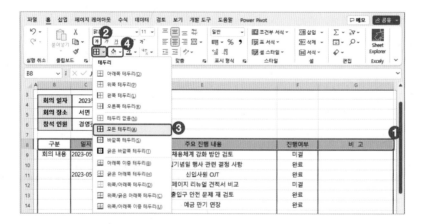

09 ❶ [B9:B35] 셀 범위를 선택한 후 ❷ [홈] 탭─[글꼴] 그룹─[채우기 색 🖌]에서 원하는 색을 선택합니다. ❸ [C9:C35] 셀 범위를 선택한 후 Ctrl + 1 을 누릅니다. ❹ [셀 서식] 대화상자의 [표시 형식] 탭에서 [범주]─[사용자 지정]을 선택하고 ❺ [형식]에 **m/d(aaa)**를 입력합니다. ❻ [확인]을 클릭합니다.

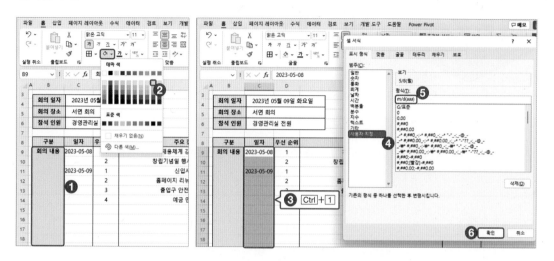

10 ❶ [E9:E35] 셀 범위를 선택합니다. ❷ [홈] 탭─[맞춤] 그룹─[왼쪽 맞춤 ≣]을 클릭한 후 ❸ [들여 쓰기 ≣]를 클릭합니다.

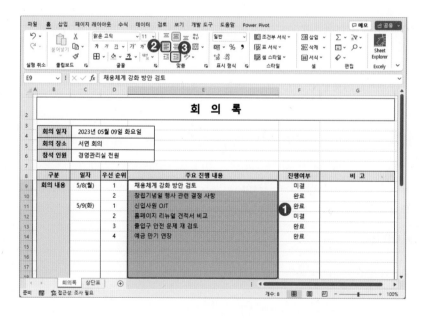

STEP 02

항목과 번호에 따라
자동 테두리선 표시하기

실습 파일 | 1_업무회의록-STEP02.xlsx
완성 파일 | 1_업무회의록(완성).xlsx

구분, 일자, 우선 순위에 해당하는 데이터가 추가로 입력되면 항목을 구분하는 가로 테두리 선이 자동으로 표시되도록 조건부 서식을 설정하겠습니다. 서식 설정이 완료되면 시트의 눈금선을 해제하여 깔끔한 양식으로 완성합니다.

 엑셀로 살아남기 　**자동으로 테두리 서식이 변경되도록 해야 업무 속도가 빨라진다!**

1. 테두리가 자동으로 표시되는 조건부 서식 회의록에 '구분'이나 '일자' 등의 내용이 달라지면 항목을 구분하는 가로 테두리 선이 표시되어야 문서의 가독성을 높일 수 있습니다. 이때 테두리를 일일이 설정하는 것보다 셀에 데이터가 입력되면 자동으로 위쪽 테두리가 표시되고, 데이터가 삭제되면 자동으로 없어지도록 조건부 서식을 설정해 문서 작성 시간을 단축할 수 있습니다.

[홈] 탭-[스타일] 그룹-[조건부 서식▦]-[새 규칙]

2. 눈금선 해제 표를 작성할 때 테두리 설정까지 완료되었다면 셀에 표시되는 [눈금선]은 해제합니다. 눈금선이 함께 표시되면 셀에 입력된 데이터를 확인할 때 문서가 전체적으로 복잡하게 보여 가독성이 떨어집니다. 문서를 인쇄할 때는 눈금선이 인쇄되지 않지만, 파일로 공유할 때도 눈금선이 없는 깔끔한 표가 보기 좋습니다.

[보기] 탭-[표시] 그룹-[눈금선] 해제

01 우선 순위 테두리 조건부 서식 설정하기 ❶ [D9:G35] 셀 범위를 선택한 후 ❷ [홈] 탭-[스타일] 그룹-[조건부 서식▦]-[새 규칙]을 선택합니다.

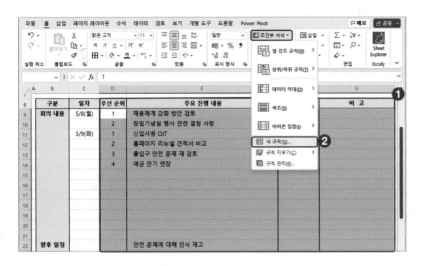

02 [새 서식 규칙] 대화상자의 ❶ [규칙 유형 선택]에서 [수식을 사용하여 서식을 지정할 셀 결정]을 선택합니다. ❷ [다음 수식이 참인 값의 서식 지정]에 **=$D9<>""**를 입력합니다. D열을 기준으로 [D:G] 열의 서식을 변경하기 위해 '$D9' 혼합 참조를 적용합니다. ❸ [서식]을 클릭합니다.

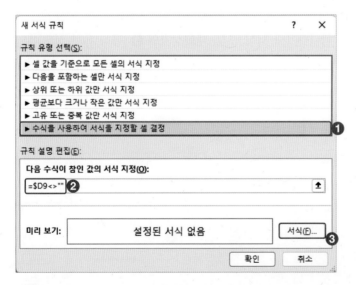

📈 **실력UP** 문서의 모든 셀에 가로 테두리를 설정하면 글자보다 테두리가 강조되어 복잡해 보입니다. 이때 항목을 구분하고 싶은 부분에만 테두리를 설정하면 가독성을 높일 수 있습니다. 이 단계에서는 [우선 순위]의 항목이 변경될 때 [우선 순위] 열부터 [비고] 열까지 점선 테두리가 표시되도록 조건부 서식을 설정합니다.

💡 **SOS** 조건부 서식에 수식을 입력할 때 셀을 클릭하면 '절대 참조 형식($D$9)' 주소가 입력됩니다. [F4]를 두 번 눌러 '열 고정 혼합 참조 형식($D9)'으로 변경합니다.

03 [셀 서식] 대화상자의 [테두리] 탭에서 ❶ [스타일]은 [점선]으로, ❷ [테두리]는 [위쪽⊞]으로 설정합니다. ❸ [확인]을 클릭합니다. [새 서식 규칙] 대화상자에서도 ❹ [확인]을 클릭합니다.

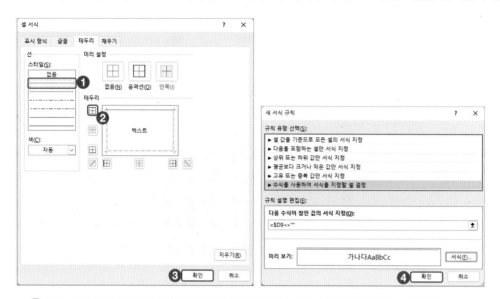

📈 **실력UP** [우선 순위] 항목에 데이터가 입력되어 있으면 행을 구분하기 위해 [D:G] 열에 위쪽 테두리를 표시합니다.

04 일자 테두리 조건부 서식 설정하기 ❶ [C9:G35] 셀 범위를 선택합니다. ❷ [홈] 탭-[스타일] 그룹-[조건부 서식⊞]-[새 규칙]을 선택합니다. [새 서식 규칙] 대화상자의 ❸ [규칙 유형 선택]에서 [수식을 사용하여 서식을 지정할 셀 결정]을 선택합니다. ❹ [다음 수식이 참인 값의 서식 지정]에 **=$C9〈〉""**를 입력합니다. ❺ [서식]을 클릭합니다.

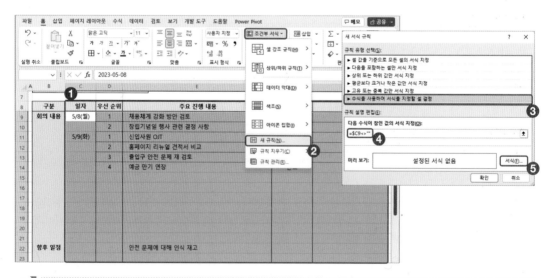

📈 **실력UP** [일자] 항목이 변경될 때 [일자] 열부터 [비고] 열까지 실선 테두리가 표시되도록 조건부 서식을 설정합니다. 이때 [일자]~[비고] 열에는 앞에 지정한 조건부 서식과 함께 조건부 두 개의 서식이 설정됩니다. 두 개 이상의 조건부 서식이 설정될 경우 가장 나중에 지정한 조건부 서식이 우선 적용됩니다.

05 [셀 서식] 대화상자의 [테두리] 탭에서 ❶ [스타일]은 [실선]으로, ❷ [테두리]는 [위쪽🔳]으로 설정합니다. ❸ [확인]을 클릭합니다. [새 서식 규칙] 대화상자에서도 ❹ [확인]을 클릭합니다.

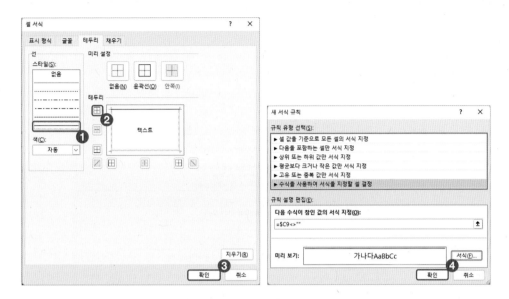

06 구분 테두리 조건부 서식 설정하기 ❶ [B9:G35] 셀 범위를 선택합니다. ❷ [홈] 탭-[스타일] 그룹-[조건부 서식🔳]-[새 규칙]을 선택합니다. [새 서식 규칙] 대화상자의 [규칙 유형 선택]에서 ❸ [수식을 사용하여 서식을 지정할 셀 결정]을 선택합니다. ❹ [다음 수식이 참인 값의 서식 지정]에 **=$B9<>""**를 입력합니다. ❺ [서식]을 클릭합니다.

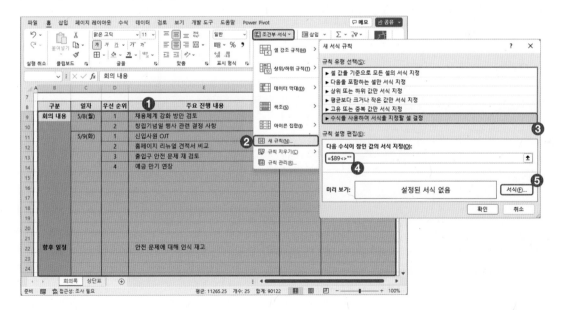

07 [셀 서식] 대화상자의 [테두리] 탭에서 ❶ [스타일]은 [실선]으로, ❷ [테두리]는 [위쪽⊞]으로 설정한 후 ❸ [확인]을 클릭합니다. [새 서식 규칙] 대화상자에서도 ❹ [확인]을 클릭합니다.

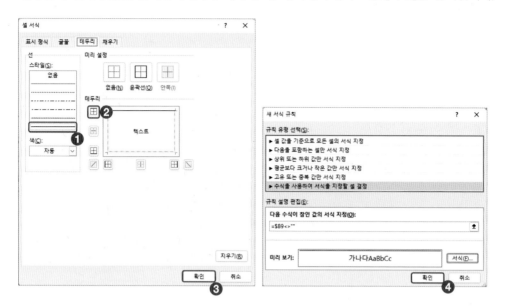

08 눈금선 해제하기 [보기] 탭-[표시] 그룹-[눈금선]을 체크 해제합니다.

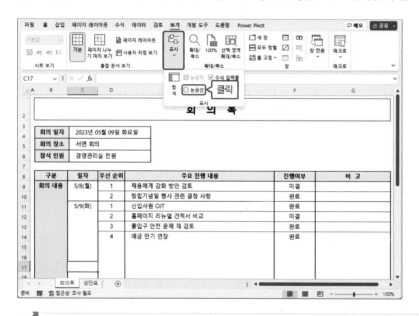

📈 **실력UP** 표를 작성할 때 테두리 설정까지 완료되었다면 셀에 표시되는 [눈금선]은 해제합니다. 눈금선이 함께 표시되면 셀에 입력된 데이터를 확인할 때 문서가 전체적으로 복잡하게 보여 가독성이 떨어집니다. 문서를 인쇄할 때는 눈금선이 인쇄되지 않지만, 파일로 공유할 때도 눈금선이 없는 깔끔한 표가 보기 좋습니다.

09 가로 테두리 표시 확인하기 ❶ [C16] 셀에 임의의 날짜를 입력합니다. [C16:G16] 셀 범위에 위쪽 실선 테두리가 자동으로 표시됩니다. ❷ [B31] 셀에 임의의 문자를 입력합니다. ❸ [B31:G31] 셀 범위에 위쪽 실선 테두리가 자동으로 표시됩니다.

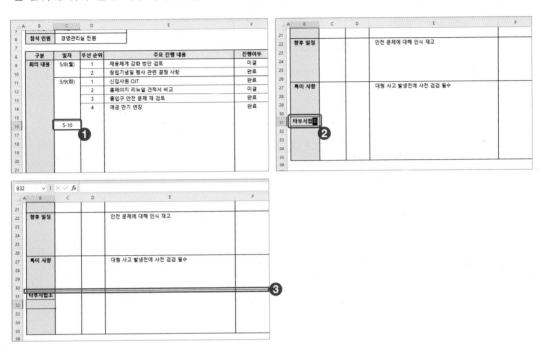

10 [상단표] 시트 숨기기 ❶ [상단표] 시트를 마우스 오른쪽 버튼으로 클릭하고 ❷ [숨기기]를 선택합니다.

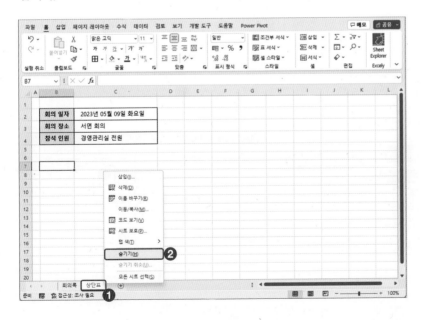

강사 노하우

빠르게 표 꾸미는 노하우
KeyPoint | F4 활용하기

실습 파일 | 1_강사노하우(표꾸미기).xlsx
완성 파일 | 1_강사노하우(표꾸미기_완성).xlsx

특별강의
바로보기

엑셀에서 서식을 지정할 때는 단순하게 반복해야 하는 작업이 많은데, 일일이 반복하지 않는 방법을 알려드리겠습니다. 표 데이터 시각화에 꼭 필요한 맞춤, 테두리, 채우기 색 등의 작업에서 같은 설정을 반복해야 할 경우 단축키 F4를 사용하고, 셀 데이터를 모두 남기고 병합할 때는 [양쪽 맞춤] 기능을 사용합니다.

[선택 영역의 가운데로] 맞춤을 F4로 빠르게 반복하기

01 [D3:F3] 셀 범위를 선택한 후 Ctrl+1을 누릅니다. [셀 서식] 대화상자이 [맞춤] 탭에서 [가로]를 [선택 영역의 가운데로]로 설정합니다. [확인]을 클릭합니다.

02 [G3:I3] 셀 범위를 선택한 후 F4를 누릅니다. F4는 마지막 작업을 반복 실행하는 단축키로 직전에 실행했던 [선택 영역의 가운데로] 맞춤이 실행됩니다. 같은 방법으로 [B9:C9], [B13:C13], [B18:C18] 셀 범위도 각각 선택하고 F4를 눌러 맞춤 작업을 반복합니다.

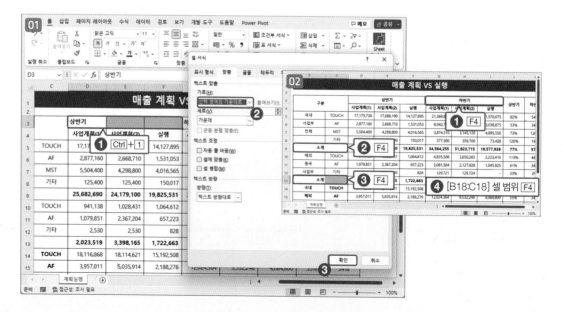

셀 데이터를 모두 남기고 병합하는 기능을 F4로 빠르게 편집하기

03 [B5:B7] 셀 범위를 선택한 후 [홈] 탭-[편집] 그룹-[채우기 🔽]-[양쪽 맞춤]을 선택합니다. [B5] 셀에 데이터가 모두 합쳐집니다. 만약 B열의 너비가 좁으면 한 셀에 합쳐지지 않으므로 열 너비를 넓힌 후 [양쪽 맞춤] 기능을 실행합니다.

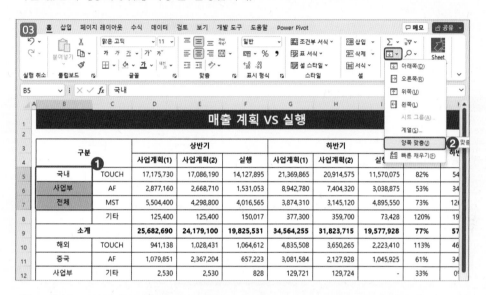

04 [B10:B12] 셀 범위를 선택한 후 F4를 누르면 [양쪽 맞춤]이 실행됩니다. 같은 방법으로 [B14:B16] 셀 범위를 선택한 후 F4를 누릅니다.

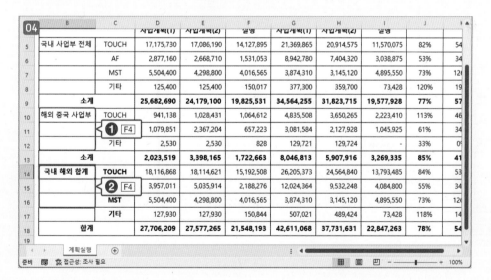

05 [B5:B8] 셀 범위를 선택한 후 Ctrl + 1 을 누릅니다. [셀 서식] 대화상자의 [맞춤] 탭에서 [셀 병합]에 체크하고, [테두리] 탭에서 아래쪽 테두리를 [없음]으로 설정합니다. [확인]을 클릭합니다.

06 [B10:B12] 셀 범위를 선택한 후 F4 를 누르면 셀 병합과 아래쪽 테두리 없음이 실행됩니다. 같은 방법으로 [B14:B17] 셀 범위를 선택한 후 F4 를 누릅니다.

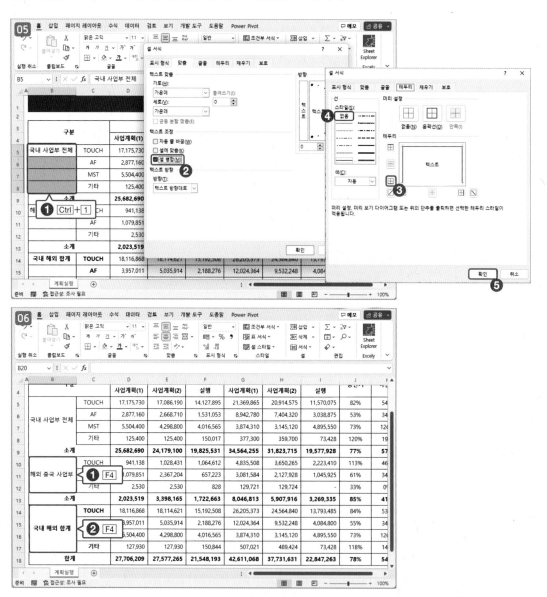

채우기 색 설정을 F4로 빠르게 지정하기

07 [B9:K9] 셀 범위를 선택한 후 원하는 [채우기 색 🖌]을 선택합니다. [B13:K13], [B14:C17], [B18:K18] 셀 범위를 각각 선택한 후 F4를 눌러 같은 채우기 색을 설정합니다.

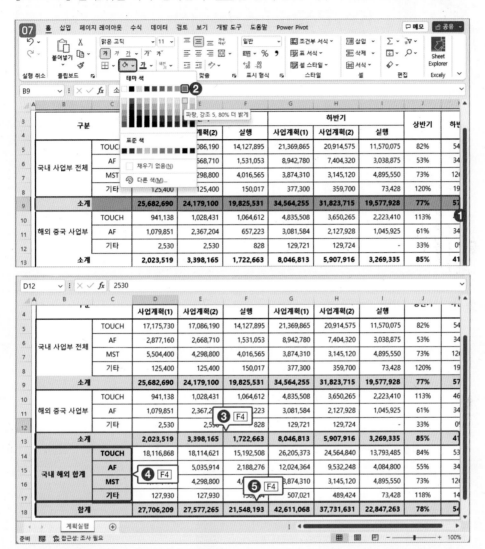

신호등 아이콘 표시하기
KeyPoint | 조건부 서식

실습 파일 | 1_강사노하우(신호등표시).xlsx
완성 파일 | 1_강사노하우(신호등표시_완성).xlsx

특별강의
바로보기

엑셀에서 시각화 보고서를 작성할 때 숫자 데이터를 좀 더 강조하기 위해 신호등 아이콘을 사용하는 경우가 있습니다. 신호등 색상이 파란색이면 문제없음, 주황색이면 검토 필요, 빨간색이면 위험의 뜻으로 표현할 수 있도록 조건부 서식을 적용해보겠습니다. 조건부 서식의 [아이콘 집합]에는 [3색 신호등]과 [4색 신호등]이 있지만 색상을 원하는 대로 변경할 수 없습니다. 이때 셀에 특수 문자 '●'를 입력한 후 조건부 서식에 수식을 적용하여 [글꼴색]을 변경하면 색을 자유롭게 사용할 수 있습니다.

열 삽입하고 ● 기호 입력하기

01 K열을 선택한 후 마우스 오른쪽 버튼을 클릭하고 [삽입]을 선택합니다.

02 [삽입 옵션]을 클릭하고 [오른쪽과 같은 서식]을 선택합니다.

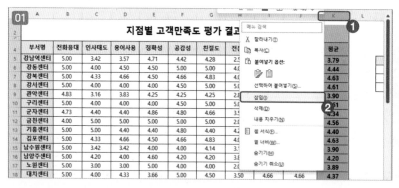

03 K열의 너비를 좁게 변경합니다.

04 [K4:K44] 셀 범위를 선택한 후 Ctrl+1을 누릅니다. [셀 서식] 대화상자의 [테두리] 탭에서 [스타일]은 [없음]으로 설정하고 [테두리]의 [오른쪽]을 클릭합니다. [확인]을 클릭합니다.

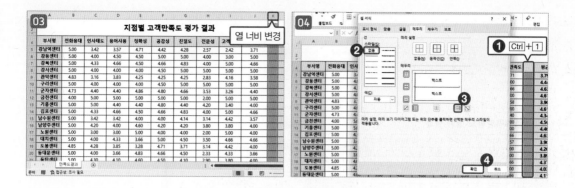

05 [K5] 셀에 ㅁ을 입력하고 [한자]를 누른 후 [Tab]을 누르면 특수 문자 목록이 펼쳐져 보입니다. [●]를 선택합니다.

06 [K5] 셀의 채우기 핸들⊞을 더블클릭하여 마지막 행까지 채워넣습니다.

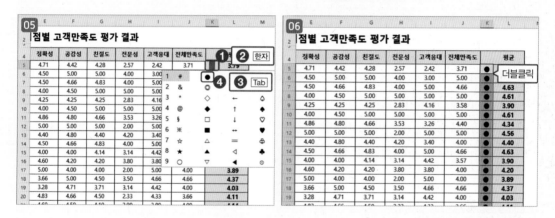

조건부 서식으로 3색 신호등 만들기

07 K열에 조건부 서식을 적용하여 '평균'이 4.5 이상이면 파란색, 4.0 이상, 4.5 미만이면 주황색, 4.0 미만이면 빨간색으로 표시해보겠습니다. [K5:K44] 셀 범위를 선택한 후 [홈] 탭–[스타일] 그룹–[조건부 서식▦]–[규칙 관리]를 선택합니다. 같은 셀 범위에 세 개의 조건부 서식을 설정해야 하므로 [규칙 관리]에서 설정하는 것이 편리합니다.

08 [조건부 서식 규칙 관리자] 대화상자에서 [새 규칙]을 클릭합니다.

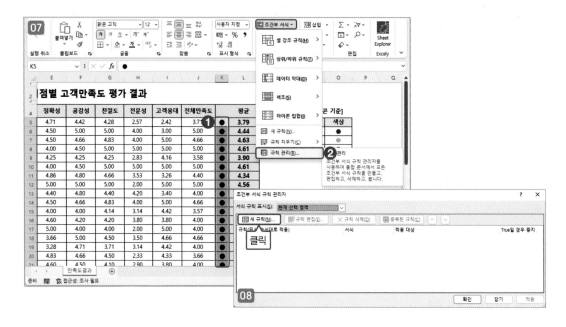

09 [새 서식 규칙] 대화상자의 [규칙 유형 선택]에서 [수식을 사용하여 서식을 지정할 셀 결정]을 선택합니다. [다음 수식이 참인 값의 서식 지정]에 **=L5<4**를 입력합니다. 같은 셀에 두 개 이상의 조건부 서식을 지정하면 마지막에 지정한 조건이 가장 우선 적용되므로 숫자 데이터가 작은 조건부터 서식을 지정해줍니다. [서식]을 클릭합니다.

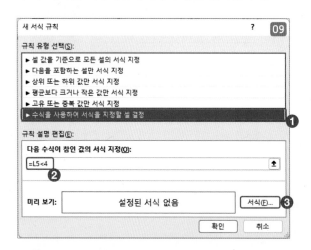

📈 **실력UP** [L5] 셀을 클릭하여 입력하면 셀 주소가 절대 참조($L$5)로 지정됩니다. 이때 F4 를 세 번 눌러 상대 참조(L5)로 변경할 수 있습니다.

10 [셀 서식] 대화상자의 [글꼴] 탭에서 [색]을 클릭하여 [표준 색]–[빨강]을 선택합니다. [확인]을 클릭합니다.

11 [새 서식 규칙] 대화상자의 [미리 보기]에 설정한 서식이 표시됩니다. [확인]을 클릭합니다.

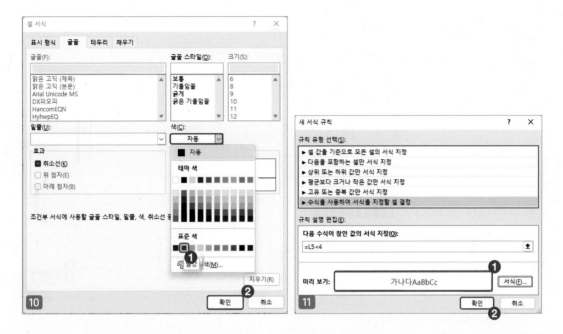

12 [조건부 서식 규칙 관리자] 대화상자에 조건이 추가되었습니다. 다음 조건부 서식을 지정하기 위해 [새 규칙]을 클릭합니다.

13 [새 서식 규칙] 대화상자의 [규칙 유형 선택]에서 [수식을 사용하여 서식을 지정할 셀 결정]을 선택합니다. [다음 수식이 참인 값의 서식 지정]에 **=L5>=4**를 입력합니다. [서식]을 클릭합니다.

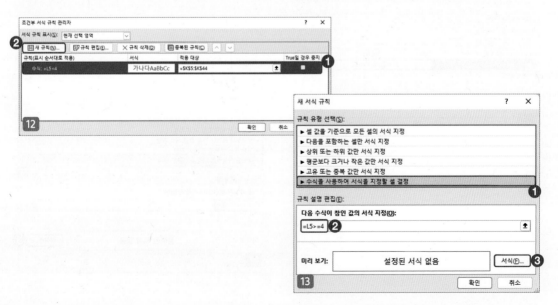

14 [셀 서식] 대화상자의 [글꼴] 탭에서 [색]을 클릭하여 [표준 색]–[주황]을 선택합니다. [확인]을 클릭합니다.

15 [새 서식 규칙] 대화상자의 [미리 보기]에 설정한 서식이 표시됩니다. [확인]을 클릭합니다.

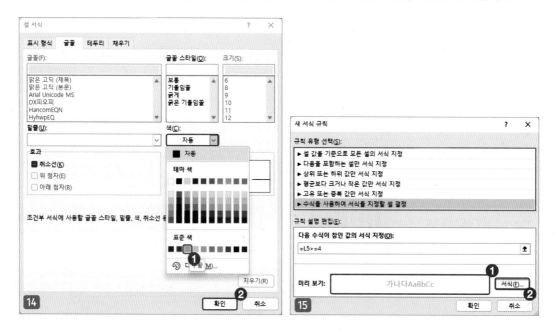

16 세 번째 조건부 서식을 지정해보겠습니다. [조건부 서식 규칙 관리자] 대화상자에서 [새 규칙]을 클릭합니다.

17 [새 서식 규칙] 대화상자의 [규칙 유형 선택]에서 [수식을 사용하여 서식을 지정할 셀 결정]을 선택합니다. [다음 수식이 참인 값의 서식 지정]에 **=L5>=4.5**를 입력합니다. [서식]을 클릭합니다.

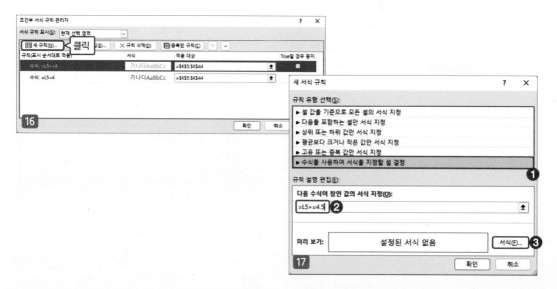

18 [셀 서식] 대화상자의 [글꼴] 탭에서 [색]을 클릭하여 [다른 색]을 선택합니다. [색] 대화상자에서 [파란색]을 선택한 후 [확인]을 클릭합니다. [셀 서식] 대화상자에서도 [확인]을 클릭합니다.

19 [새 서식 규칙] 대화상자의 [미리 보기]에 설정한 서식이 표시됩니다. [확인]을 클릭합니다.

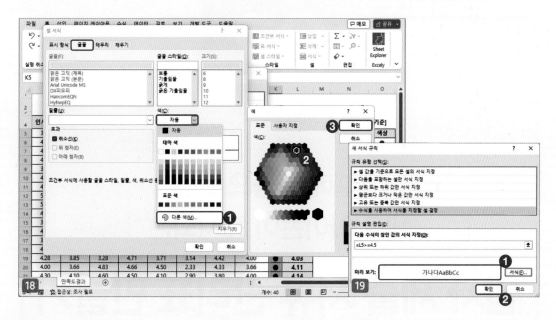

20 세 개의 조건부 서식이 모두 설정되었습니다. [조건부 서식 규칙 관리자] 대화상자에서 [확인]을 클릭합니다.

21 K열에 신호등 색상이 적용되었습니다.

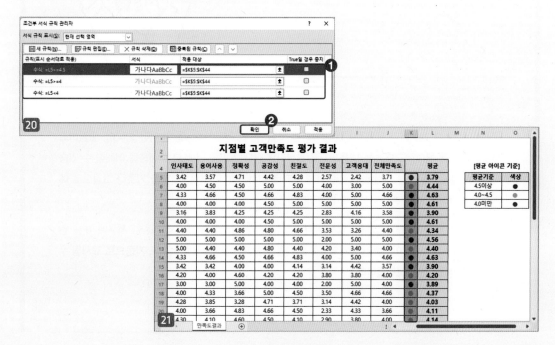

셀에 자동으로
체크 아이콘이 표시되는

입사 제출 서류 관리표 만들기

문서를 만들 때 데이터가 구체적이고 명확하게 보일 수 있도록 가독성을 높여야 합니다. 깔끔하고 단순한 문서에 보여주고자 하는 내용까지 강조한다면 상대방이 좀 더 빠르게 내용을 이해할 수 있습니다. 또 셀에 데이터를 입력할 때 간단하게 숫자로 입력해도 표시되는 모양을 기호나 그림으로 예쁘게 강조한다면 문서 꾸미는 시간도 단축됩니다.

이번 CHAPTER에서는 신입사원 입사 서류 제출 현황을 관리하는 표에서 제출한 서류에 '0'을 입력하면 자동으로 체크 아이콘이 표시되도록 양식을 만들고, 미제출 서류 목록도 자동으로 표시될 수 있도록 함수를 적용해보겠습니다.

✧ CHAPTER 예제 ✧
Before&After 미리 보기

- 셀에 체크 아이콘을 일일이 입력하려니 시간이 많이 걸려요.
- 제출하지 않은 서류 이름을 셀에 자동으로 입력하고 싶어요.
- 서류를 미제출한 근무자 목록만 따로 만들고 싶어요.

Before

	부서명	성명	이력서	주민등록등본	졸업증명서	자격증사본	급여통장사본	건강진단결과서
	네트워크사업부	안성현	0		0	0		
	네트워크사업부	김진석	0	0	0	0	0	0
	경영기획팀	박지연	0		0	0		
	경영기획팀	이진영	0	0	0	0		
	경영기획팀	이상철	0				0	
	기술연구소	황석원	0	0	0	0		
	기술연구소	윤영길	0	0	0	0		
	기술연구소	조성수	0					
	기술연구소	정인선	0	0	0	0	0	0
	경영지원팀	최영재	0	0	0			
	경영지원팀	박문상	0	0		0		

After

신입사원 입사 서류 제출 현황

부서명	성명	이력서	주민등록등본	졸업증명서	자격증사본	급여통장사본	건강진단결과서	미제출 서류 목록
네트워크사업부	안성현	✔		✔	✔			주민등록등본,급여통장사본,건강진단
네트워크사업부	김진석	✔	✔	✔	✔	✔	✔	
경영기획팀	박지연	✔		✔	✔			주민등록등본,급여통장사본,건강진단
경영기획팀	이진영	✔	✔	✔	✔			급여통장사본,건강진단결과서
경영기획팀	이상철	✔				✔		주민등록등본,졸업증명서,자격증사본,건강
기술연구소	황석원	✔	✔	✔	✔			급여통장사본,건강진단결과서
기술연구소	윤영길	✔	✔	✔	✔			급여통장사본,건강진단결과서
기술연구소	조성수	✔						주민등록등본,졸업증명서,자격증사본,급여통장사본,건
기술연구소	정인선	✔	✔	✔	✔	✔		
경영지원팀	최영재	✔	✔	✔				자격증사본,급여통장사본,건강진단
경영지원팀	박문상	✔	✔		✔			졸업증명서,급여통장사본,건강진단

- '0'만 입력해도 아이콘으로 예쁘게 표시돼요.
- 체크 표시가 안 된 서류 이름만 셀에 자동으로 표시돼요.
- 원하는 데이터만 추출하여 복사할 수 있어요.

STEP 01

입사 서류 제출 현황표
체크 아이콘으로 꾸미기

실습 파일 | 2_서류제출확인.xlsx
완성 파일 | 2_서류제출확인-STEP02.xlsx

신입사원 입사 서류 제출 현황을 관리하는 표에서 셀에 '0'만 입력되도록 데이터 유효성 검사를 설정하고, 입력된 '0'이 체크 아이콘으로 표시되도록 조건부 서식을 설정해보겠습니다.

 엑셀로 살아남기   **셀에 데이터 입력은 편하게, 표시되는 결과는 세련되게!**

1. 데이터 유효성 검사 데이터를 입력할 때 입력 오류를 줄이고 유효한 데이터만 입력되도록 숫자, 날짜, 목록 등으로 제한할 때는 데이터 유효성 검사를 사용합니다. 입사 서류 제출 유무를 체크할 때 숫자 '0' 외에는 입력되지 않도록 유효성 검사를 설정합니다.

> [데이터] 탭-[데이터 도구] 그룹-[데이터 유효성 검사🗟], [제한 대상] : 정수 0과 같은(=) 값

2. 조건부 서식 아이콘 표시 셀에 체크 아이콘을 삽입할 때 그림 삽입 기능, 특수 문자로 하나씩 삽입하면 시간도 많이 걸리고, 행/열 크기가 변경될 경우 위치를 다시 변경해야 합니다. 조건부 서식을 사용하면 '0'이 입력된 셀에 체크 아이콘을 자동으로 표시할 수 있고, 셀에는 입력된 '0'이 표시되지 않도록 할 수 있습니다.

> [홈] 탭-[스타일] 그룹-[조건부 서식▦]-[아이콘 집합]-[기타 규칙]-[아이콘 스타일] : [3가지 기호 원 없음], [첫 번째 규칙 : 체크 아이콘, >=0]

01 데이터 유효성 검사 설정하기 [서류 목록] 시트에서 작업합니다. ❶ [D4:I30] 셀 범위를 선택합니다. ❷ [데이터] 탭-[데이터 도구] 그룹-[데이터 유효성 검사 📇]를 클릭합니다.

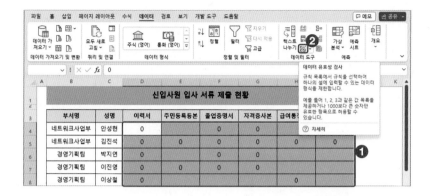

02 [데이터 유효성] 대화상자의 [설정] 탭에서 [제한 대상]을 [정수]로 선택합니다. [제한 방법]은 [=]를 선택하고 [값]에는 **0**을 입력합니다.

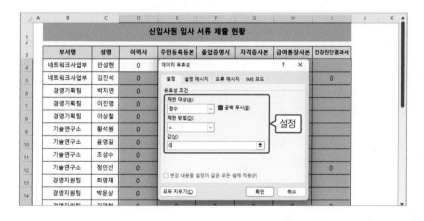

📈 **실력UP** 유효성 검사를 사용하면 셀에 잘못된 데이터가 입력되는 것을 방지할 수 있습니다. 다음 단계에서 셀 데이터가 '0'일 때 체크 아이콘으로 표시되도록 조건부 서식을 설정하기 위해 입력 가능한 값을 '0'으로 제한합니다.

03 [오류 메시지] 탭에서 ❶ [오류 메시지]에 **숫자 0만 입력 가능합니다.**를 입력합니다. ❷ [확인]을 클릭합니다. ❸ [D4] 셀을 선택하고 0이 아닌 숫자나 임의의 텍스트를 입력해봅니다. ❹ 오류 메시지가 화면에 나타납니다. [취소]를 클릭합니다.

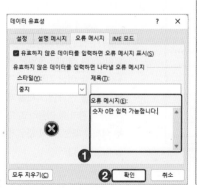

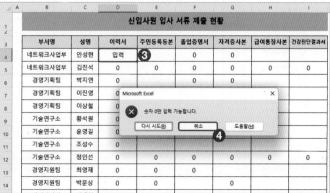

📈 **실력UP** [오류 메시지]는 선택 사항으로 필요하지 않을 때는 생략해도 됩니다. 생략할 경우 엑셀의 기본 메시지인 '이 값은 이 셀에 정의된 데이터 유효성 검사 제한에 부합하지 않습니다.'가 나타납니다.

04 체크 아이콘 조건부 서식 설정하기 ❶ [D4:I30] 셀 범위를 선택합니다. ❷ [홈] 탭–[스타일] 그룹–[조건부 서식 📰]–[아이콘 집합]–[기타 규칙]을 선택합니다. [새 서식 규칙] 대화상자의 ❸ [아이콘 스타일]을 [3가지 기호(원 없음)]으로 선택하고 [아이콘만 표시]에 체크합니다. ❹ [아이콘]에서 첫 번째 조건에 [✅]을 선택합니다. 두 번째, 세 번째 아이콘은 [셀 아이콘 없음]을 선택합니다. [값]은 모두 **0**으로 입력하고 [종류]는 [숫자]로 변경합니다. ❺ [확인]을 클릭합니다.

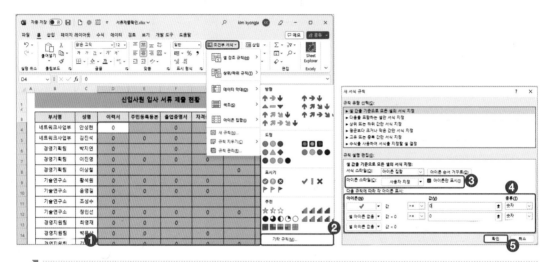

📈 **실력UP** [아이콘만 표시]에 체크하면 셀에 입력된 숫자가 표시되지 않고 조건부 서식 아이콘만 표시됩니다. 셀에 입력되는 데이터는 0, 한 종류이므로 조건부 서식의 첫 번째 아이콘만 설정하면 됩니다.

05 '0'이 입력되어 있던 셀에 아이콘이 모두 표시됩니다.

부서명	성명	이력서	주민등록등본	졸업증명서	자격증사본	급여통장사본	건강진단결과서
네트워크사업부	안성현	✔		✔	✔		
네트워크사업부	김진석	✔	✔	✔	✔	✔	✔
경영기획팀	박지연	✔		✔	✔		
경영기획팀	이진영	✔	✔	✔	✔		
경영기획팀	이상철					✔	
기술연구소	황석원	✔	✔	✔	✔		
기술연구소	윤영길	✔	✔	✔			
기술연구소	조성수	✔	✔		✔		
기술연구소	정인선	✔	✔	✔	✔	✔	✔
경영지원팀	최영재	✔	✔	✔	✔		
경영지원팀	박문상	✔	✔		✔		

📈 **실력UP** 조건부 서식이 설정된 셀에 다시 [셀 강조 규칙]이나 [새 규칙]을 선택하면 중복으로 설정됩니다. 이미 설정된 조건부 서식을 변경하거나 삭제할 때는 [조건부 서식]의 [규칙 관리] 기능을 사용합니다. 한 셀이나 동일한 범위에 두 개 이상 지정된 조건부 서식 중 한 개만 삭제할 때는 [규칙 관리]를 이용하고, 모두 삭제할 때는 [규칙 지우기]를 이용합니다.

STEP

02

미제출 서류 목록 자동으로 표시하기

실습 파일 | 2_서류제출확인-STEP02.xlsx
완성 파일 | 2_서류제출확인(완성).xlsx

제출해야 할 서류 목록 중 체크 표시가 없는 서류의 이름이 자동으로 G열에 표시되도록 '미제출 서류 목록'을 만들어보겠습니다. IF 함수와 TEXTJOIN 함수를 사용하여 [D:I] 열 중에 빈 셀에 해당하는 머리글의 문자를 연결하여 한 셀에 표시합니다. 미제출 서류 목록이 모두 표시되면 [부서명], [성명], [미제출 서류 목록] 열만 복사하여 [미제출서류] 시트로 복사해보겠습니다.

 엑셀로 살아남기 **여러 셀의 데이터를 합칠 때는 TEXTJOIN 함수**

1. 서식 복사 같은 서식의 열이 추가로 필요할 때 단순하게 복사하여 붙여 넣으면 셀에 입력된 데이터뿐만 아니라 셀에 설정된 유효성 검사와 조건부 서식도 함께 복사됩니다. 이때는 [서식 복사]를 이용하여 열에 설정된 서식만 복사합니다.

[홈] 탭-[클립 보드] 그룹-[서식 복사 ✅]

2. IF+TEXTJOIN 함수 IF 함수는 조건에 따라 서로 다른 식이나 값을 표시하는 함수고, TEXTJOIN 함수는 셀 범위에 입력된 문자를 합쳐서 한 셀에 표시해주는 함수입니다. 이 두 함수를 중첩하여 체크 표시가 되지 않은 서류의 이름만 추출하여 G열에 표시합니다.

G열에 수식 입력 : =TEXTJOIN(",",TRUE,IF(D4:I4=" ",$D$3:$I$3," "))

3. 필터 미제출 서류가 한 개 이상 있는 신입사원들만 추출할 때는 [필터] 기능을 이용합니다. G열에 표시된 미제출 서류 목록에서 [비어 있음]을 제외하는 행만 표시한 후 해당 범위를 [미제출서류] 시트로 복사합니다. 이때 셀 데이터만 복사하기 위해 [값 붙여넣기]를 사용합니다.

[데이터] 탭-[정렬 및 필터] 그룹-[필터 ▽], [미제출 서류 목록] : 비어 있음 해제

01 서식 복사로 열 추가하기 ❶ I열을 선택한 후 ❷ [홈] 탭–[클립보드] 그룹–[서식 복사✄]를 클릭합니다.

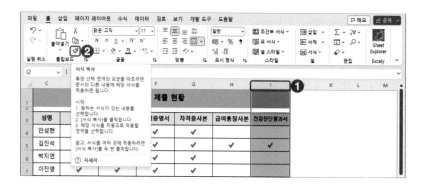

02 마우스 포인터가 서식 복사 도구 모양🔘로 바뀌면 J열을 클릭합니다. J열의 서식이 I열과 같아집니다.

성명	이력서	주민등록등본	졸업증명서	자격증사본	급여통장사본	건강진단결과서	
안성현	✔		✔	✔			
김진석	✔	✔	✔	✔	✔	✔	
박지연	✔		✔	✔			
이진영	✔		✔	✔			
이상철	✔				✔		
황석원	✔	✔	✔	✔			
윤영길	✔		✔	✔			
조성수	✔						
정인선	✔	✔	✔	✔			
최영재	✔						
박문상	✔	✔		✔			

신입사원 입사 서류 제출 현황

클릭

SOS [서식 복사✄]는 한 번 클릭하면 한 번 붙여 넣을 수 있고, 더블클릭하면 여러 번 붙여 넣을 수 있습니다. 더블클릭으로 서식 복사가 선택된 경우에는 [Esc]를 누르거나 [서식 복사✄]를 한 번 더 클릭하면 해제됩니다.

03 제목 다시 병합하기 ❶ [B1:J1] 셀 범위를 선택한 후 ❷ [홈] 탭–[맞춤] 그룹–[병합하고 가운데 맞춤▦]–[전체 병합]을 선택합니다. ❸ [J3] 셀에 **미제출 서류 목록**을 입력합니다. ❹ J열의 열 너비를 넓게 변경합니다.

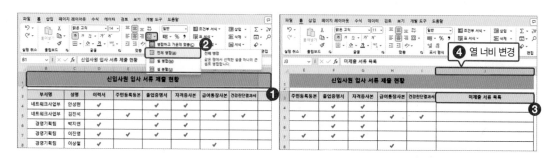

📈 **실력UP** [B1:J1] 셀 범위가 병합된 상태에서 다시 [병합하고 가운데 맞춤▦]을 적용하면 병합이 해제됩니다. [전체 병합]을 선택하면 [J1] 셀까지 포함하여 다시 병합됩니다.

04 미제출 서류 목록 함수로 표시하기 ❶ [J4] 셀에 **=TEXTJOIN(",",TRUE,IF(D4:I4="",D 3:$I$3,""))**를 입력합니다. ❷ [J4] 셀의 채우기 핸들⊞을 더블클릭하여 수식을 복사합니다. ❸ [J4:J30] 셀 범위에 미제출 서류 제목이 표시됩니다.

						미제출 서류 목록
신입사원 입사 서류 제출 현황						
주민등록등본	졸업증명서	자격증사본	급여통장사본	건강진단		미제출 서류 목록
	✔	✔				=TEXTJOIN(",",TRUE,IF(D4:I4="",$D$3:$I$3,""))
	✔	✔	✔	✔		
✔	✔	✔				
				✔		
✔	✔	✔				
✔	✔	✔				
✔	✔		✔	✔		
✔		✔				
✔	✔					

❷ 더블클릭

		제출 현황
급여통장사본	건강진단결과서	미제출 서류 목록
		주민등록등본,급여통장사본,건강진단결과서
✔	✔	
		주민등록등본,급여통장사본,건강진단결과서
		급여통장사본,건강진단결과서
✔		주민등록등본,졸업증명서,자격증사본,건강진단결과서
		급여통장사본,건강진단결과서
		급여통장사본,건강진단결과서
		주민등록등본,졸업증명서,자격증사본,급여통장사본,건강진단결과서
✔	✔	
		자격증사본,급여통장사본,건강진단결과서
		졸업증명서,급여통장사본,건강진단결과서

 실력UP **=TEXTJOIN(",",TRUE,IF(D4:I4="",$D$3:$I$3,""))**는 [D4:I4] 셀 범위가 빈 셀이면 [D3:I3] 셀에 입력된 문자를 각각 쉼표(,)로 구분하여 표시하는 수식입니다. [D4] 셀이 빈 셀일 경우 [D3] 셀 값을 표시하고, [E4] 셀이 빈 셀일 경우 [E3] 셀 값을 표시하는 형태로 두 범위가 맞대응하여 계산됩니다. IF 함수는 빈 셀인지 확인한 후 빈 셀일 경우 서류 제목을 반환하는 역할이고, TEXTJOIN 함수는 IF 함수가 반환한 서류 제목을 한 셀에 합쳐서 표시해주는 역할을 합니다.

실력UP 수식을 복사할 때 [D3:I3] 셀 범위는 변하지 않아야 하므로 F4 를 한 번 눌러 절대 참조로 지정합니다.

회사에서 살아남는 NOTE

IF 함수

IF 함수는 지정한 조건에 맞으면 참(TRUE)값을, 맞지 않으면 거짓(FALSE)값을 반환합니다. 참과 거짓에 해당하는 인수는 숫자, 문자, 수식 등 다양하게 지정할 수 있습니다.

함수 형식	= IF(Logical_test, [Value_if_true], [Value_if_false]) = IF(조건식, 참 일 때 값, 거짓 일 때 값)
인수	· **Logical_test** 참과 거짓을 판단할 수 있는 값이나 식으로 비교 연산자(>,<,>=,<=,<>)를 함께 사용합니다. · **Value_if_true** 조건식의 결과가 참일 때 셀에 입력할 값이나 계산할 수식입니다. 생략하면 TRUE가 입력됩니다. · **Value_if_false** 조건식의 결과가 거짓일 때 셀에 입력할 값이나 계산할 수식입니다. 생략하면 FALSE가 입력됩니다.

TEXTJOIN 함수

TEXTJOIN 함수는 구분 기호를 사용하여 셀 범위 데이터 또는 문자열을 합치는 함수로 엑셀 2019 이후 버전부터 사용할 수 있습니다. 셀 범위에 빈 셀이 있을 경우 빈 셀 포함 여부를 선택할 수 있습니다.

함수 형식	= TEXTJOIN(Delimiter, Ignore_empty, Text1, [Text2], …) = TEXTJOIN(구분 기호, 빈 셀 포함 여부, 문자열1, 문자열2, …)
인수	· Delimiter 합친 문자열을 구분하는 기호로 큰따옴표("")로 묶어서 입력합니다. · Ignore_empty 셀 범위에 빈 셀이 있을 경우 포함 유무를 TRUE 또는 FALSE로 지정합니다. · Text1, [Text2], … 합칠 텍스트 문자열 또는 셀 범위와 같은 문자열 배열입니다.

05 맞춤 설정하기 ❶ [J4:J30] 셀 범위를 선택한 후 마우스 오른쪽 버튼을 클릭하고 [셀 서식]을 선택합니다. [셀 서식] 대화상자의 [맞춤] 탭에서 ❷ [텍스트 조정]의 [셀에 맞춤]에 체크합니다. ❸ [확인]을 클릭합니다.

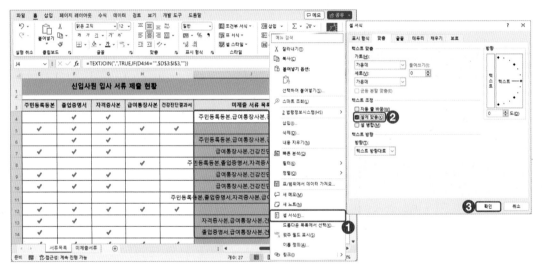

 실력UP [셀에 맞춤]은 셀 너비를 넘어 입력한 텍스트의 글꼴 크기를 셀 너비에 맞춰 자동으로 조절합니다.

06 필터 설정하기 ❶ [J3] 셀을 선택한 후 ❷ [데이터] 탭-[정렬 및 필터] 그룹-[필터 ▽]를 클릭합니다. ❸ [J3] 셀의 필터 단추▾를 클릭하고 [(필드 값 없음)]의 선택을 해제합니다. ❹ [확인]을 클릭합니다.

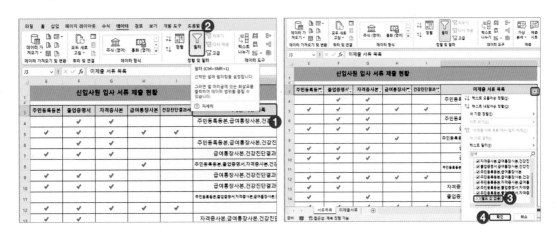

07 미제출자 데이터만 복사하기 ❶ 미제출 서류가 있는 행만 표시되었습니다. ❷ [B4:C30] 셀 범위를 드래그한 후 ❸ Ctrl 을 누른 상태에서 [J4:J30] 셀 범위를 선택합니다. ❹ Ctrl + C 로 복사합니다.

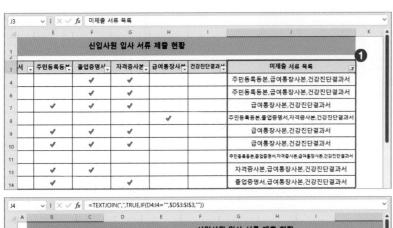

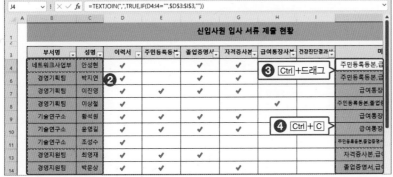

 실력UP 필터링이 된 셀 범위를 복사할 경우는 화면에 보이는 셀만 복사됩니다.

08 ❶ [미제출서류] 시트를 선택합니다. ❷ [A4] 셀을 선택합니다. 마우스 오른쪽 버튼을 클릭하여 [붙여넣기 옵션]-[값 🔳]을 선택합니다. ❸ 데이터가 값으로 붙여 넣어집니다. ❹ [A:C] 열을 선택한 후 열 경계선에서 더블클릭하여 열 너비를 자동으로 맞춥니다.

📈 **실력UP** 복사한 데이터를 붙여 넣을 때 [값 🔳] 붙여넣기를 적용하면 서식이 포함되지 않고, 셀 데이터만 복사됩니다. 수식은 결괏값으로 변환되어 붙여 넣어지는데, 필터링이 된 데이터는 Ctrl + V 를 눌러도 수식이 값으로 붙여 넣어집니다.

강사 노하우

필터가 설정된 셀 범위에 SUM과 COUNTA 함수 사용하기
KeyPoint | SUBTOTAL 함수

실습 파일 | 2_강사노하우(필터함수).xlsx
완성 파일 | 2_강사노하우(필터함수_완성).xlsx

조건에 일치하는 데이터만 필터링된 상태에서 화면에 보이는 셀만 집계할 때 SUM 함수나 COUNTA 함수를 사용하면 지정한 범위 내에 숨은 셀도 포함해서 계산됩니다. 이때 SUBTOTAL 함수를 이용하면 화면에 보이는 셀만 계산할 수 있습니다. 또 SUBTOTAL 함수를 이용하면 필터링된 데이터에도 항상 순차적인 번호가 표시되게 할 수 있습니다.

필터링된 데이터에서 COUNTA 함수와 자동 채우기 번호 오류 확인하기

01 [E8] 셀을 선택한 후 [데이터] 탭-[정렬 및 필터] 그룹-[필터 ▽]를 클릭합니다.

02 [분류] 열의 필터 단추 ▼를 클릭하고 [(모두 선택)]의 체크를 해제합니다. 전체 항목에서 [BT432]만 체크합니다.

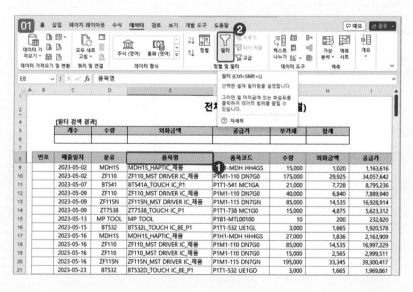

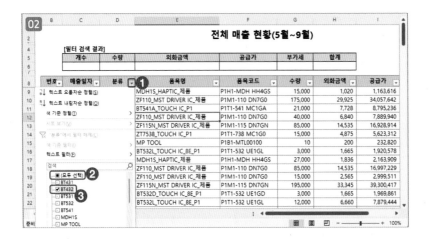

03 필터링된 개수를 계산하기 위해 [C6] 셀에 **=COUNTA(D42:D52)**를 입력합니다.

04 결과로 11이 나옵니다. 화면에 보이는 분류만 계산하지 않고 숨겨져 있는 행도 계산한 결과가 표시되기 때문입니다. [데이터] 탭-[정렬 및 필터] 그룹-[지우기⟨⟩]를 클릭하여 필터링을 해제합니다.

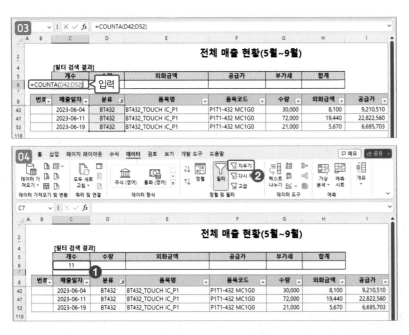

05 B열에 자동 채우기로 번호를 입력하고 다시 필터링을 해보겠습니다. [B9] 셀에 **1**을 입력하고, [B10] 셀에 **2**를 입력합니다. [B9:B10] 셀 범위를 선택한 후 채우기 핸들▦을 더블클릭합니다. 순차적인 번호가 입력됩니다.

06 [품목명] 열의 필터 단추 ⌄ 를 클릭하여 [(모두 선택)]의 체크 해제하고 임의로 몇 개의 품목명에 체크합니다.

07 필터링이 되어도 순차적인 번호가 표시되지 않습니다.

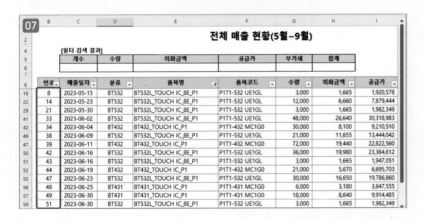

08 [C6] 셀에 **=SUBTOTAL(**를 입력합니다. SUBTOTAL 함수에서 사용할 수 있는 함수 목록이 표시됩니다. 비어 있지 않은 셀 개수를 구해야 하므로 COUNTA 함수 번호 **3**을 입력합니다.

09 계속해서 분류의 범위를 입력하여 **=SUBTOTAL(3,D9:D117)**로 수식을 입력합니다.

10 [D6:H6] 셀 범위에는 합계를 구해보겠습니다. [D6] 셀에 **=SUBTOTAL(9,G9:G117)**를 입력합니다. [D6] 셀의 채우기 핸들⊞을 [H6] 셀까지 드래그합니다.

SUBTOTAL 함수로 번호 입력하기

11 [B9] 셀에 **=SUBTOTAL(3,$D$9:D9)**를 입력합니다. [B9] 셀의 채우기 핸들을 더블클릭하여 수식을 복사합니다.

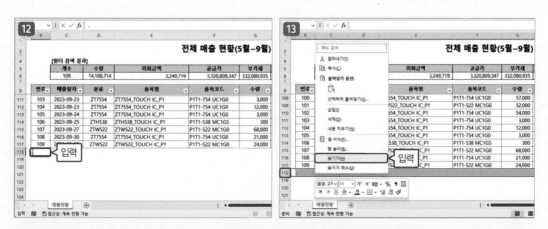

📈 **실력UP** 함수 번호 '3'은 COUNTA 함수로 비어 있지 않은 셀의 개수를 구하고, '$D$9:D9' 셀 범위는 누적 범위를 참조합니다. [B9] 셀에서는 [$D$9:D9] 범위를, [B10] 셀에서는 [$D$9:D10] 범위를, [B11] 셀에서는 [$D$9:D11] 범위를 참조하여 결과가 1, 2, 3, …과 같이 순차적인 번호로 표시됩니다.

12 SUBTOTAL 함수로 번호를 입력한 데이터를 필터링하면 마지막 행 데이터가 필터링에 포함되지 않는 오류가 있습니다. 이 오류를 해결하기 위해 마지막 행 데이터 다음 빈 셀인 [B118] 셀에 마침표(.)를 입력합니다. 마침표(.)가 아닌 다른 데이터를 입력하거나 [B117] 셀의 수식을 복사해도 됩니다.

13 118행을 선택합니다. 마우스 오른쪽 버튼을 클릭한 후 [숨기기]를 선택합니다.

📈 **실력UP** SUBTOTAL 함수로 번호를 입력한 데이터의 필터링 오류를 해결하는 다른 방법은 수식 마지막에 1을 곱해줍니다. **=SUBTOTAL(3,$D$9:D9)*1**로 수식을 입력하면 마지막 행의 데이터 필터링 오류가 해결됩니다.

14 [품목명] 열의 필터 단추 ▼를 클릭하여 [(모두 선택)]의 체크를 해제하고 임의로 몇 개의 품목명에 체크합니다. 행 번호 중 일부는 숨겨져 있지만 번호는 순차적으로 표시됩니다.

SUBTOTAL 함수

SUBTOTAL 함수는 필터링되어 표시되는 데이터 목록이나 숨겨진 행이 있는 데이터 목록에서 화면에 보이는 셀만 계산합니다. 함수의 번호를 지정해 평균, 숫자 개수, 개수, 최댓값, 최솟값, 곱, 표준편차, 합계, 분산 등을 계산에 사용할 수 있습니다.

함수 형식	=SUBTOTAL(Function_num, Ref1, [Ref2], …) =SUBTOTAL(함수 번호, 셀 범위1, 셀 범위2, …)			
인수	· Function_num 계산할 함수 번호를 지정합니다.			
	인수 번호	함수명	인수 번호	함수명
	1, 101	AVERAGE	2, 102	COUNT
	3, 103	COUNTA	4, 104	MAX
	5, 105	MIN	6, 106	PRODUCT
	7, 107	STDEV	8, 108	STDEVP
	9, 109	SUM	10, 110	VAR.S
	11, 111	VAR.P		
	숨겨진 셀 범위에서도 모두 계산할 때는 101~111의 함수를 사용합니다.			
	· Ref 계산할 셀 범위를 지정합니다.			

분리된 표 연결하기
KeyPoint | 필터, 바꾸기

실습 파일 | 2_강사노하우(분리된표연결하기).xlsx
완성 파일 | 2_강사노하우(분리된표연결하기_완성).xlsx

엑셀 데이터베이스는 데이터 중간에 빈 행이나 빈 열이 없어야 하고, 필드명(머리글)은 한 번만 입력되어 있어야 하며 병합된 셀이 없어야 합니다. 그런데 시스템에서 다운로드한 파일이 페이지 단위 보고서 형식으로 분리되어 있어 엑셀 데이터베이스 조건에 모두 충족하지 못할 때가 있습니다. 이러한 데이터는 올바르게 가공해야 엑셀에서 제대로 사용할 수 있습니다. [이동 옵션]과 [필터] 기능을 적용하여 빠르게 편집해보겠습니다.

셀 병합 해제하기

01 A열 왼쪽의 ▨을 클릭하여 모든 셀을 선택합니다. Ctrl+1을 눌러 [셀 서식] 대화상자를 표시합니다.

02 [셀 서식] 대화상자의 [맞춤] 탭에서 [텍스트 조정]-[자동 줄 바꿈], [셀 병합]의 체크를 해제합니다. [자동 줄 바꿈]을 해제해야 열 너비 자동 맞춤을 적용했을 때 한 줄로 입력됩니다. [셀 병합] 해제는 [홈] 탭-[맞춤] 그룹-[병합하고 가운데 맞춤▦]을 클릭해도 되지만, 행과 열 개수가 많을 경우 [셀 서식] 대화상자에서 해제하는 것이 속도가 더욱 빠릅니다. [확인]을 클릭합니다.

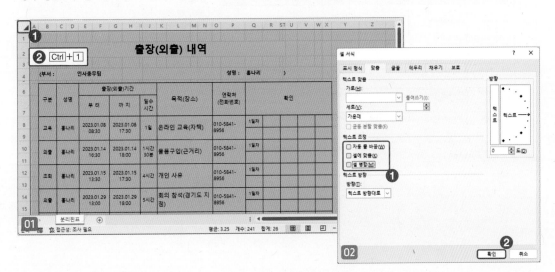

[이동 옵션]으로 빈 열 한 번에 삭제하기

03 [1:5] 행을 선택한 후 마우스 오른쪽 버튼을 클릭하여 [삭제]를 선택합니다.

04 [B:X] 열을 선택한 후 임의의 열 경계선을 더블클릭하여 열 너비를 자동으로 맞춥니다.

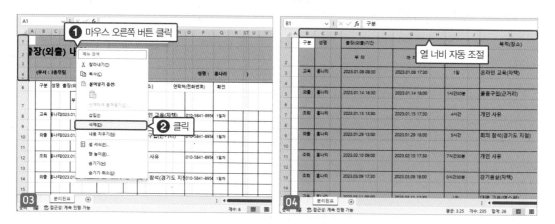

05 3행을 선택합니다. [홈] 탭-[편집] 그룹-[찾기 및 선택 🔍]-[이동 옵션]을 선택합니다.

06 [이동 옵션] 대화상자에서 [빈 셀]을 선택한 후 [확인]을 클릭합니다.

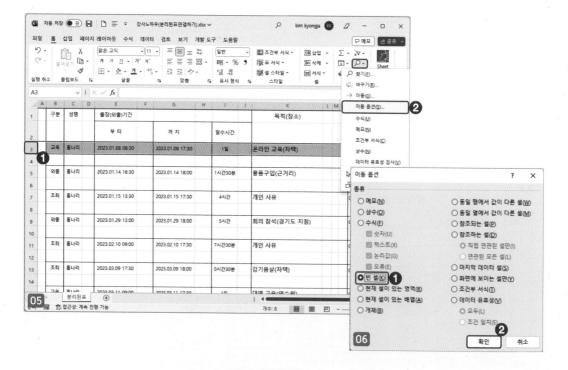

07 3행 중 빈 셀만 선택되었습니다. 마우스 오른쪽 버튼을 클릭하고 [삭제]를 선택합니다.

08 [삭제] 대화상자에서 [열 전체]를 선택한 후 [확인]을 클릭합니다. 불필요한 빈 열이 모두 삭제됩니다.

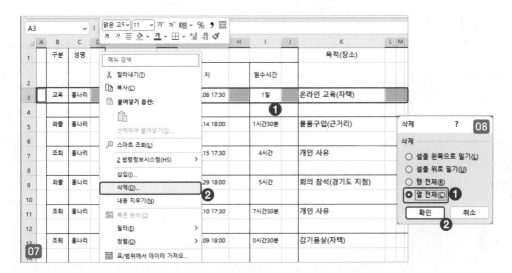

필터로 빈 행과 반복되는 머리글 삭제하기

09 [A1] 셀을 선택한 후 Ctrl + Shift + End 를 누릅니다. [A1:X70] 셀 범위가 선택됩니다.

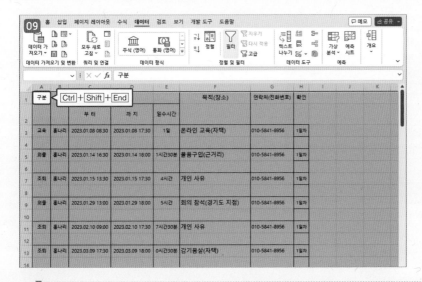

📈 **실력UP** Ctrl + Shift + End 는 선택된 셀에서부터 사용 영역으로 인식되는 마지막 셀까지 범위를 선택하는 기능입니다. 빈 행이나 빈 열을 포함하여 모든 데이터를 범위 선택할 때 유용합니다. [I:X] 열과 [66:70] 행은 데이터가 없지만 범위에 포함되어도 다음 작업에 문제가 없습니다.

10 [데이터] 탭–[정렬 및 필터] 그룹–[필터 ▽]를 클릭합니다. 1행에 필터 단추 ▼가 표시됩니다. [성명] 열의 필터 단추 ▼를 클릭하고 [홍나리]의 체크를 해제합니다. 필터링에서 남길 항목은 체크 해제하고 삭제할 항목만 체크합니다.

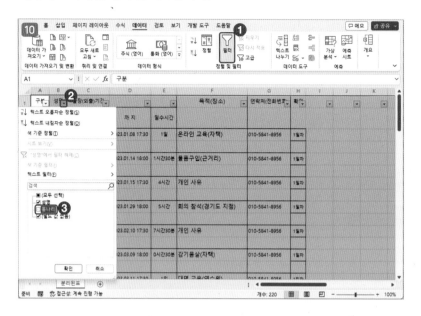

11 불필요한 행만 표시됩니다. [2:71] 행을 선택하고 마우스 오른쪽 버튼을 클릭한 후 [행 삭제]를 선택합니다. [66:71] 행은 데이터가 없지만 사용 영역으로 인식되므로 삭제하는 것이 좋습니다.

12 [데이터] 탭–[정렬 및 필터] 그룹–[필터 ▽]를 클릭하여 필터 설정을 해제합니다.

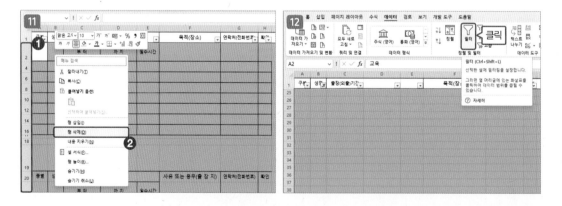

13 필터가 해제되면서 숨겨져 있던 데이터가 모두 표시됩니다. [C1] 셀에 **외출시작**, [D1] 셀에 **외출종료**, [E1] 셀에 **시간**을 각각 입력합니다.

[바꾸기]로 시간 데이터 변경하기

14 E열의 시간 데이터는 문자 형식으로 되어 있어 시간 합계를 계산할 수 없습니다. 계산이 가능한 시간 형식으로 변경해보겠습니다. [E2] 셀을 선택한 후 Ctrl + Shift + ↓ 를 누르고, Ctrl + H 를 누릅니다. [찾기 및 바꾸기] 대화상자에서 [찾을 내용]에 **1일**을 입력하고 [바꿀 내용]에 **8:00**을 입력합니다. [모두 바꾸기]를 클릭합니다. '9개 항목이 바뀌었습니다.' 메시지가 표시되면 [확인]을 클릭합니다.

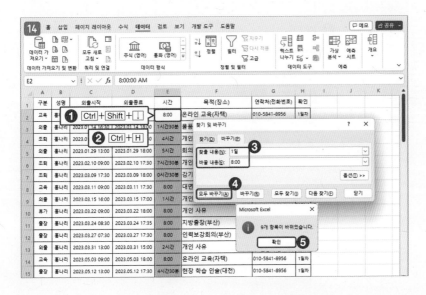

15 '1시간30분'에서 '시간' 글자를 콜론(:)으로 변경하고 '분' 글자를 삭제해보겠습니다. [찾기 및 바꾸기] 대화상자에서 [찾을 내용]에 **시간**을 입력하고 [바꿀 내용]에 **:**을 입력합니다. [모두 바꾸기]를 클릭합니다. '14개 항목이 바뀌었습니다.' 메시지가 표시되면 [확인]을 클릭합니다.

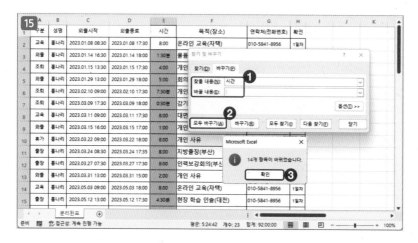

16 [찾기 및 바꾸기] 대화상자에서 [찾을 내용]에 **분**을 입력하고 [바꿀 내용]에 기존 내용을 삭제하고 아무것도 입력하지 않습니다. [모두 바꾸기]를 클릭합니다. '6개 항목이 바뀌었습니다.' 메시지가 표시되면 [확인]을 클릭합니다. 모두 시간 형식으로 변경되었습니다. [찾기 및 바꾸기] 대화상자에서 [닫기]를 클릭합니다.

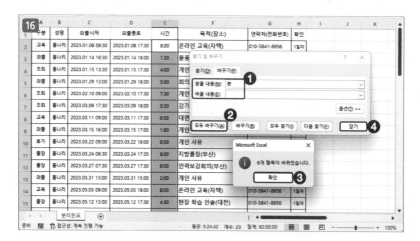

17 [A1] 셀을 선택한 후 [Ctrl]+[A]를 눌러 셀 범위를 모두 선택합니다. [Ctrl]+[A]는 데이터가 입력된 셀 범위 전체를 선택하는 기능으로 빈 행과 빈 열 이전 영역까지만 선택합니다. [홈] 탭-[글꼴] 그룹-[테두리⊞]-[모든 테두리]를 선택합니다.

월별 사업장/품목별 재고를
한눈에 확인하는

입출고 보고서 만들기

매월 사내 시스템에서 다운로드하는 입출고 내역을 이용하여 사업장/품목별 입출고 보고서를 작성하려고 합니다. 사업장명과 품목을 기준으로 월별 합계를 구할 때는 SUMIFS 함수를 사용하는데, 결과가 모두 '0'으로 표시됩니다. 데이터 형식이 모두 텍스트로 설정되어 있기 때문입니다. 이러한 경우에는 먼저 숫자로 형식을 일괄 변경한 후 SUMIFS 함수를 이용해 계산합니다.

SUMIFS 함수의 조건으로 사용되는 사업장명과 품목들은 셀에 모두 입력되어 있어야 하지만 화면에는 한 번만 표시되는 것이 좋습니다. 이러한 경우에는 조건부 서식에 COUNTIF 함수를 이용해 첫 번째 문자만 표시되고 나머지는 표시되지 않도록 합니다.

✧ CHAPTER 예제 ✧
Before&After 미리 보기

- 합계를 계산하면 결과로 '0'이 나와요.
- 그룹별 합계를 계산하고 싶어요.
- 똑같은 데이터는 한 번만 보이도록 하고 싶어요.

Before

	A	B	C	D	E	F	G	H	I
1	사업장명	품목	1월	2월	3월	4월	5월	6월	
2	구미사업장	P1T1-262 MC1G0	215000	209000	167000	125000	125000	134000	
3	구미사업장	P1T1-538 MC1G0	9000	9000	15000	12000	6000	0	
4	구미사업장	P1T1-545 MC1G0	875000	875000	875000	875000	875000	875000	
5	구미사업장	P1T1-545 MC1G0	84000	54000	54000	54000	54000	54000	
6	구미사업장	P1T1-738 MC1G0	1712500	1162500	1162500	1042500	1040500	1038500	
7	구미사업장	P1T1-738 MC1G0	1060000	1000000	1000000	820000	1300000	1600000	
8	구미사업장	P1T1-748 MC1G0	12000	6000	6000	6000	6000	6000	
9	구미사업장	P1T1-748 MC1G0	14000	14000	14000	14000	14000	14000	
10	구미사업장	P1T1-748 MC1G0	28000	16000	4000	4000	4000	4000	
11	구미사업장	P1T1-748 MC1G0	800000	480000	1040000	1140000	690000	880000	
12	대전사업장	P1D1-311 MC6G0	103000	88000	88000	88000	88000	88000	
13	대전사업장	P1D1-311 MC6G0	12000	12000	12000	12000	12000	12000	
14	대전사업장	P1D1-331 DC6G0	15000	10000	10000	10000	10000	10000	
15	대전사업장	P1H1-MDH HH4GS	1426000	926000	1331000	1331000	831000	331000	
16	대전사업장	P1H1-MDH HH4GS	103000	88000	88000	88000	88000	88000	
17	대전사업장	P1H1-MDH HH4GS	395000	395000	395000	395000	395000	395000	
18	대전사업장	P1H1-MDH HH4GS	5304000	3019000	1919000	1094000	594000	294000	

After

	A	B	C	D	E	F	G	H	I	J
1	사업장별/품목별 물량관리									
2										
3	사업장명	품목	구분	전년도	1월	2월	3월	4월	5월	6월
4	구미사업장	P1T1-262 MC1G0	입고		215,000	209,000	167,000	125,000	125,000	134,000
5			출고		193,500	188,100	150,300	112,500	112,500	120,600
6			재고	62,700	84,200	105,100	121,800	134,300	146,800	160,200
7		P1T1-538 MC1G0	입고		9,000	9,000	15,000	12,000	6,000	-
8			출고		8,100	8,100	13,500	10,800	5,400	-
9			재고	3,500	4,400	5,300	6,800	8,000	8,600	8,600
10		P1T1-545 MC1G0	입고		959,000	929,000	929,000	929,000	929,000	929,000
11			출고		863,100	836,100	836,100	836,100	836,100	836,100
12			재고	328,200	424,100	517,000	609,900	702,800	795,700	888,600
13		P1T1-738 MC1G0	입고		2,772,500	2,162,500	2,162,500	1,862,500	2,340,500	2,638,500
14			출고		2,495,250	900,000	1,946,250	1,676,250	2,106,450	2,374,650
15			재고	1,688,600	1,965,850	3,228,350	3,444,600	3,630,850	3,864,900	4,128,750
16		P1T1-748 MC1G0	입고		854,000	516,000	1,064,000	1,164,000	714,000	904,000
17			출고		768,600	464,400	945,000	1,047,600	642,600	813,600
18			재고	304,800	390,200	441,800	560,800	677,200	748,600	839,000
19	대전사업장	P1D1-311 MC6G0	입고		115,000	100,000	100,000	100,000	100,000	100,000
20			출고		103,500	90,000	90,000	90,000	90,000	90,000
21			재고	36,500	48,000	58,000	68,000	78,000	88,000	98,000

- 한 번 만들면 매월 데이터가 추가되어도 복사만 하면 자동으로 계산돼요.
- SUMIFS 함수를 이용하여 그룹별 합계를 계산할 수 있어요.
- 화면에 표시되지 않아야 하는 셀만 자동으로 감출 수 있어요.

STEP 01

다운로드한 데이터 형식을
숫자 형식으로 변환하기

실습 파일 | 3_입출고관리.xlsx
완성 파일 | 3_입출고관리-STEP02.xlsx

외부에서 엑셀 데이터를 다운로드하면 숫자 데이터가 텍스트 형식으로 설정되어 쉼표 스타일 표시 형식이 설정되지 않거나 함수식 계산이 되지 않는 경우가 있습니다. 이러한 경우에는 먼저 [선택하여 붙여넣기] 기능을 이용해 계산이 가능한 숫자 형식으로 변환해야 합니다.

 엑셀로 살아남기   숫자 데이터와 텍스트 데이터를 구분할 수 있어야 한다.

1. 데이터 형식 확인하기 숫자 데이터에 쉼표 스타일 표시 형식이 지정되지 않거나 왼쪽 상단에 오류 표시▰가 나타나면 데이터 형식이 텍스트로 잘못 설정된 상태입니다. 외부에서 다운로드한 데이터를 엑셀에서 열면 모든 데이터가 텍스트 형식으로 지정되어 있는 경우가 있습니다. 이런 데이터는 함수 사용과 데이터 정렬, 필터 등의 기능을 사용할 때 오류가 발생합니다.

> [홈] 탭-[표시 형식] 그룹-[쉼표 스타일 ⁹]

2. [선택하여 붙여넣기]로 숫자 형식 변환하기 텍스트 형식으로 잘못 설정된 데이터는 숫자 형식으로 변환해야 함수를 사용할 수 있습니다. 빈 셀에 1을 입력한 후 복사하여 숫자 형식으로 변환할 셀 범위에 [선택하여 붙여넣기]로 곱해줍니다.

> 빈 셀에 1 입력하고 복사, [선택하여 붙여넣기]-[값, 곱하기]

01 데이터 형식 확인하기 ❶ [C:H] 열을 선택한 후 ❷ [홈] 탭-[표시 형식] 그룹-[쉼표 스타일 🟍]
을 클릭합니다. 숫자 데이터에 쉼표 스타일이 적용되지 않습니다. 텍스트 형식의 데이터이기 때문입
니다. ❸ [C2] 셀을 선택한 후 나타나는 오류 표시 아이콘🔺에 마우스 포인터를 올리면 '이 셀의 숫
자는 텍스트 서식이 지정되었거나 아포스트로피가 앞에 옵니다.'라는 메시지가 표시됩니다.

SOS Ctrl + Z 를 눌러 쉼표 스타일 적용을 취소한 후 작업합니다.

02 숫자 데이터로 변환하기 ❶ [입고] 시트를 선택하고 ❷ Ctrl 을 누른 상태에서 [출고] 시트를 선
택합니다. ❸ [J1] 셀에 1을 입력합니다. ❹ [J1] 셀에서 Ctrl + C 를 눌러 복사합니다. ❺ [A1] 셀을
선택한 후 Ctrl + A 를 눌러 데이터를 모두 선택합니다. ❻ 마우스 오른쪽 버튼을 클릭하여 [선택
하여 붙여넣기]를 선택합니다.

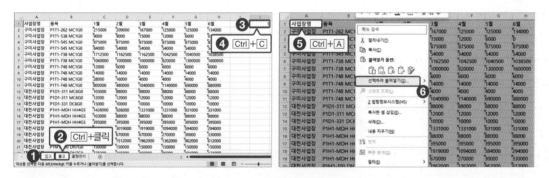

실력UP [입고] 시트와 [출고] 시트 모두 같은 작업을 해야 하므로 동시에 선택하여 변환하면 한 번에 두 시트를 모두 숫자로 변
환할 수 있습니다. **1**을 입력할 때 I열 중 임의의 셀에 입력하면 Ctrl + A 로 범위를 지정했을 때 I열까지 포함됩니다.

SOS [선택하여 붙여넣기] 바로 가기 키는 Ctrl + Alt + V 입니다.

03 ❶ [선택하여 붙여넣기] 대화상자의 [붙여넣기]에서 [값]을 선택하고 ❷ [연산]에서 [곱하기]를 선택합니다. ❸ [확인]을 클릭합니다. ❹ 숫자로 변환이 가능한 열은 숫자로 모두 변환되고 숫자로 변환이 불가능한 데이터는 변하지 않습니다.

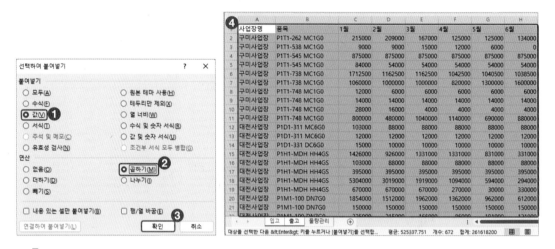

📈 **실력UP** [선택하여 붙여넣기] 대화상자에서 [붙여넣기]를 [값]으로 선택하는 것은 서식을 유지하기 위해서이고, [연산]에서 [곱하기]를 선택하는 것은 숫자 데이터 값에 변화를 주지 않기 위해서입니다.

04 ❶ [C:H] 열을 선택한 후 ❷ [홈] 탭–[표시 형식] 그룹–[쉼표 스타일 ,]을 클릭합니다. 숫자 형식으로 변환된 데이터이므로 쉼표 스타일이 적용됩니다. ❸ [J1] 셀을 선택한 후 Delete 를 눌러 삭제합니다.

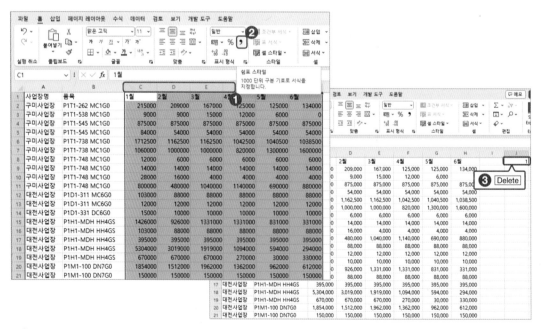

 SOS 01 과정에서 ,을 해제하지 않았다면 이번 과정은 [J1] 셀의 데이터만 삭제합니다.

05 [입고]와 [출고] 시트가 동시에 선택된 것을 해제하기 위해 ❶ [물량관리] 시트를 선택한 후 ❷ [출고] 시트를 선택하여 숫자 형식으로 변환된 것을 확인합니다.

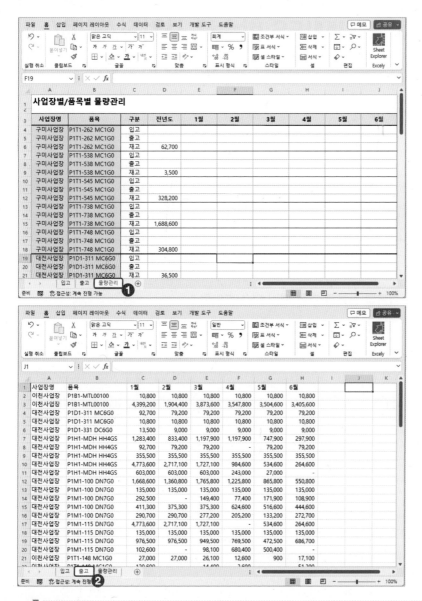

📈 **실력UP** [입고]와 [출고] 시트가 동시에 선택된 상태에서 두 시트 중 한 시트를 선택하면 해당 시트가 활성화되지만 선택이 해제 되지는 않습니다. 선택되지 않았던 [물량관리] 시트를 선택해야 두 시트가 모두 선택 해제됩니다.

SUMIFS 함수로 사업장/품목/ 월별 입고와 출고 합계 구하기

실습 파일 | 3_입출고관리–STEP02.xlsx
완성 파일 | 3_입출고관리–STEP03.xlsx

SUMIFS 함수를 이용해 [입고] 시트와 [출고] 시트에 있는 수량의 합계를 구하고 입고, 출고, 전월 재고를 이용하여 당월 재고를 구해보겠습니다. SUMIFS 함수의 조건 범위로 사용되는 각 시트의 사업장명과 출고 범위는 이름으로 정의한 후 함수에 사용합니다.

 엑셀로 살아남기 그룹별 합계를 구할 때는 SUMIFS 함수

1. 이름 정의하여 절대 참조 사용하기 다른 셀을 참조하도록 입력한 수식을 복사할 때 셀 주소가 바뀌지 않도록 하기 위해 $기호를 붙여 절대 참조($A$1, $B$2, …)로 지정합니다. 셀 주소를 일반적인 문자로 정의한 후 사용하면 $기호 없이 절대 참조로 사용할 수 있습니다. 이렇게 특정한 셀 영역을 문자 이름으로 지정하는 것을 이름 정의라고 하며, 두 개 이상의 시트 데이터를 사용하여 수식을 입력할 때 이름 정의를 사용하면 수식을 짧고 간결하게 사용할 수 있습니다.

[수식] 탭-[정의된 이름] 그룹-[선택 영역에서 만들기 🔡]

2. SUMIFS 함수로 입출고 합계 구하기 [입고] 시트에서 특정 사업장과 특정 품목에 대한 수량만 합계를 구할 경우 SUMIFS 함수를 사용합니다. SUMIFS 함수는 SUM 함수 뒤에 여러 조건을 뜻하는 IFS가 붙어 전체 합계가 아니라 여러 조건에 맞는 데이터만 찾아서 합계를 구합니다.

입고 합계 : =SUMIFS(입고!C$2:C$84,입고사업장,$A4,입고품목,$B4)

출고 합계 : =SUMIFS(출고!C$2:C$84,출고사업장,$A5,출고품목,$B5)

01 입고 데이터 이름 정의하기 [입고] 시트와 [출고] 시트의 '사업장명'과 '품목명' 데이터를 SUMIFS 함수에서 절대 참조로 사용하기 위해 이름으로 정의해보겠습니다. [입고] 시트에서 작업합니다. ❶ [A1:B84] 셀 범위를 선택한 후 ❷ [수식] 탭-[정의된 이름] 그룹-[선택 영역에서 만들기 🔢]를 클릭합니다. ❸ [선택 영역에서 이름 만들기] 대화상자에서 [첫 행]에만 체크한 후 ❹ [확인]을 클릭합니다.

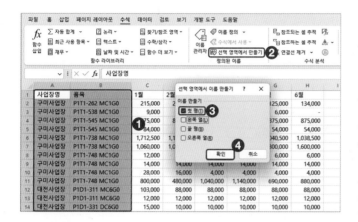

SOS 빠르게 범위를 지정하려면 [A1:B1] 셀 범위를 선택한 후 Ctrl + Shift + 📱 를 누릅니다.

실력UP [A1:B84] 셀 범위를 선택한 상태에서 [선택 영역에서 만들기 🔢]를 실행하면 각 열의 첫 번째 셀이 이름 문자로 사용되고 두 번째 셀부터 마지막 셀까지는 이름 범위로 적용됩니다.

02 입고와 출고 데이터를 구분하기 위해 정의된 이름을 수정해보겠습니다. ❶ [수식] 탭-[정의된 이름] 그룹-[이름 관리자]를 클릭합니다. ❷ [이름 관리자] 대화상자에서 [사업장명]을 더블클릭합니다. ❸ [이름 편집] 대화상자의 [이름]을 **입고사업장**으로 변경합니다. ❹ [확인]을 클릭합니다.

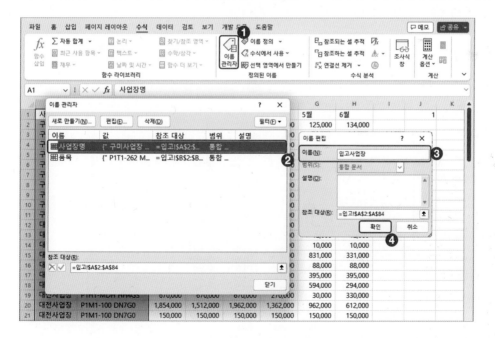

03 이번에는 ❶ [품목]을 더블클릭합니다. ❷ [이름 편집] 대화상자의 [이름]을 **입고품목**으로 변경합니다. ❸ [확인]을 클릭합니다. ❹ 두 개의 이름이 모두 변경되었습니다.

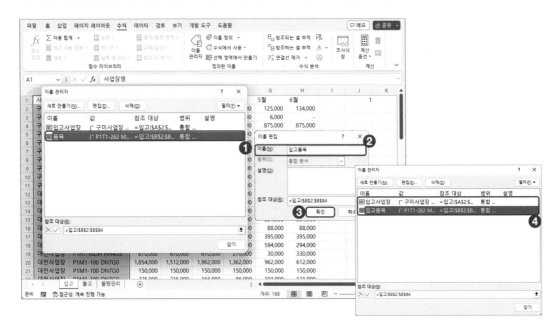

04 출고 데이터 이름 정의하기 ❶ [출고] 시트를 선택합니다. ❷ [A1:B84] 셀 범위를 선택한 후 ❸ [수식] 탭–[정의된 이름] 그룹–[선택 영역에서 만들기 📰]를 클릭합니다. ❹ [선택 영역에서 이름 만들기] 대화상자에서 [첫 행]만 체크한 후 ❺ [확인]을 클릭합니다.

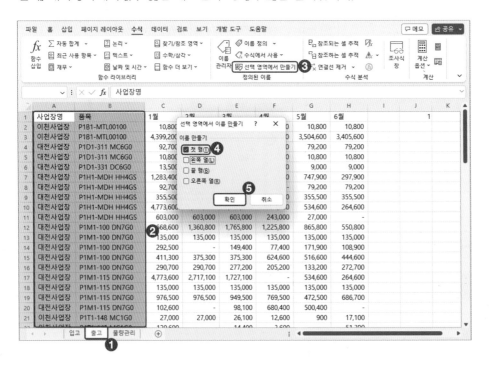

05 ❶ [수식] 탭–[정의된 이름] 그룹–[이름 관리자▣]를 클릭합니다. ❷ [이름 관리자] 대화상자에서 [사업장명] 이름을 **출고사업장**, [품목] 이름을 **출고품목**으로 각각 변경합니다.

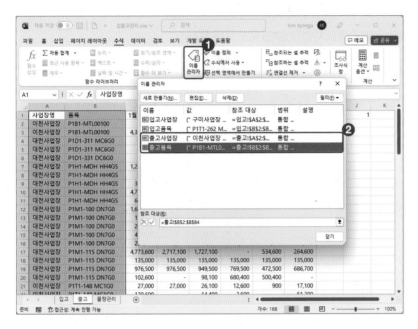

📈 **실력UP** 정의된 이름 범위의 이름 변경 방법은 03 과정을 참고합니다.

06 SUMIFS 함수로 입고 합계 구하기 ❶ [물량관리] 시트를 선택합니다. ❷ [E4] 셀에 **=SUMIFS(입고!C$2:C$84,입고사업장,$A4,입고품목,$B4)**를 입력합니다.

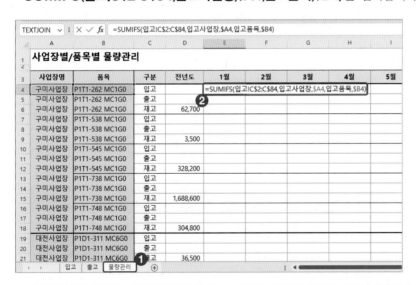

📈 **실력UP** [입고] 시트에서 '사업장명'이 [A4] 셀과 같고, '품목'이 [B4] 셀과 같은 데이터의 1월 수량만 합계를 구합니다. '입고!C$2:C$84'는 합을 구할 범위, '입고사업장,$A4'는 첫 번째 범위와 조건, '입고품목,$B4'는 두 번째 범위와 조건입니다.

📈 **실력UP** [E4] 셀에 입력한 수식은 행과 열 방향으로 모두 복사되어야 하므로 [합을 구할 범위] 인수인 [입고] 시트의 [1월 수량] 범위는 F4 를 두 번 눌러 행 고정 혼합 참조로 지정하고, 첫 번째 조건 [A4] 셀과 두 번째 조건 [B4] 셀은 F4 를 세 번 눌러 열 고정 혼합 참조로 지정합니다.

07 수식 복사하여 출고 합계 구하기 출고 합계는 SUMIFS 함수를 직접 입력하지 않고 입고 합계 수식을 복사하여 수정해보겠습니다. ❶ [E4] 셀을 선택한 후 Ctrl + C로 복사합니다. ❷ [E5] 셀을 선택한 후 마우스 오른쪽 버튼을 클릭하여 [붙여넣기 옵션]–[수식 🗐]을 선택합니다. ❸ 복사된 수식을 **=SUMIFS(출고!C$2:C$84,출고사업장,$A5,출고품목,$B5)**로 변경합니다.

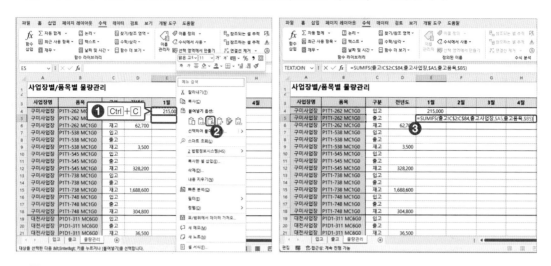

 실력UP 복사한 수식에서 '입고' 문자만 '출고' 문자로 변경됩니다.

08 재고 구하기 수식 '=진월재고+입고-출고'를 입력하여 재고를 구해보겠습니다. ❶ [E6] 셀을 선택한 후 **=D6+E4-E5**를 입력합니다. ❷ [E4:E6] 셀 범위를 선택한 후 채우기 핸들 ➕을 [J6] 셀까지 드래그하여 수식을 복사합니다.

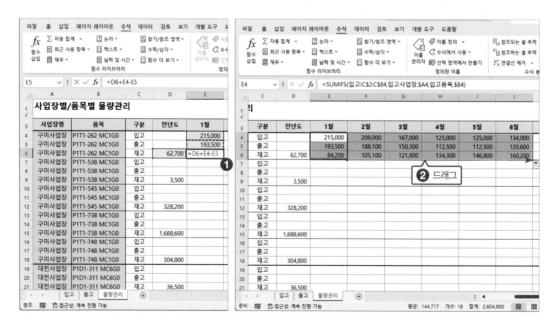

09 Total 구하기 ❶ [E4:K5] 셀 범위를 선택한 후 ❷ [수식] 탭-[함수 라이브러리] 그룹-[자동 합계⅀]를 클릭합니다. K열에 합계가 계산됩니다. ❸ [E4:K6] 셀 범위를 선택한 후 채우기 핸들⊞을 더블클릭하여 수식을 복사합니다. ❹ [채우기 옵션⊞]을 클릭하여 [서식 없이 채우기]를 선택합니다.

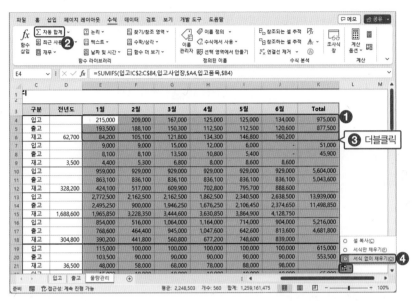

실력UP [자동 합계] 기능은 셀 범위에 숫자가 연속적으로 입력되어 있고 마지막 열이 빈 열이면 범위의 마지막 열에 자동으로 합계를 표시합니다.

실력UP [E4:K6] 셀 범위를 선택한 후 채우기 핸들⊞로 복사하면 테두리 선이 변경됩니다. 이때 [채우기 옵션]-[서식 없이 채우기]를 선택하면 [서식]을 제외하고 복사되어 기존 테두리 서식이 그대로 유지됩니다.

회사에서 살아남는 NOTE

상대 참조, 절대 참조, 혼합 참조

셀을 참조하여 입력한 수식을 복사했을 때 복사한 수식의 셀 주소가 바뀌면 상대 참조, 바뀌지 않으면 절대 참조, 행과 열 중에서 하나만 바뀌면 혼합 참조라고 합니다. 셀 참조 방식을 변경하려면 $기호를 직접 입력하거나 F4를 누릅니다. 상대 참조(A1)로 지정된 셀 주소에 F4를 누르면 절대 참조($A$1)로 바뀌고, 절대 참조에서 F4를 누르면 행 고정 혼합 참조(A$1)로 바뀌며 다시 F4를 누르면 열 고정 혼합 참조($A1)로 바뀝니다. 열 고정 혼합 참조에서 F4를 누르면 처음인 상대 참조(A1)로 바뀌는 순환 형태입니다.

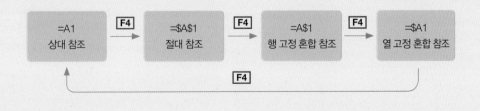

정의된 이름 관리하기

셀이나 범위를 이름으로 정의했을 경우 [이름 상자]에서 목록 단추☑를 클릭하면 통합 문서에 정의된 이름이 모두 나타납니다. 목록에 나타나는 이름을 클릭하면 해당 이름으로 정의된 셀, 셀 범위를 선택할 수 있습니다. 정의된 이름을 편집하거나 삭제할 때는 [수식] 탭-[정의된 이름] 그룹-[이름 관리자]☑를 사용합니다. [이름 관리자] 대화상자를 표시하는 바로 가기 키는 Ctrl + F3 입니다.

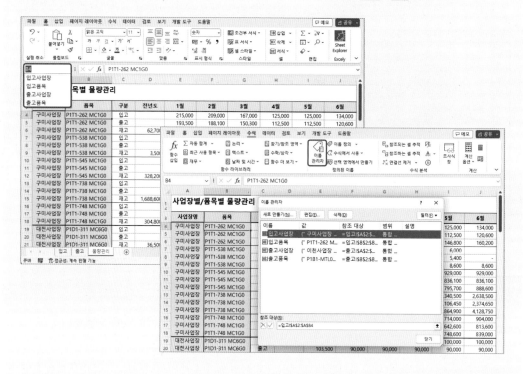

사업장명과 품목 한 번만 표시하고 재고행에 채우기 색 설정하기

실습 파일 | 3_입출고관리-STEP03.xlsx
완성 파일 | 3_입출고관리(완성).xlsx

SUMIFS 함수의 조건으로 사용되는 사업장명과 품목들은 셀에 모두 입력되어 있지만 화면에는 한 번만 표시되는 것이 좋습니다. 조건부 서식에 COUNTIF 함수를 이용하여 [물량관리] 시트의 A열과 B열에 중복된 사업장 및 품목이 표시되지 않도록 설정하고, [재고] 행에만 채우기 색이 표시되도록 설정해보겠습니다.

 엑셀로 살아남기　**같은 데이터를 한 번만 표시할 때는 조건부 서식+COUNTIF 함수**

1. 사업장명과 품목은 한 번만 표시하기 [물량관리] 시트의 사업장명과 품목은 SUMIFS 함수의 조건으로 사용되어 삭제할 수 없습니다. 그런데 같은 사업자명과 품목이 반복되어 표시되면 보기 좋지 않으므로 첫 번째 항목만 표시하고 나머지는 숨기는 것이 좋습니다. 조건부 서식에 COUNTIF 함수를 사용하여 중복 여부를 확인한 후 [셀 서식] 대화상자의 [표시 형식]-[사용자 지정]에 ;;;을 입력합니다.

> [홈] 탭-[스타일] 그룹-[조건부 서식圖]-[새 규칙], [수식을 사용하여 서식을 지정할 셀 결정]

> =COUNTIF($A$4:A4,A4)>1 입력

2. 재고 행에만 채우기 색 표시하기 각 품목별 재고를 표시하는 행이 28개가 있는데 이 행에 모두 채우기 색을 설정하려면 같은 작업을 28번을 반복해야 합니다. 이때 조건부 서식을 이용하여 C열의 데이터가 '재고'일 경우 채우기 색이 표시되도록 하면 한 번으로 해결할 수 있습니다.

> [홈] 탭-[스타일] 그룹-[조건부 서식圖]-[새 규칙], [수식을 사용하여 서식을 지정할 셀 결정]

> =$C4=" 재고 " 입력

01 COUNTIF 함수로 사업자명과 품목 한 번만 표시하기 ❶ [A4:B87] 셀 범위를 선택합니다. ❷ [홈] 탭-[스타일] 그룹-[조건부 서식圖]-[새 규칙]을 선택합니다. ❸ [새 서식 규칙] 대화상자의 [규칙 유형 선택]에서 [수식을 사용하여 서식을 지정할 셀 결정]을 선택하고 ❹ [다음 수식이 참인 값의 서식 지정]에 **=COUNTIF($A$4:A4,A4)>1**을 입력합니다. ❺ [서식]을 클릭합니다.

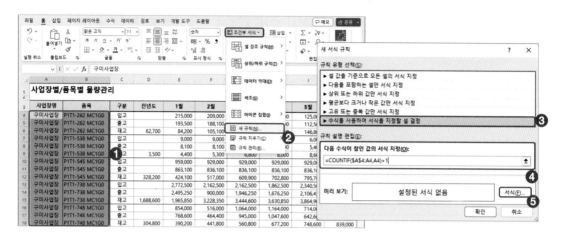

02 ❶ [셀 서식] 대화상자의 [표시 형식] 탭에서 [사용자 지정]을 클릭합니다. ❷ [형식]에 **;;;**을 입력합니다. ❸ [확인]을 클릭합니다. ❹ [새 서식 규칙] 대화상자의 [미리 보기]에 아무것도 표시되지 않습니다. ❺ [확인]을 클릭합니다.

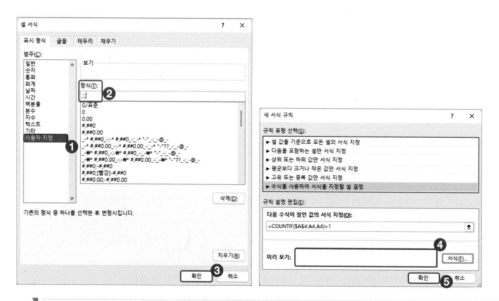

📈 **실력UP** 수식 **=COUNTIF($A$4:A4,A4)**는 셀 범위를 누적으로 하여 사업장명별 개수를 구하는 함수식으로 첫 번째 사업장은 COUNTIF(A4:A4,A4)가 적용되어 결과가 1이 되고, 두 번째 사업장은 COUNTIF(A4:A5,A5)가 적용되어 결과가 2가 됩니다. 즉, COUNTIF 함수의 결과가 1보다 크면(>1) 조건과 일치하여 표시 형식으로 적용한 세미콜론 세 개(;;;)가 적용됩니다. 세미콜론(;)은 두 개 이상의 표시 형식을 지정할 때 사용하는 기호로 '양수;음수;0;문자' 순서로 표시 형식을 지정하는데 각 조건별 표시 형식 없이 세미콜론(;)만 입력하면 화면에 아무것도 표시되지 않습니다.

03 [사업자명], [품목명] 열은 한 번씩만 표시되었습니다.

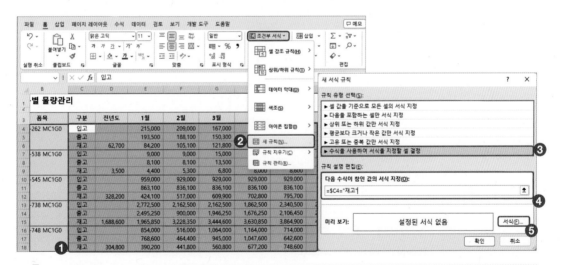

사업장명	품목	구분	전년도	1월	2월	3월	4월	5월	6월
구미사업장	P1T1-262 MC1G0	입고		215,000	209,000	167,000	125,000	125,000	134,000
		출고		193,500	188,100	150,300	112,500	112,500	120,600
		재고	62,700	84,200	105,100	121,800	134,300	146,800	160,200
	P1T1-538 MC1G0	입고		9,000	9,000	15,000	12,000	6,000	-
		출고		8,100	8,100	13,500	10,800	5,400	-
		재고	3,500	4,400	5,300	6,800	8,000	8,600	8,600
	P1T1-545 MC1G0	입고		959,000	929,000	929,000	929,000	929,000	929,000
		출고		863,100	836,100	836,100	836,100	836,100	836,100
		재고	328,200	424,100	517,000	609,900	702,800	795,700	888,600
	P1T1-738 MC1G0	입고		2,772,500	2,162,500	2,162,500	1,862,500	2,340,500	2,638,500
		출고		2,495,250	900,000	1,946,250	1,676,250	2,106,450	2,374,650
		재고	1,688,600	1,965,850	3,228,350	3,444,600	3,630,850	3,864,900	4,128,750
	P1T1-748 MC1G0	입고		854,000	516,000	1,064,000	1,164,000	714,000	904,000
		출고		768,600	464,400	945,000	1,047,600	642,600	813,600
		재고	304,800	390,200	441,800	560,800	677,200	748,600	839,000
대전사업장	P1D1-311 MC6G0	입고		115,000	100,000	100,000	100,000	100,000	100,000
		출고		103,500	90,000	90,000	90,000	90,000	90,000
		재고	36,500	48,000	58,000	68,000	78,000	88,000	98,000

04 재고 행에만 채우기 색 설정하기 ❶ [C4:K87] 셀 범위를 선택합니다. ❷ [홈] 탭–[스타일] 그룹–[조건부 서식 ▦]–[새 규칙]을 선택합니다. ❸ [새 서식 규칙] 대화상자의 [규칙 유형 선택]에서 [수식을 사용하여 서식을 지정할 셀 결정]을 선택하고 ❹ [다음 수식이 참인 값의 서식 지정]에 **=$C4="재고"**를 입력합니다. ❺ [서식]을 클릭합니다.

실력UP 조건부 서식에서 수식을 입력할 때 셀을 클릭하면 자동으로 절대 참조로 설정됩니다. 모든 열이 C열의 문자를 기준으로 비교하도록 F4를 두 번 눌러 [열 고정 혼합 참조]로 지정합니다.

05 ❶ [셀 서식] 대화상자의 [채우기] 탭에서 [배경색]-[주황2, 강조]을 클릭합니다. ❷ [확인]을 클릭합니다. ❸ [새 서식 규칙] 대화상자의 [미리 보기]에 채우기 색이 표시됩니다. ❹ [확인]을 클릭합니다. ❺ [재고] 행에만 채우기 색이 설정되었습니다.

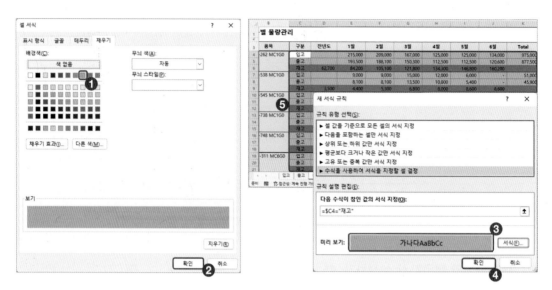

SUMIF와 SUMIFS 함수

SUMIF 함수는 SUM 함수 뒤에 조건을 뜻하는 IF가 붙은 것처럼 전체 합계가 아니라 조건에 맞는 데이터만 찾아서 합계를 구할 때 사용합니다. 또한 조건이 두 개 이상일 경우에는 복수형을 의미하는 S(복수형)가 붙은 SUMIFS 함수를 사용합니다. SUMIF 함수는 '합을 구할 범위' 인수가 마지막에 입력되지만, SUMIFS 함수는 첫 번째 인수로 '합을 구할 범위'를 입력합니다.

함수 형식	=SUMIF(Range, Criteria, [Sum_Range])
	=SUMIF(조건 범위, 조건, [합을 구할 범위])
	=SUMIFS(Sum_Range, Criteria_Range1, Criteria1, [Criteria_Range2, Criteria2], …)
	=SUMIFS(합을 구할 범위, 조건 범위1, 조건1, 조건 범위2, 조건2,…)
인수	· **Range** 조건을 비교할 범위입니다.
	· **Criteria** 합계를 구할 조건입니다.
	· **Sum_Range** 실제 합을 구할 범위로 조건을 비교할 범위와 합을 구할 범위가 같다면 생략할 수 있습니다.

COUNTIF와 COUNTIFS 함수

COUNT 함수 뒤에 조건을 의미하는 IF가 붙은 COUNTIF 함수는 셀 범위에서 한 개 조건에 맞는 셀의 개수를 구하고, COUNTIF 함수 뒤에 S(복수형)가 붙은 COUNTIFS 함수는 셀 범위에서 두 개 이상의 조건에 맞는 셀의 개수를 구합니다.

함수 형식	=COUNTIF(Range, Criteria) =COUNTIF(셀 범위, 조건) =COUNTIFS(Criteria_range1, Criteria1, [Criteria_range2], [Criteria2],…) =COUNTIFS(셀 범위1, 조건1, 셀 범위2, 조건2,…)
인수	· **Range** 조건을 비교할 범위입니다. · **Criteria** 개수를 구할 조건으로 셀 주소, 상수, 비교 연산자를 포함한 조건 등이 입력될 수 있으나 함수식은 이 인수에 입력될 수 없습니다.

강사 노하우

두 개 표 비교하여 없는 항목 찾기 노하우
KeyPoint | COUNTIF 함수

실습 파일 | 3_강사노하우(목록비교).xlsx
완성 파일 | 3_강사노하우(목록비교_완성).xlsx

특별강의
바로보기

COUNTIF 함수는 지정한 셀 범위에서 조건에 맞는 데이터의 개수를 구하는 함수이지만 두 개의 표 목록에서 없는 항목을 찾아낼 때도 많이 사용합니다. 진급대상자 명단과 교육수료자 명단을 비교하여 진급대상자 중 교육수료자 명단에 없는 사람을 찾을 때 COUNTIF 함수를 사용하면 교육 수료 여부를 빠르게 확인할 수 있습니다.

COUNTIF 함수로 수료자에 명단에 있는지 확인하기

01 [교육수료자] 시트에서 작업합니다. [D4:D194] 셀 범위를 선택한 후 [이름 상자]에 **수료자주민번호**를 입력합니다. 머리글 이름을 그대로 사용하여 두 개 이상의 이름을 정의할 때는 [수식]-[선택 영역에서 만들기]를 사용하는 것이 편리하고, 한 개의 이름을 머리글과 다른 이름으로 정의할 때는 [이름 상자]에 직접 입력하는 것이 편리합니다.

02 [I4] 셀에 **=COUNTIF(수료자주민번호,E4)**를 입력합니다. 이름으로 정의한 [수료자주민번호] 셀 범위에 [E4] 셀과 같은 주민번호가 몇 개인지 표시합니다.

03 [I4] 셀의 채우기 핸들⊞을 더블클릭하여 수식을 복사합니다. [교육수료자] 시트에 명단이 있는 경우 1로 표시되고, 명단이 없는 경우는 0으로 표시됩니다.

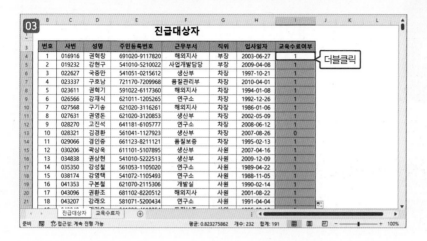

IF 함수 중첩하여 O, X로 표시하기

04 [교육수료여부]를 'O, X'로 표시하려면 IF 함수를 중첩합니다. [I4] 셀에 수식을 **=IF(COUNTIF(수료자주민번호,E4))0,"O","X")**로 변경합니다.

05 [I4] 셀의 채우기 핸들⊞을 더블클릭하여 수식을 복사합니다. 교육수료여부가 숫자 대신 'O, X'로 표시됩니다.

강사 노하우

잘못된 데이터 찾아 오류 해결하는 방법
KeyPoint | 맞춤, 텍스트 나누기

실습 파일 | 3_강사노하우(수식오류).xlsx
완성 파일 | 3_강사노하우(수식오류_완성).xlsx

특별강의
바로보기

셀에 입력한 수식이나 함수 형식에 오류가 없는데도 수식 결과에 오류가 표시되었다면 수식에서 참조하는 셀의 데이터 문제입니다. 참조하는 데이터에 어떠한 문제가 있는지 찾을 때는 맞춤을 해제하여 형식이 문자인지 숫자인지 확인하고, 셀에 보이지 않는 데이터는 [텍스트 나누기] 기능으로 찾으면 오류의 원인을 쉽게 찾을 수 있습니다.

문자로 인식하는 오류 해결하기

01 [수요조사] 시트 [G4] 셀에는 수식 '=F4/E4'가 입력되어 있습니다.

02 [G4] 셀의 채우기 핸들⊞을 더블클릭하여 복사하면 총 21개의 셀 중에 다섯 개 셀에서 오류가 발생합니다. 수식에 #VALUE! 오류가 발생했을 때는 연산할 수 없는 문자 형식의 데이터를 참조하고 있을 가능성이 큽니다. [계획인원]과 [신청인원] 열의 데이터 형식을 확인해보겠습니다.

03 [E4:F24] 셀 범위를 선택한 후 [홈] 탭-[맞춤] 그룹-[가운데 맞춤≡]을 클릭합니다. 가운데 맞춤이 해제되어 [일반]으로 변경됩니다. 셀 가로 맞춤이 [일반]으로 설정된 상태에서 데이터가 왼쪽 맞춤으로 표시되면 문자 데이터라는 의미입니다. 오류난 [신청률] 행과 동일한 위치의 [계획인원] 행의 데이터가 문자 형식이라는 것을 확인할 수 있습니다.

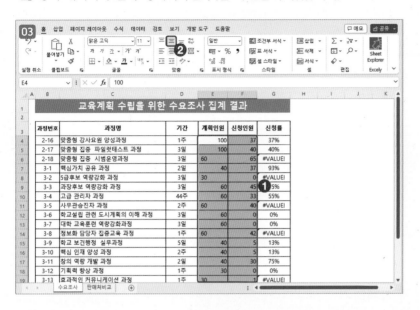

04 오류가 발생한 수식에서 참조하고 있는 셀을 확인해보니 계획 인원 항목의 숫자 앞뒤로 공백이 한 칸 포함되어 있습니다. [바꾸기] 기능으로 공백을 모두 삭제해보겠습니다. 단, 엑셀에서는 공백으로 보이지만 실제로는 공백이 아닌 다른 데이터일 수 있으므로 [바꾸기] 대화상자의 [찾을 내용]에는 실제 셀에 있는 공백을 복사하여 사용합니다. [E6] 셀을 더블클릭한 후 숫자 앞에 있는 공백을 드래그로 선택합니다. Ctrl + C로 복사한 후 Esc를 눌러 편집 모드를 취소합니다.

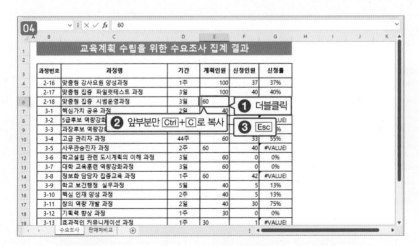

05 [E4:E24] 셀 범위를 선택한 후 Ctrl + H 를 누릅니다. [찾기 및 바꾸기] 대화상자에서 [찾을 내용]을 클릭하고 Ctrl + V 로 붙여 넣습니다. 복사해둔 공백이 입력됩니다. [모두 바꾸기]를 클릭합니다. '10개의 항목이 바뀌었습니다.'라는 메시지가 나타나면 [확인]을 클릭합니다. [찾기 및 바꾸기] 대화상자에서 [닫기]를 클릭합니다. 오류가 모두 해결되어 G열에 나누기 결과가 표시됩니다.

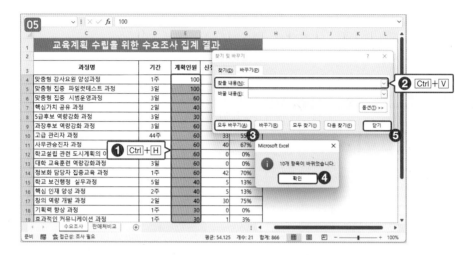

보이지 않는 Tab 문자 삭제하기

06 [판매처비교] 시트에서 작업합니다. [표1]은 엑셀에서 직접 작성했고, [표2]는 시스템에서 다운로드했습니다. [표2]에서 VLOOKUP 함수를 사용하여 [표1]에 있는 사업자번호를 표시하려고 [H5] 셀에 **=VLOOKUP(G5,$A$5:$C$28,2,0)** 수식을 입력했는데 오류가 발생했습니다.

07 [H5] 셀의 채우기 핸들 ⊞ 을 더블클릭하여 복사하면 모두 오류로 표시됩니다.

08 H열에 입력한 VLOOKUP 함수의 형식에 문제가 없고, G열의 판매처가 모두 A열에 있는 문자인데도 함수의 결과가 오류로 표시되는 이유는 화면상에서 같게 보이는 두 표의 문자 데이터가 다르기 때문입니다. 같은 내용이 입력된 두 셀을 비교하는 수식을 입력하여 일치 여부를 확인해보겠습니다. [J5] 셀에 **=A6=G5**를 입력합니다.

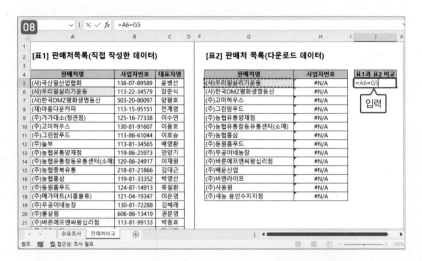

09 결과가 FALSE로 표시됩니다. 화면상으로는 같은 데이터로 보이지만 실제로는 다른 문자 데이터라는 의미입니다.

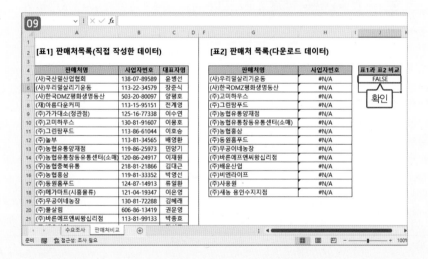

10 다운로드한 데이터에는 화면에 보이지 않는 내용이 포함되어 있을 수 있으므로 [텍스트 나누기] 기능으로 확인해보겠습니다. [G5:G18] 셀 범위를 선택한 후 [데이터] 탭-[데이터 도구] 그룹-[텍스트 나누기📖]를 클릭합니다.

11 [텍스트 마법사-1단계] 대화상자의 [선택한 데이터 미리 보기] 항목에 셀에 보이지 않았던 'ㅇ' 기호가 표시됩니다. 이 기호는 키보드의 Tab 문자이므로 모두 삭제해보겠습니다. [텍스트 마법사-1단계] 대화상자에서 [구분 기호로 분리됨]을 선택한 후 [다음]을 클릭합니다.

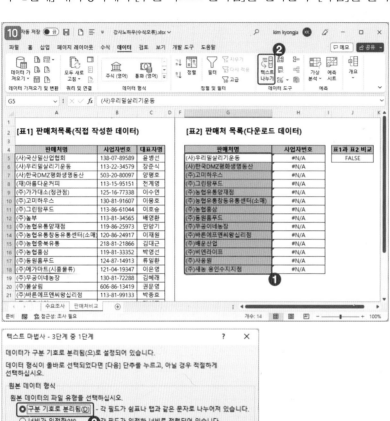

12 [텍스트 마법사−2단계] 대화상자의 [구분 기호]에서 [탭]에 체크합니다. Tab 문자가 사라지고 구분선이 표시되었습니다. [다음]을 클릭합니다.

13 [텍스트 마법사−3단계] 대화상자의 [데이터 미리 보기]에서 두 번째 열을 클릭한 후 데이터 서식으로 [열 가져오지 않음(건너뜀)]을 선택합니다. [마침]을 클릭합니다.

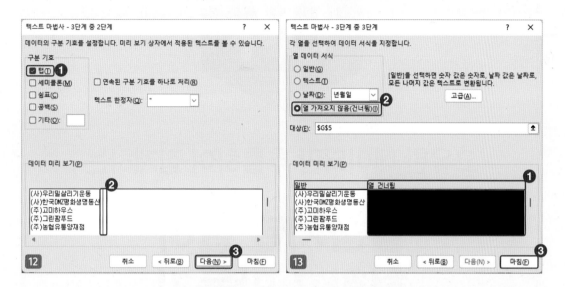

14 Tab 문자가 삭제되고 VLOOKUP 함수 오류가 해결되어 사업자번호가 제대로 표시됩니다.

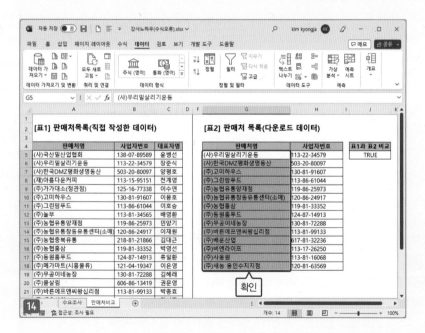

고유한 데이터만 추출하여 집계하는

납품처별 출하 현황표 만들기

ERP에서 제품 출하 목록을 다운로드하여 납품처별 출하 현황표를 작성하려고 합니다. ERP의 출하 목록에는 전체 품목에 대한 내용이 하나의 데이터 목록으로 저장됩니다. 이 목록에서 납품처별 출하 현황표를 집계하려면 먼저 납품처, 품목코드, 품목명을 기준으로 고유한 데이터만 입력된 양식을 작성해야 합니다. 이러한 경우 UNIQUE 함수를 이용해 고유한 목록 배열을 자동으로 추출해 쉽게 작성할 수 있습니다. 그리고 SUMIFS 함수를 이용하여 납품처별 출하수량 합계를 구하고 조건부 서식으로 셀에 막대 차트를 표시하여 출하 수량 실적을 강조해보겠습니다.

Before&After 미리 보기

- 중복 없이 한 개씩만 추려서 목록을 만들고 싶어요.
- 행이 추가되거나 삭제되어도 번호(No.)를 항상 똑같게 하고 싶어요.
- 셀에 막대 차트를 그리고 싶어요.

Before

After

- 함수 한 개만 사용하면 고유 데이터 목록이 자동으로 만들어져요.
- 함수로 입력한 번호는 행을 편집해도 수정할 필요가 없어요.
- 조건부 서식으로 셀에 막대 차트를 작성할 수 있어요.

제품별 출하 현황표 양식 만들기

실습 파일 | 4_출하현황표.xlsx
완성 파일 | 4_출하현황표-STEP02.xlsx

ERP에서 매월 다운로드한 제품 출하 목록을 기준으로 납품처별 출하 현황표를 집계하는 양식을 만들어보겠습니다. 품목 번호([No] 열)는 행이 추가되거나 삭제되어도 자동으로 변경되도록 ROW 함수를 이용하고, 납품처명/품목코드/품목명을 기준으로 고유한 데이터를 추출하는 작업은 UNIQUE 함수를 사용합니다.

 엑셀로 살아남기   고유한 데이터만 추출할 때는 UNIQUE 함수

1. ROW 함수로 번호 입력하기 [자동 채우기] 기능으로 번호를 입력하면 행이 추가되거나 삭제되었을 때 번호를 다시 수정해야 합니다. 이때 ROW 함수를 이용해 번호를 입력하면 행을 편집했을 때 자동으로 번호가 변경되어 편리합니다.

번호 입력 : =ROW()-5

2. UNIQUE 함수로 고유 제품 목록 만들기 전체 제품 출하목록에서 납품처, 품목코드, 품목명을 기준으로 고유한 데이터만 추출하여 목록으로 만들어야 합니다. 이때 UNIQUE 함수를 이용하면 선택한 셀 범위에서 중복된 데이터를 모두 제외하고 고유한 데이터만 남겨 배열로 목록을 만들 수 있습니다.

고유 제품 목록 추출 : =UNIQUE(ERP출하목록!C2:F95)

01 ROW 함수로 번호 입력하기 [출하현황표] 시트에서 작업합니다. ❶ [B6] 셀에 **=ROW()−5**를 입력합니다. ❷ [B6] 셀의 채우기 핸들⊞을 [B55] 셀까지 드래그하여 수식을 복사한 후 ❸ [채우기 옵션⊞]을 클릭하고 ❹ [서식 없이 채우기]를 선택합니다.

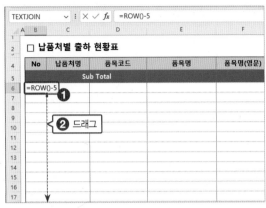 

 실력UP [B6] 셀에 **=ROW()**로 수식을 입력하면 현재 셀의 행 번호가 반환되어 '6'이 표시됩니다. 1이 되도록 수식에서 '5'를 뺍니다.

 실력UP [B6] 셀의 채우기 핸들⊞을 더블클릭하면 수식이 복사되지 않습니다. 채우기 핸들⊞을 더블클릭하면 주변 열의 마지막 데이터가 있는 행까지 복사되는데 현재는 5행까지만 데이터가 입력되어 있기 때문입니다. 이때는 채우기 핸들⊞을 직접 드래그하여 원하는 셀까지 복사합니다.

 실력UP [채우기 옵션⊞]에서 [서식 없이 채우기]를 선택하지 않으면 마지막 데이터의 아래쪽 테두리가 실선으로 변경됩니다.

02 UNIQUE 함수로 고유 데이터만 표시하기 [ERP출하목록] 시트에서 중복되는 목록은 제외하고 종류별 한 제품 정보만 추출해오겠습니다. ❶ [C6] 셀에 **=UNIQUE(ERP출하목록!C2:F95)**를 입력합니다. ❷ UNIQUE 함수의 결과가 배열로 표시되어 [C6:F44] 셀까지 자동으로 데이터가 표시됩니다.

 실력UP UNIQUE 함수는 지정한 셀 범위에서 고윳값의 목록을 반환하는 함수입니다. 'ERP출하목록!C2:F95' 셀 범위에서 납품처명, 품목코드, 품목명, 품목명(영문)이 모두 일치하는 중복 데이터를 제거하고 고유한 데이터만 추출합니다. 추출된 결과를 정렬하여 표시하고자 한다면 SORT 함수를 중첩하여 **=SORT(UNIQUE(ERP출하목록!C2:F95))**로 입력하면 납품처명 기준의 오름차순으로 정렬되어 표시됩니다.

UNIQUE 함수

UNIQUE 함수는 엑셀 2021 이상 버전과 Microsoft 365 버전에서 제공되는 함수로 셀 범위에서 중복되는 데이터를 제거하고 고유 데이터만 배열로 추출하는 함수입니다.

함수 형식	=UNIQUE(Array, [By_col], [Exactly_once])
	=UNIQUE(배열 범위, [배열의 방향], [하나의 고윳값 또는 중복 제거 선택])
인수	· **Array** 고유 데이터를 반환할 범위를 지정합니다.
	· **By_col** 지정한 범위의 데이터가 행 기준인지, 열 기준인지 지정합니다. False(생략 가능)는 열 기준, True는 행 기준입니다.
	· **Exactly_once** False(생략 가능)를 입력하여 중복된 데이터는 하나만 추출할 것인지 True를 입력하여 중복 데이터가 없는 고유 데이터만 추출할 것인지 지정합니다.

STEP 02

SUMIFS 함수로 출하수량 합계 계산해 막대 차트로 표시하기

실습 파일 | 4_출하현황표-STEP02.xlsx
완성 파일 | 4_출하현황표(완성).xlsx

납품처명과 품목코드, 품목명을 기준으로 출하수량 합계를 SUMIFS 함수로 구하고 조건부 서식으로 셀에 막대 차트를 표시해보겠습니다. [출하수량] 열을 복사하여 열을 두 개로 만든 다음 첫 번째 열에는 SUMIFS 함수의 결과가 표시되도록 하고, 두 번째 열에는 조건부 서식의 막대 차트를 표시합니다.

 엑셀로 살아남기　　**합계에 대한 숫자와 막대 차트를 함께 표시하여 시각화하기**

1. 두 개 셀을 한 셀처럼 보이게 셀 서식 지정하기 [출하수량] 열을 두 개로 만든 다음 한 셀에는 숫자만, 한 셀에는 차트만 표시되도록 만들겠습니다. 이렇게 두 개의 셀로 표현하지만 한 셀처럼 보이도록 머리글은 [선택 영역의 가운데로] 맞춤을 적용하고, 내용이 표시되는 셀 범위의 수직 안쪽 테두리는 [없음]으로 설정합니다.

> [셀 서식] 대화상자 [맞춤] 탭-[선택 영역의 가운데로] 맞춤, [테두리] 탭-[안쪽 테두리 없음]

2. SUMIFS 함수로 제품별 출하수량 합계 구하기 납품처명, 품목코드, 품목명을 기준으로 [ERP출하목록] 시트에 있는 [출하수량] 열의 합계를 구할 때는 SUMIFS 함수를 사용합니다. 여러 조건에 맞는 합계이고 사용할 셀 범위가 모두 절대 참조이므로 [출하목록] 시트의 각 열 셀 범위를 이름으로 정의한 후 SUMIFS 함수를 사용하면 수식을 짧고 간결하게 사용할 수 있습니다.

> 출하수량 합계 : =SUMIFS(출하수량,납품처명,C6,품목코드,D6,품목명,E6)

3. 조건부 서식으로 셀에 막대 차트 표시하기 첫 번째 [출하수량] 열에 입력된 SUMIFS 함수의 결과와 같은 데이터를 두 번째 출하수량에 입력하고, 이 값을 기준으로 조건부 서식으로 막대 차트가 표시되도록 합니다. 셀에는 합계 숫자가 표시되지 않아야 하므로 조건부 서식에서 [막대만 표시]에 체크합니다.

> [홈] 탭-[스타일] 그룹-[조건부 서식📊]-[데이터 막대]-[기타 규칙]-[막대만 표시]

01 [출하수량] 열 편집하기 ❶ G열을 선택한 후 Ctrl+C로 복사합니다. ❷ G열이 그대로 선택된 상태에서 마우스 오른쪽 버튼을 클릭하여 [복사한 셀 삽입]을 선택합니다. ❸ [G2] 셀과 [H4] 셀을 각각 클릭하여 Delete로 삭제합니다.

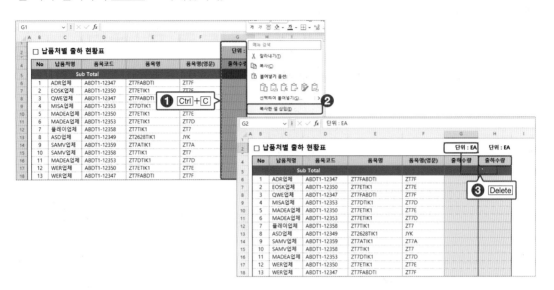

02 ❶ [G4:H4] 셀 범위를 선택한 후 마우스 오른쪽 버튼을 클릭하고 [셀 서식]을 선택합니다. [셀 서식] 대화상자의 [맞춤] 탭에서 ❷ [텍스트 맞춤]–[가로]를 [선택 영역의 가운데로]로 선택합니다. ❸ [확인]을 클릭합니다.

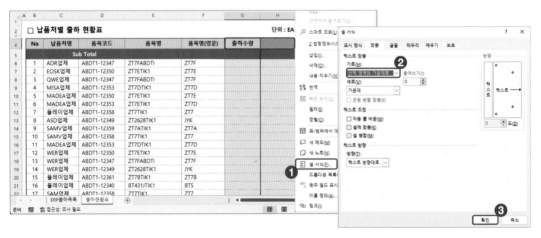

 SOS [셀 서식] 대화상자를 화면에 표시하는 단축키는 Ctrl+1 입니다.

📈 **실력UP** [선택 영역의 가운데로] 맞춤을 설정하면 선택된 셀 범위가 병합되지 않고 첫 번째 셀에 있는 데이터가 가운데 맞춤됩니다.

03 ❶ [G5:H55] 셀 범위를 선택한 후 마우스 오른쪽 버튼을 클릭하고 [셀 서식]을 선택합니다. [셀 서식] 대화상자의 [테두리] 탭에서 ❷ [스타일]-[없음]을 클릭한 후 ❸ [테두리]에서 [수직 안쪽 ⊞]을 클릭합니다. ❹ [확인]을 클릭합니다.

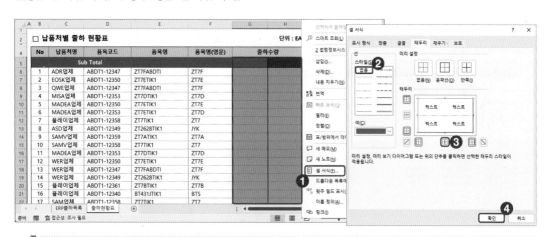

📈 **실력UP** 선택된 두 개 열의 안쪽 수직 테두리를 [없음]으로 하면 열이 한 개처럼 보입니다.

04 함수에 사용할 셀 범위 이름 정의하기 SUMIFS 함수에 사용될 [ERP출하목록] 시트의 납품 처명, 품목코드, 품목명, 출하수량은 모두 절대 참조 형식으로 사용되므로 이름으로 정의하겠습니다. [ERP출하목록] 시트에서 작업합니다. ❶ [C1:G95] 셀 범위를 선택한 후 ❷ [수식] 탭-[정의된 이름] 그룹-[선택 영역에서 만들기 📷]를 클릭합니다. ❸ [선택 영역에서 이름 만들기] 대화상자에서 [첫 행]에만 체크한 후 ❹ [확인]을 클릭합니다. [품목영문] 이름은 삭제해보겠습니다. ❺ [수식] 탭-[정의된 이름] 그룹-[이름 관리자 📝]를 클릭합니다. ❻ [품목영문]을 클릭한 후 ❼ [삭제]를 클릭합니다. ❽ 삭제 여부를 묻는 메시지가 나타나면 [확인]을 클릭합니다. ❾ [닫기]를 클릭합니다.

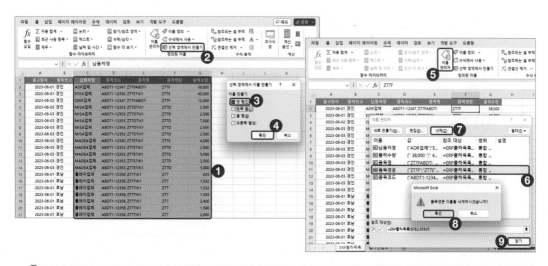

📈 **실력UP** [C1:G95] 셀 범위를 선택한 상태에서 [선택 영역에서 만들기 📷]를 실행하면 각 열의 첫 번째 셀이 이름 문자로 사용되고 두 번째 셀부터 마지막 셀까지는 이름 범위로 적용됩니다.

05 SUMIFS 함수로 출하수량 합계 구하기 ❶ [G6] 셀에 **=SUMIFS(출하수량,납품처명,C6,품목코드,D6,품목명,E6)**를 입력합니다. ❷ [H6] 셀에 **=G6**을 입력하여 같은 합계가 표시되도록 합니다.

📈 **실력UP** [G6] 셀에는 출하수량의 합계를 표시하고, [H6] 셀에는 합계를 기준으로 막대 차트를 표시할 예정입니다. 합계를 기준으로 막대 차트를 표시하려면 셀에 합계된 값이 입력되어 있어야 합니다.

06 ❶ [G6:H6] 셀 범위를 선택한 후 ❷ 채우기 핸들⊞을 더블클릭하여 수식을 복사합니다. ❸ [채우기 옵션⊞]을 클릭한 후 ❹ [서식 없이 채우기]를 선택합니다.

07 [G5] 셀에 **=SUM(G6:G55)**를 입력합니다.

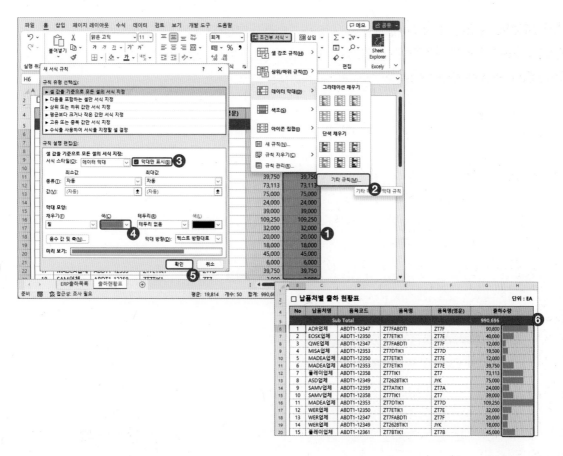

08 **조건부 서식으로 셀에 막대 차트 표시하기** ❶ [H6:H55] 셀 범위를 선택한 후 ❷ [홈] 탭-[스타일 그룹]-[조건부 서식▦]-[데이터 막대]-[기타 규칙]을 선택합니다. ❸ [새 서식 규칙] 대화상자에서 [막대만 표시]에 체크하고 ❹ [색]은 [녹색]을 선택합니다. ❺ [확인]을 클릭합니다. ❻ H열의 합계는 표시되지 않고 막대 차트만 표시됩니다.

분리된 여러 개의 표를 합칠 때는 통합
KeyPoint | 통합

실습 파일 | 4_강사노하우(통합).xlsx
완성 파일 | 4_강사노하우(통합_완성).xlsx

특별강의
바로보기

여러 개로 분산되어 있는 표를 합쳐서 합계나 개수를 구할 때는 SUMIF와 COUNTIF 함수를 사용할 수 없습니다. 이때는 [통합] 기능을 이용합니다. 통합은 특정한 열을 기준으로 그룹화하여 집계표를 만들 수도 있고, 여러 개의 시트나 여러 파일로 나눠져 있는 데이터들을 하나의 표로 취합할 수도 있습니다.

양식이 다른 표 데이터를 통합으로 집계하기

[1월]~[3월] 시트 데이터를 합쳐서 1분기 합계와 개수를 구하려고 하는데 각 시트에 입력된 표에는 매장명과 상품분류 항목이 조금씩 다르기 때문에 SUM 함수나 COUNTA 함수를 사용할 수 없습니다. 이러한 경우는 [통합] 기능으로 해결합니다.

01 [1분기집계] 시트에서 작업합니다. [B4:H16] 셀 범위를 선택합니다. [통합] 기능은 표의 레이블을 기준으로 통합하기 때문에 범위를 지정할 때 B열과 4행 데이터도 포함되어야 합니다. [데이터] 탭-[데이터 도구] 그룹-[통합 ▦]을 클릭합니다.

02 [통합] 대화상자에서 [함수]는 [합계]로 선택하고 [참조]를 클릭한 후 [1월] 시트의 [B4:H12] 셀 범위를 선택합니다. [추가]를 클릭합니다.

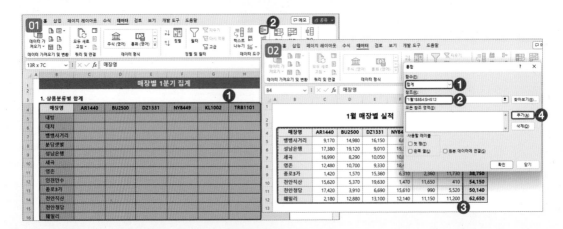

03 [2월] 시트의 [B4:H14] 셀 범위, [3월] 시트의 [B4:G12] 셀 범위도 동일한 방법으로 추가합니다. [1월]~[3월] 시트의 각 셀 범위가 [모든 참조 영역]에 추가된 것을 확인한 후 [사용할 레이블]의 [첫 행]과 [왼쪽 열]에 체크하고 [확인]을 클릭합니다.

04 [1분기집계] 시트의 [C5:I17] 셀 범위를 선택한 후 [수식] 탭-[함수 라이브러리] 그룹-[자동 합계 Σ]를 클릭합니다. 매장별, 상품별 총 합계가 계산됩니다.

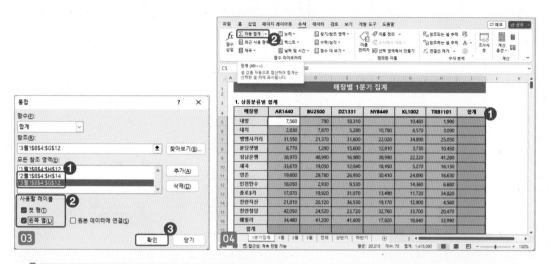

📈 **실력UP** [사용할 레이블]의 [첫 행]과 [왼쪽 열]을 체크하면 [1분기집계] 시트의 [B4:H16] 셀 범위를 기준으로 [모든 참조 영역]에 추가된 범위들의 첫 행과 왼쪽 열에서 같은 문자를 찾아 합계를 계산합니다.

05 개수도 같은 방법으로 구할 수 있습니다. [1분기집계] 시트의 [B21:H33] 셀 범위를 선택한 후 [데이터] 탭-[데이터 도구] 그룹-[통합 🗒]을 클릭합니다. [통합] 대화상자에서 [함수]는 [개수]를 선택하고, [모든 참조 영역]은 그대로 유지합니다. [사용할 레이블]의 [첫 행]과 [왼쪽 열]이 체크되어 있는지 확인한 후 [확인]을 클릭합니다.

06 [C22:I34] 셀 범위를 선택한 후 [수식] 탭-[함수 라이브러리]-[자동 합계 Σ]를 클릭합니다. 매장별 상품 개수의 합계가 계산됩니다.

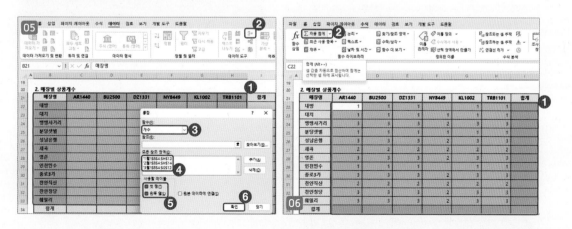

분리된 데이터 목록을 통합으로 취합하기

[상반기] 시트와 [하반기] 시트에는 각각 생산실적이 입력되어 있습니다. 두 데이터를 취합하여 [전체] 시트를 만들려고 합니다. 그런데 [상반기]와 [하반기] 시트의 구분 데이터가 일치하지 않아 복사/붙여넣기를 사용할 수 없습니다. 이때도 [통합] 기능으로 해결할 수 있습니다.

07 [전체] 시트의 [A4] 셀을 선택한 후 [데이터] 탭-[데이터 도구] 그룹-[통합 📇]을 클릭합니다.

08 [통합] 대화상자에서 [함수]는 [합계]를 선택한 후 [참조] 영역을 클릭합니다. [상반기] 시트의 [A4:G22] 셀 범위를 선택합니다. [추가]를 클릭합니다.

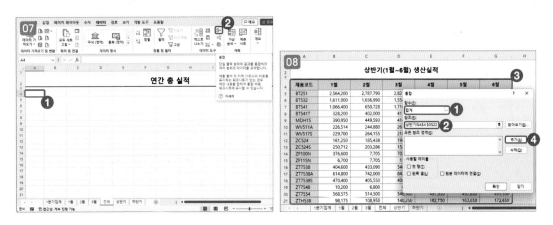

09 [하반기] 시트의 [A4:G18] 셀 범위도 같은 방법으로 추가합니다. [상반기]와 [하반기] 시트의 각 셀 범위가 [모든 참조 영역]에 추가됩니다. [사용할 레이블]의 [첫 행]과 [왼쪽 열]을 체크한 후 [확인]을 클릭합니다.

10 상반기와 하반기 데이터가 모두 취합됩니다.

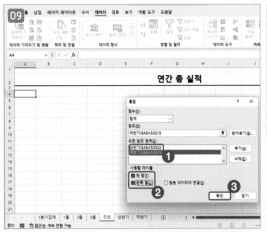

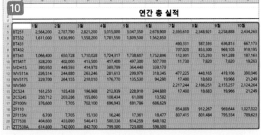

병합된 셀 개수가 다른 셀에 번호 매기기
KeyPoint | COUNTA

실습 파일 | 4_강사노하우(병합된셀번호).xlsx
완성 파일 | 4_강사노하우(병합된셀번호_완성).xlsx

특별강의
바로보기

셀에 순차적인 번호를 입력할 때 [자동 채우기] 기능을 사용하거나, ROW 함수로 번호를 표시합니다. 하지만 병합된 셀 개수가 각각 다른 표에서는 두 가지 방법을 모두 사용할 수 없습니다. 이러한 경우 COUNTA 함수를 사용하여 누적 개수를 구하는 방법으로 번호를 입력하면 행 목록이 추가되거나 삭제되더라도 자동으로 번호를 업데이트할 수 있습니다.

COUNTA 함수로 번호 매기기

01 병합된 개수가 각각 다른 B열에 COUNTA 함수를 사용하여 순차적인 번호를 입력해보겠습니다. [B5:B41] 셀 범위를 선택하고 **=COUNTA($C$5:C5)**를 입력한 후 Ctrl + Enter를 누릅니다.

02 [B5:B41] 셀 범위에 번호가 순서대로 입력되었습니다.

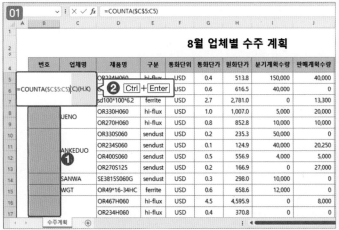

📈 **실력UP** COUNTA 함수는 모든 데이터 개수를 구하는 함수로 'COUNTA($C$5:C5)' 수식을 Ctrl + Enter로 입력하면 첫 번째 셀에는 'COUNTA($C$5:C5)'로 1이 표시되고, 두 번째 셀에는 'COUNTA($C$5:C8)'로 2가 표시되고, 세 번째 번호에는 'COUNTA($C$5:C10)'로 3이 표시되는 형태입니다.

실력UP 병합된 셀 개수가 모두 다를 때는 채우기 핸들⊞로 수식을 복사할 수 없으므로, 수식을 입력하기 전에 미리 범위를 선택한 후 [Ctrl]+[Enter]를 눌러 수식을 한 번에 입력할 수 있습니다.

행 추가하고 수식 복사하기

03 10행을 선택한 후 마우스 오른쪽 버튼을 클릭하고 [삽입]을 선택합니다.

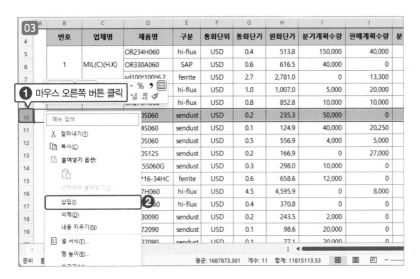

04 삽입된 [C10] 셀에 **HANBIT**을 입력합니다. 기존 세 번째 업체명부터 1씩 증가한 번호로 업데이트됩니다. 단, B열의 번호는 C열에 입력된 업체명의 누적 개수를 계산하여 번호를 표시하므로 [C10] 셀이 비어 있으면 다음 번호가 업데이트되지 않습니다.

번호	업체명	제품명	구분	통화단위	통화단가	원화단가	분기계획수량	판매계획수량
1	MIL(C)(H.K)	OR234H060	hi-flux	USD	0.4	513.8	150,000	40,000
		OR330A060	SAP	USD	0.6	616.5	40,000	0
		sd100*100*6.2	ferrite	USD	2.7	2,781.0	0	13,300
2	UENO	OR330H060	hi-flux	USD	1.0	1,007.0	5,000	20,000
		OR270H060	hi-flux	USD	0.8	852.8	10,000	10,000
	HANBIT							
4	ANKEDUO	OR330S060	sendust	USD	0.2	235.3	50,000	0
		OR234S060	sendust	USD	0.1	124.9	40,000	20,250
		OR400S060	sendust	USD	0.5	556.9	4,000	5,000
		OR270S125	sendust	USD	0.2	166.9	0	27,000
5	SANWA	SE3815S060G	sendust	USD	0.3	298.0	10,000	0
6	WGT	OR49*16-34HC	ferrite	USD	0.6	658.6	12,000	0
7	Dalian Ueno	OR467H060	hi-flux	USD	4.5	4,595.9	0	8,000
		OR234H060	hi-flux	USD	0.4	370.8	0	0
		HCS330090	sendust	USD	0.2	243.5	2,000	0
		HCS172090	sendust	USD	0.1	98.6	20,000	0

05 추가된 [B10] 셀에 번호를 입력해야 하는데 병합된 셀의 크기가 달라 복사할 수 없습니다. [B8:B10] 셀 범위를 선택합니다. 수식 입력줄을 클릭한 후 Ctrl + Enter 를 누릅니다.

06 [C10] 셀에도 번호가 표시됩니다. 셀 범위를 선택한 후 [수식 입력줄]을 선택하는 것은 수식을 다시 입력하는 것과 같으므로 [B10] 셀도 COUNTA 함수가 입력됩니다.

회사에서 살아남는 NOTE

범위의 셀 개수를 세는 COUNT 계열 함수

COUNT 계열 함수는 셀의 개수를 세는 함수입니다. 이때 숫자 개수를 셀 때는 COUNT 함수, 비어 있지 않은 셀의 개수를 셀 때는 COUNTA 함수, 빈 셀의 개수를 셀 때는 COUNTBLANK 함수를 사용합니다. 숫자로 간주할 수 있는 데이터는 숫자로만 구성된 데이터, 날짜 데이터, 수식의 결과가 포함됩니다.

함수 형식	=COUNT(Value1, [Value2],…)　　=COUNT(셀 범위) =COUNTA(Value1, [Value2],…)　=COUNTA(셀 범위) =COUNTBLANK(Range)　　　　　=COUNTBLANK(셀 범위)
인수	· **Value** 개수를 구할 값이나 셀 범위입니다. Value1 인수는 꼭 지정해야 하고, Value2부터는 필요한 경우에만 사용합니다. · **Range** 셀 범위입니다.

원하는 지점을 선택하여 볼 수 있는

고객만족도 설문 분석 보고서 작성하기

40개 지점에서 실시한 고객만족 설문조사 결과가 [전년도], [상반기], [하반기] 시트에 각각 작성되어 있습니다. 이 데이터를 이용하여 원하는 지점만 선택하면 2년간 설문조사 결과가 표와 차트에 표시되도록 동적 분석 보고서를 작성하려고 합니다.

[전년도], [상반기], [하반기] 시트 데이터의 평균을 표시하는 [전체] 시트를 만들고, [분석보고서] 시트에는 유효성 검사를 설정하여 지점을 선택하도록 합니다. 선택한 지점 데이터는 INDIRECT 함수와 VLOOKUP 함수로 찾아오고, [양식 컨트롤]의 [확인란☑]을 삽입/연결하여 선택한 항목만 방사형 차트에 표시되도록 작성해보겠습니다.

✦ CHAPTER 예제 ✦
Before&After 미리 보기

- 여러 시트에 같은 함수를 입력해야 하는데 일일이 입력하기가 힘들어요.
- 전체 데이터와 부분 데이터를 선택적으로 표시하는 보고서를 만들고 싶어요.
- 차트에 표시할 항목을 체크하면 자동으로 표시되도록 하고 싶어요.

Before

지점명	전화응대	인사태도	용어사용	정확성	공감성	친절도	전문성	고객응대	전체만족도	평균	순위
강서센터	5.00	4.00	4.00	4.00	4.00	4.50	5.00	5.00	5.00		
양천센터	5.00	3.66	3.66	3.33	3.66	3.66	2.66	5.00	3.33		
영등포센터	4.60	3.20	3.60	4.00	4.00	4.00	2.60	2.20	3.40		
홍대역센터	4.60	3.40	4.00	4.60	4.40	4.40	3.20	5.00	4.60		
금천센터	4.00	3.00	5.00	5.00	5.00	5.00	2.00	5.00	5.00		
상도역센터	5.00	2.00	4.00	5.00	5.00	5.00	5.00	5.00	5.00		
용산센터	5.00	5.00	4.20	4.00	4.60	4.00	3.60	4.20	3.60		
관악센터	4.83	3.16	3.83	4.25	4.25	4.25	2.83	4.16	3.58		
은행센터	5.00	5.00	4.00	5.00	5.00	5.00	2.00	5.00	5.00		
종로센터	5.00	3.40	3.60	5.00	4.80	4.00	2.00	2.60	3.80		
충무로역센터	5.00	3.00	4.25	4.75	5.00	4.50	2.75	4.00	4.50		
동대문센터	5.00	4.00	3.66	4.83	4.66	4.50	2.33	4.33	3.66		
강남역센터	5.00	3.42	3.57	4.71	4.42	4.28	2.57	2.42	3.71		
대치센터	5.00	4.00	4.33	3.66	5.00	4.50	3.50	4.66	4.66		
서초센터	4.20	2.60	4.40	4.80	4.40	4.40	2.60	2.20	3.80		
군자센터	4.73	4.40	4.40	4.86	4.80	4.66	3.53	3.26	4.40		
송파센터	5.00	4.00	4.33	4.33	5.00	4.00	2.00	3.66	4.33		
강동센터	5.00	4.00	4.50	4.50	5.00	5.00	4.00	3.00	5.00		
노원센터	5.00	3.00	3.00	5.00	4.00	4.00	2.00	5.00	4.00		

After

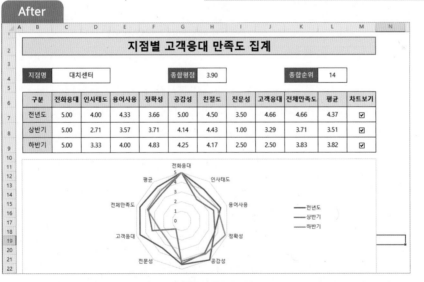

- 시트의 개수가 많아도 함수를 한 번에 입력할 수 있어요.
- 보고 싶은 항목만 선택해 볼 수 있는 동적 보고서를 작성할 수 있어요.
- 조건을 선택하면 해당 시트의 데이터를 자동으로 찾아오게 할 수 있어요.

STEP 01

평균과 순위 계산하고
전체 통합 시트 만들기

실습 파일 | 5_설문분석.xlsx
완성 파일 | 5_설문분석-STEP02.xlsx

[전년도], [상반기], [하반기] 시트에 평균과 순위를 한 번에 구하고, 모든 시트 데이터의 평균을 집계하는 [전체] 시트를 작성해보겠습니다. [전체] 시트는 [하반기] 시트를 복사하여 변경합니다.

 엑셀로 살아남기 여러 시트 한 번에 계산하기

1. 세 개 시트에 평균과 순위 구하기 [전년도], [상반기], [하반기] 시트를 동시에 선택한 상태에서 AVERAGE 함수를 이용하여 평균을 구하고, RANK.EQ 함수를 이용하여 평균 기준 순위를 구하면 한 번에 세 개의 시트를 모두 계산할 수 있습니다.

평균 : =AVERAGE(B2:J2)	순위 : =RANK.EQ(K2,$K$2:$K$41)

2. 전체 통합 시트 만들기 [하반기] 시트를 Ctrl 을 눌러 드래그로 복사한 후 시트 이름을 [전체]로 변경합니다. [평균]과 [순위] 열은 유지하고, [전화응대]~[전체만족도] 열은 세 개 시트의 평균이 계산되도록 AVERAGE 함수로 변경합니다. 이때 AVERAGE 함수에서 평균에 사용할 각 시트의 셀을 일일이 클릭하지 않고, Shift 로 시트를 동시에 선택하면 한 번에 세 개의 셀을 참조할 수 있습니다.

01 세 개 시트 평균과 순위 구하기 ❶ [전년도] 시트를 선택하고 ❷ Shift 를 누른 상태에서 [하반기] 시트를 선택합니다. 세 개의 시트가 모두 선택됩니다. ❸ [K2] 셀에 **=AVERAGE(B2:J2)** 를 입력합니다. 평균이 계산됩니다. ❹ [K2] 셀의 채우기 핸들➕을 더블클릭하여 수식을 복사합니다.

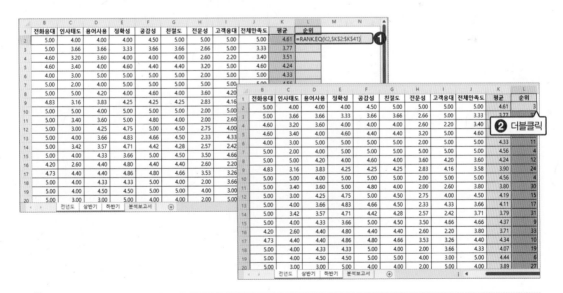

SOS Shift 를 누른 상태에서 시트를 클릭하면 연속된 시트들이 선택되고, Ctrl 을 누른 상태에서 시트를 클릭하면 비 연속적으로 시트를 선택할 수 있습니다.

02 ❶ [L2] 셀에 **=RANK.EQ(K2,$K$2:$K$41)**를 입력합니다. 순위가 계산됩니다. ❷ [L2] 셀의 채우기 핸들➕을 더블클릭하여 수식을 복사합니다.

실력UP RANK.EQ 함수는 순위를 구하는 함수로 [K2] 셀의 값이 [$K$2:$K$41] 셀 범위에서 몇 번째로 큰 값인지 표시합니다. 동점자가 있을 경우 같은 순위를 표시하고 그 다음 순위는 표시하지 않습니다. 만약 동점자가 있을 때 평균 순위를 표시하려면 RANK.AVG 함수를 이용합니다.

RANK.EQ 함수

RANK.EQ 함수는 지정한 범위에서 특정 데이터의 순위를 구하는 함수입니다.

함수 형식	=RANK.EQ(Number, Ref, [Order]) =RANK.EQ(값, 범위, [옵션])
인수	· **Number** 순위를 결정하는 숫자 데이터입니다. 숫자를 직접 입력하거나 숫자가 입력된 셀 주소를 지정합니다. · **Ref** 순위를 구하기 위해 비교할 숫자 데이터 범위입니다. · **Order** 순위를 결정하는 옵션을 지정합니다. 0이거나 생략하면 가장 큰 값이 1위가 되고, 0이 아닌 다른 값을 입력하면 가장 작은 값이 1위가 됩니다.

03 ❶ [분석보고서] 시트를 선택하여 선택된 시트들을 해제합니다. ❷ [상반기] 시트에서 평균과 순위 계산 결과를 확인합니다. ❸ [하반기] 시트에서 평균과 순위 계산 결과를 확인합니다.

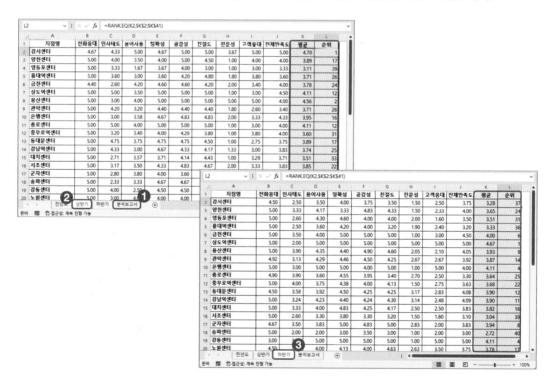

04 전체 시트 추가하기 [하반기] 시트를 복사하여 [전체] 시트를 작성해보겠습니다. ❶ Ctrl 을 누른 상태에서 [하반기] 시트를 오른쪽으로 드래그합니다. 시트가 복사됩니다. ❷ 시트 이름을 **전체**로 변경합니다. ❸ [B2:J41] 셀 범위를 선택하고 Delete 를 눌러 삭제합니다.

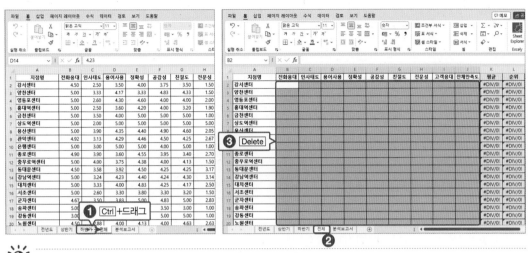

🚨 **SOS** 시트 이름을 변경하려면 시트를 더블클릭한 후 새 이름을 입력하고 Enter 를 누릅니다.

05 ❶ [전체] 시트의 [B2:J41] 셀 범위를 선택한 후 **=AVERAGE(** 를 입력합니다. ❷ [전년도] 시트를 선택한 후 ❸ Shift 를 누른 상태에서 [하반기] 시트를 선택합니다.

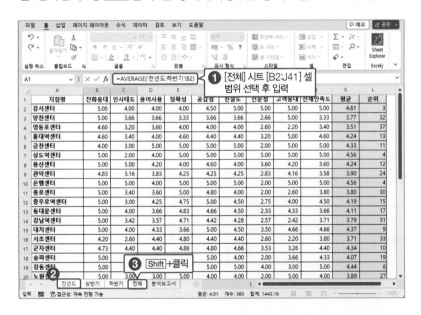

06 ❶ [B2] 셀을 선택합니다. ❷ **=AVERAGE('전년도:하반기'!B2**로 수식이 입력됩니다. ❸ **)**를 입력해 괄호를 닫은 후 Ctrl + Enter 를 누릅니다.

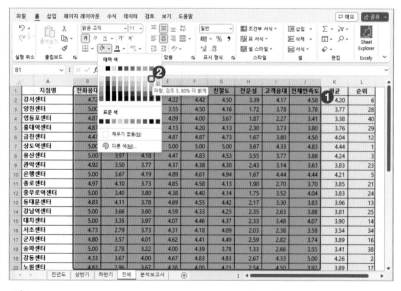

07 ❶ [B1:J41] 셀 범위를 선택한 후 ❷ [홈] 탭–[글꼴] 그룹–[채우기]–[파랑, 강조5, 80% 더 밝게]를 선택합니다.

STEP 02

[결과 분석] 시트에 지점별 데이터 선택하여 찾아오기

실습 파일 | 5_설문분석-STEP02.xlsx
완성 파일 | 5_설문분석-STEP03.xlsx

지점명을 목록에서 선택할 수 있도록 유효성 검사를 설정하고, 선택한 지점 데이터의 평균과 순위를 [전체] 시트에서 찾아오도록 VLOOKUP 함수를 입력합니다. [전년도], [상반기], [하반기] 시트 데이터는 각각의 해당 시트에서 찾아와야 하므로 INDIRECT와 VLOOKUP 함수를 중첩합니다.

 엑셀로 살아남기   **조건에 맞는 데이터를 찾아오는 VLOOKUP 함수**

1. 지점명 선택 유효성 검사 설정하기 [전체] 시트의 지점명 셀 범위를 이름으로 정의한 후 [분석보고서] 시트의 지점명을 목록에서 선택할 수 있도록 [데이터 유효성 검사]를 설정합니다.

> [데이터] 탭-[데이터 도구] 그룹-[데이터 유효성 검사🔢], [제한 대상] : [목록]

2. 세 개 시트에 평균과 순위 구하기 [전년도], [상반기], [하반기] 시트를 동시에 선택한 상태에서 AVERAGE 함수를 이용하여 평균을 구하고, RANK.EQ 함수를 이용하여 평균 기준 순위를 구하면 한 번에 세 개 시트를 모두 계산할 수 있습니다.

> 종합평점 : =VLOOKUP(C4,전체,11,0)   종합순위 : =VLOOKUP(C4,전체,12,0)

3. [전년도], [상반기], [하반기] 시트 데이터 찾아오기 각 시트의 데이터를 시트명과 같은 이름으로 정의한 후 분석할 지점명을 선택하면 각 시트의 데이터를 찾아오도록 VLOOKUP, INDIRECT, COLUMN 함수를 중첩하여 입력합니다.

> 구분별 데이터 : =VLOOKUP($C$4,INDIRECT($B7),COLUMN()-1,0)

01 지점명 범위 이름 정의하기 지점을 선택하는 유효성 검사 목록으로 사용할 셀 범위를 이름으로 정의해보겠습니다. [전체] 시트에서 작업합니다. ❶ [A1:A41] 셀 범위를 선택합니다. ❷ [수식] 탭—[정의된 이름] 그룹—[선택 영역에서 만들기 📷]를 클릭합니다. ❸ [선택 영역에서 이름 만들기] 대화상자에서 [첫 행]에만 체크한 후 ❹ [확인]을 클릭합니다. ❺ [이름 상자]에서 정의된 이름을 확인합니다.

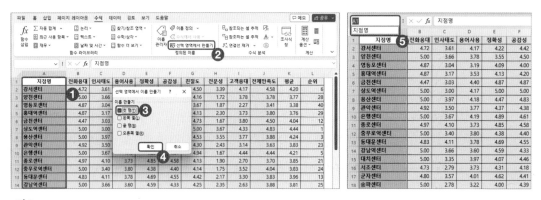

SOS 셀 범위를 선택할 때 [A1] 셀을 클릭한 후 Ctrl + Shift + ↓ 를 누르면 빠르게 범위를 선택할 수 있습니다.

02 지점명 유효성 검사 설정하기 ❶ [분석보고서] 시트의 [C4] 셀을 선택합니다. ❷ [데이터] 탭—[데이터 도구] 그룹—[데이터 유효성 검사 📷]를 클릭합니다. [데이터 유효성] 대화상자의 [설정] 탭에서 ❸ [제한 대상]으로 [목록]을 선택한 후 ❹ [원본]에 **=지점명**을 입력합니다. ❺ [확인]을 클릭합니다.

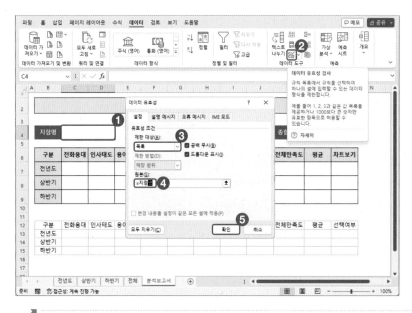

실력UP 정의된 이름을 유효성 검사의 목록 원본으로 사용할 때는 '=이름' 형식으로 입력해야 합니다. 등호(=)가 없으면 이름의 셀 범위가 목록으로 표시되지 않고 이름 문자 한 개만 표시됩니다.

03 종합평점 찾아오기 [전체] 시트 데이터를 이름으로 정의하여 VLOOKUP 함수로 종합 평점을 찾아오겠습니다. [전체] 시트에서 작업합니다. ❶ [A1] 셀을 선택한 후 Ctrl + A 를 누릅니다. 모든 데이터가 선택됩니다. ❷ [이름 상자]에 **전체**를 입력한 후 Enter 를 누릅니다. ❸ [분석보고서] 시트의 [H4] 셀에 **=VLOOKUP(C4,전체,11,0)**를 입력합니다. 선택된 지점명의 전체 평균이 표시됩니다.

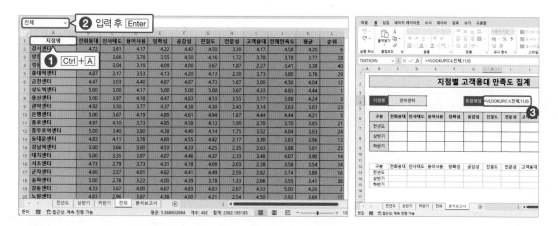

📈 **실력UP** VLOOKUP 함수는 데이터 목록의 첫 열에서 찾고자 하는 기준값을 검색한 후 세로 방향으로 원하는 항목을 찾아 셀에 표시합니다. [C4] 셀을 [전체] 시트 A열에서 찾아 일치하는 항목이 있을 경우 11번째 열을 셀에 표시합니다. 마지막 인수로 '0'을 입력하면 [C4] 셀 값을 [전체] 시트 A열에서 찾을 때 정확하게 일치하는 값만 찾고, 만약 없을 경우 '#N/A' 오류가 표시됩니다.

04 종합순위 찾아오기 ❶ [L4] 셀에 **=VLOOKUP(C4,전체,12,0)**를 입력합니다. ❷ 선택된 지점명의 전체 순위가 표시됩니다.

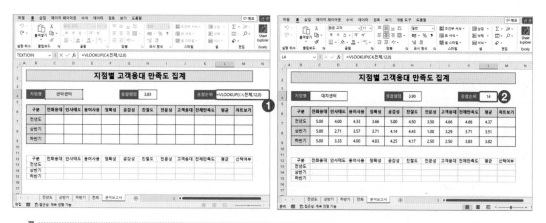

📈 **실력UP** [순위] 열은 [전체] 시트의 12번째 열에 있으므로 VLOOKUP의 세 번째 인수를 '12'로 입력합니다.

05 함수에 사용할 이름 정의하기 선택한 지점의 [전년도]~[하반기] 시트 데이터를 찾아오는 VLOOKUP과 INDIRECT 함수에 사용할 이름을 정의하겠습니다. ❶ [전년도] 시트의 [A1] 셀을 선택한 후 Ctrl + A 를 누릅니다. ❷ [이름 상자]에 **전년도**를 입력한 후 Enter 를 누릅니다. 같은 방법으로 ❸ [상반기] 시트의 [A1] 셀을 선택한 후 Ctrl + A 를 누릅니다. ❹ [이름 상자]에 **상반기**를 입력한 후 Enter 를 누릅니다.

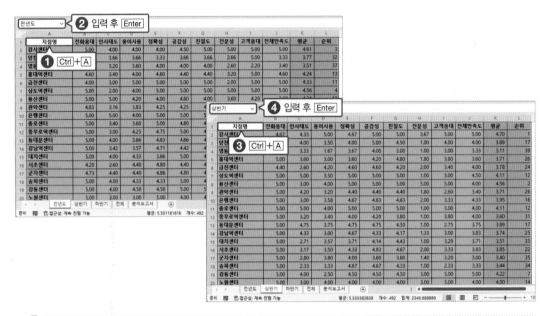

📈 **실력UP** [이름 상자]에 입력하는 이름 문자가 [분석보고서] 시트의 [B7:B9] 셀 범위의 문자와 같아야 INDIRECT 함수를 사용할 수 있습니다.

06 ❶ [하반기] 시트의 [A1] 셀을 선택한 후 Ctrl + A 를 누릅니다. ❷ [이름 상자]에 **하반기**를 입력한 후 Enter 를 누릅니다. ❸ [이름 상자]에서 정의된 이름을 확인합니다.

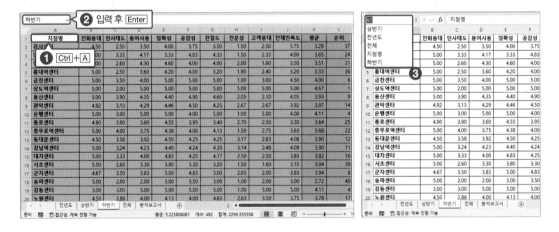

07 전년도 데이터 찾아오는 함수 입력하기 ❶ [분석보고서] 시트의 [C7] 셀에 **=VLOOKUP($C $4,INDIRECT($B7),COLUMN()-1,0)**를 입력합니다. ❷ 선택한 지점명의 전년도 [전화응대] 값이 표시됩니다. ❸ [C7] 셀의 채우기 핸들을 드래그하여 [L7] 셀까지 복사합니다. ❹ [C7:L7] 셀 범위를 선택한 후 채우기 핸들을 더블클릭하여 하반기에 해당하는 행까지 수식을 복사합니다.

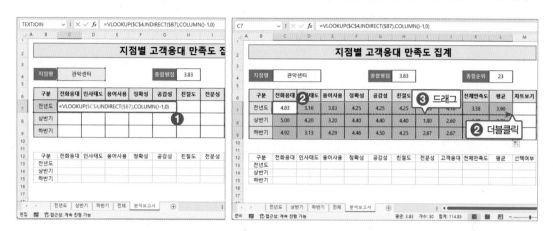

📈 **실력UP** 전년도 데이터는 [전년도] 시트에서 찾아오고, 상반기 데이터는 [상반기] 시트에서 찾아와야 하므로 INDIRECT 함수를 이용하여 VLOOKUP 함수의 기준 범위가 변경되게 하는 수식입니다. 'INDIRECT(B7)'은 [B7] 셀에 입력된 문자와 같은 이름으로 정의된 셀 범위를 반환하기 때문에 아래쪽으로 수식을 복사했을 때 '상반기' 셀 이름 범위, '하반기' 이름 셀 범위로 자동 변경됩니다. 'COLUMN()-1'은 현재 수식이 입력된 열 번호를 반환하는데, 찾아올 열 번호가 2, 3, 4, … 순서가 되도록 열 번호에 '1'을 빼줍니다.

08 [C4] 셀의 목록 단추를 클릭하여 임의의 지점명을 선택하면 해당 지점명의 데이터들을 찾아 각 셀에 표시해줍니다.

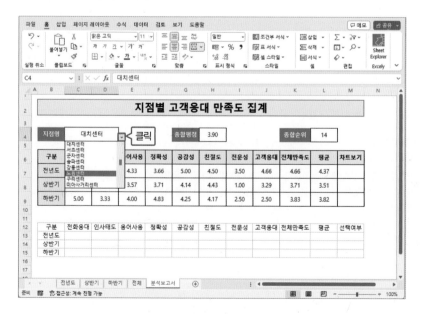

VLOOKUP 함수

VLOOKUP 함수는 데이터 목록의 첫 열에서 찾고자 하는 기준값을 검색한 후 세로(Vertical) 방향으로 원하는 항목을 찾아 셀에 표시할 때 사용합니다. 만약 기준값을 검색한 후 가로(Horizontal) 방향으로 원하는 항목을 찾아 셀에 표시해야 한다면 HLOOKUP 함수를 사용합니다.

함수 형식	=VLOOKUP(Lookup_value, Table_array, Col_index_num, [Range_lookup]) =VLOOKUP(찾을 기준값, 기준 범위, 가져올 열 번호, 찾는 방법)
인수	· **Lookup_value** 데이터 목록의 첫 열에 있는 값 중에서 찾을 기준값을 지정합니다. · **Table_array** 찾고자 하는 데이터가 있는 목록입니다. 찾을 기준값과 셀에 표시할 값이 모두 포함되어 있는 데이터 목록입니다. · **Col_index_num** 셀에 표시할 항목이 있는 열 번호를 지정하는 인수로 Table_array 인수에 지정된 데이터 목록 중 몇 번째 열의 값을 셀에 표시할 것인지 숫자로 지정합니다. · **Range_lookup** 찾을 방법을 지정하는 인수로 'FALSE' 또는 '0'을 입력하면 정확하게 일치하는 값을 찾고, 'TRUE'나 '1'을 입력하거나 생략하면 한 단계 낮은 근삿값을 찾습니다.

INDIRECT 함수

INDIRECT 함수는 문자열 형태로 지정된 셀 주소나 셀에 입력된 문자를 실제 셀 주소나 이름으로 만듭니다.

함수 형식	= INDIRECT(Ref_text, [a1]) =INDIRECT(문자열, 참조 유형)
인수	· **Ref_text** 셀 주소 또는 이름 형태의 문자열로 '"A"&1'이 입력되면 [A1] 셀로 인식합니다. 'B5'가 입력되면 [B5] 셀에 입력되어 있는 문자 데이터 형식의 셀 주소나 이름을 사용하게 됩니다. · **[a1]** 셀 주소 참조 방식을 지정하는 인수로 TRUE를 입력하거나 생략하면 A1 스타일로, FALSE를 입력하면 R1C1 스타일로 참조합니다. R1C1 스타일은 행과 열의 이름을 모두 숫자로 표시하는 참조 스타일입니다.

표시할 항목만 선택할 수 있는 동적 방사형 차트 작성하기

실습 파일 | 5_설문분석-STEP03.xlsx
완성 파일 | 5_설문분석(완성).xlsx

[차트보기] 열에 확인란(양식 컨트롤)을 세 개 추가하여 차트에 표시할 항목을 선택할 수 있도록 합니다. 차트를 작성할 데이터는 [B12:I15] 셀 범위에 IF 함수를 이용하여 만들고, 방사형 차트를 그 위에 추가하고 덮는 방식으로 감추겠습니다.

 엑셀로 살아남기   확인란(양식 컨트롤)을 추가하여 동적 차트를 작성하는 방법

1. 확인란(양식 컨트롤) 작성하기 [개발 도구] 리본 메뉴를 화면에 표시한 후 셀에 [확인란(양식 컨트롤)]을 세 개 추가합니다. 추가한 확인란의 [컨트롤 서식]을 이용하여 선택 여부가 셀에 표시되도록 합니다.

> [리본 메뉴 사용자 지정]-[개발 도구] 체크

> [개발 도구] 탭-[컨트롤] 그룹-[삽입🖽]-[양식 컨트롤]-[확인란☑]

2. IF 함수로 차트에 사용할 데이터 만들기 확인란에 체크한 항목만 차트에 적용될 수 있도록 IF 함수를 이용하여 차트를 작성할 데이터를 만듭니다.

> 차트에 사용할 데이터 : =IF($M13,C7," ")

3. 방사형 차트 작성하기 작성된 차트 데이터를 이용하여 방사형 차트를 작성합니다. 차트 제목은 삭제하고, 범례는 오른쪽으로 이동합니다. 차트는 데이터 위에 겹치게 이동하여 차트 데이터가 화면에 보이지 않도록 합니다.

> [삽입] 탭-[차트] 그룹-[추천 차트📊]-[모든 차트]-[방사형]

01 개발 도구 표시하기 ❶ 리본 메뉴의 빈 공간에서 마우스 오른쪽 버튼을 클릭한 후 ❷ [리본 메뉴 사용자 지정]을 선택합니다. [Excel 옵션] 대화상자의 [리본 메뉴 사용자 지정] 목록에서 ❸ [개발 도구]에 체크합니다. ❹ [확인]을 클릭합니다.

02 확인란 추가하기 ❶ [개발 도구] 탭-[컨트롤] 그룹-[삽입 🗔]-[양식 컨트롤]-[확인란(양식 컨트롤)☑]을 선택합니다. ❷ [M7] 셀 안으로 드래그하여 확인란을 추가합니다. '확인란' 문자는 삭제합니다.

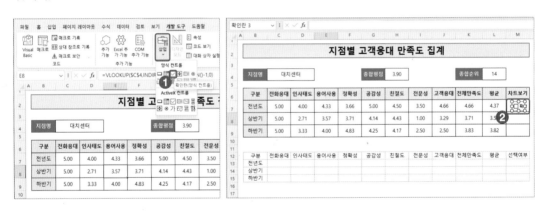

📈 **실력UP** [양식 컨트롤]의 [확인란]과 [ActiveX 컨트롤]의 [확인란]은 사용하는 방법이 다르므로 [ActiveX 컨트롤]의 [확인란]을 추가하지 않도록 주의합니다.

📈 **실력UP** '확인란' 문자가 삭제되지 않고 [확인란] 전체가 삭제되면 [확인란]에서 마우스 오른쪽 버튼을 클릭하고 [텍스트 편집]을 선택합니다.

03 [M7] 셀의 채우기 핸들⊞을 더블클릭합니다. [확인란]이 복사됩니다.

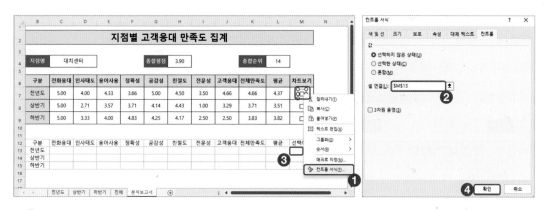

04 확인란 컨트롤 서식 설정하기 [확인란]의 선택 여부의 값이 [M13:M15] 셀에 표시되도록 컨트롤 서식을 지정해보겠습니다. ❶ [M7] 셀의 [확인란]에서 마우스 오른쪽 버튼을 클릭한 후 [컨트롤 서식]을 선택합니다. ❷ [컨트롤 서식] 대화상자의 [컨트롤] 탭에서 [셀 연결]을 클릭한 후 ❸ [M13] 셀을 선택합니다. ❹ [확인]을 클릭합니다.

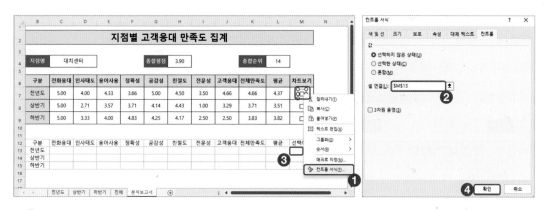

📈 **실력UP** [M7] 셀의 [확인란]이 체크되면 [M13] 셀에 'TRUE'가 표시되고, 해제되면 'FALSE'가 표시됩니다.

05 같은 방법으로 ❶ [M8] 셀의 [확인란]은 [M14] 셀에, ❷ [M9] 셀의 [확인란]은 [M15] 셀에 연결합니다.

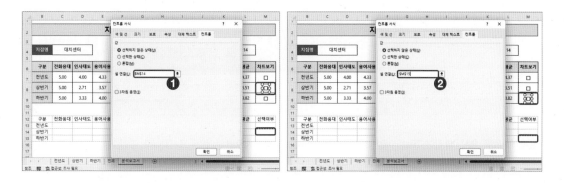

06 각각의 [확인란]을 체크 또는 체크 해제했을 때 순서대로 [M13:M15] 셀 범위에 'TRUE' 또는 'FALSE'가 표시되는지 확인합니다.

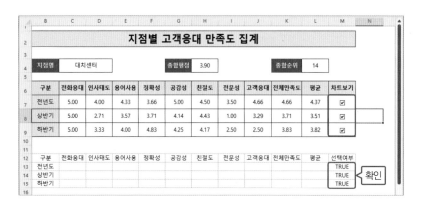

07 차트 데이터 만들기 ❶ [C13] 셀에 **=IF($M13,C7,"")**를 입력합니다. ❷ [C13] 셀의 채우기 핸들➕을 [L13] 셀까지 드래그하여 복사합니다. ❸ [C13:L13] 셀 범위가 선택된 상태에서 채우기 핸들➕을 더블클릭하여 아래로 복사합니다.

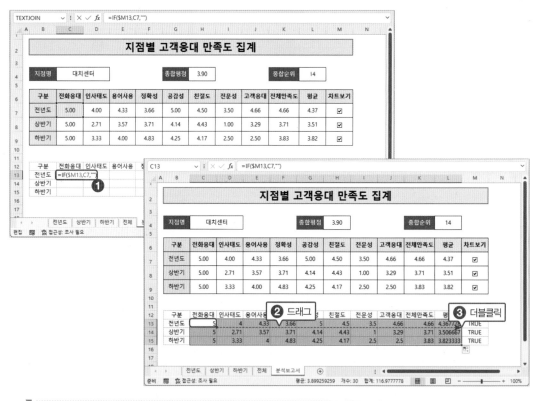

📈 **실력UP** [M7] 셀 값이 'TRUE'이면 [C7] 셀 값을 표시하고, 그렇지 않으면 '빈 셀'로 표시합니다. IF 함수를 '=IF($M13= TRUE, C7,"")'로 입력해도 되는데, 조건식의 TRUE는 생략할 수 있습니다.

08 방사형 차트 작성하기 ❶ [B12:L15] 셀 범위를 선택한 후 **❷** [삽입] 탭-[차트] 그룹-[추천 차트 ⬛]를 클릭합니다. [차트 삽입] 대화상자의 **❸** [모든 차트] 탭에서 [방사형]을 선택합니다. **❹** [확인]을 클릭합니다.

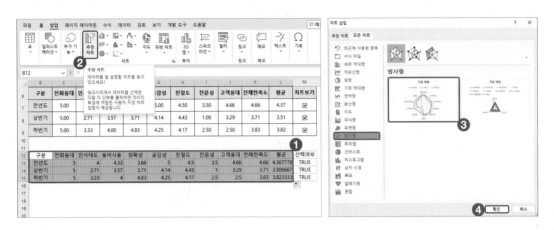

09 ❶ 차트의 제목을 클릭하고 Delete 를 눌러 삭제합니다. **❷** [범례]에서 마우스 오른쪽 버튼을 클릭한 후 [범례 서식]을 선택합니다.

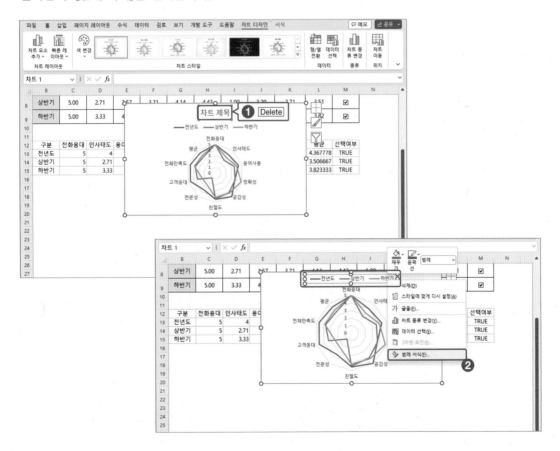

10 [범례 서식] 작업 창에서 [범례 옵션]-[범례 위치]-[오른쪽]을 클릭합니다.

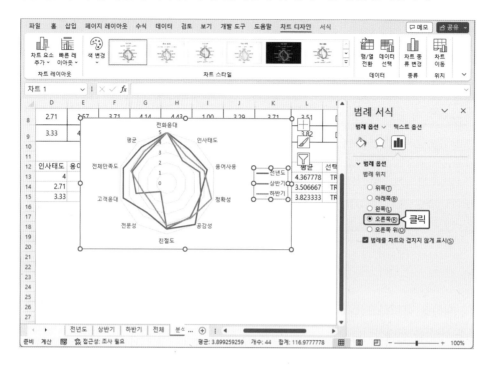

11 ❶ 차트의 위치와 크기를 변경하여 차트 데이터 위에 덮어줍니다. ❷ [범례]를 차트의 오른쪽 영역에 배치합니다.

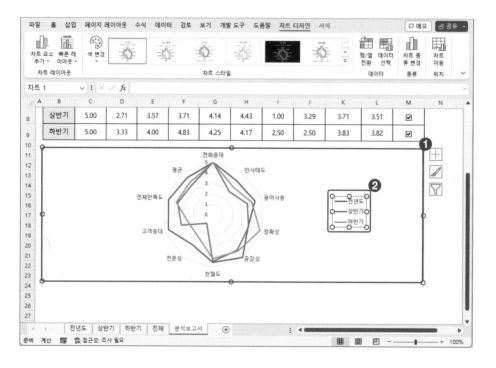

12 [차트보기] 열의 [확인란]에 각각 체크하면 해당 항목이 차트에 표시되고, 체크 해제하면 차트 에서 사라집니다.

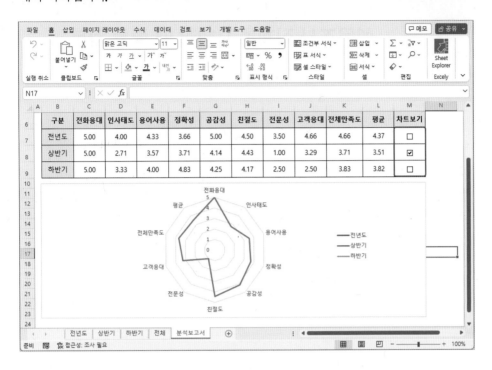

설문조사 집계를 표현할 때 좋은 차트
KeyPoint | 평균선 표시 막대 차트

실습 파일 | 5_강사노하우(평균선막대차트).xlsx
완성 파일 | 5_강사노하우(평균선막대차트_완성).xlsx

설문조사 집계 데이터로 차트를 작성할 때 전체 평균 대비 각 항목별 값이 어느 수준인지 알기 쉽게 작성하는 것이 좋습니다. 각 항목 데이터는 2차원 막대 차트로 작성하고 막대 차트 위에 평균선을 표시하면 평균을 초과하는 항목과 평균 미만 항목을 한눈에 파악할 수 있습니다.

전체 평균 열 추가하기

01 [I4] 셀에 **전체평균**을 입력합니다. [I5:I14] 셀 범위를 선택하고 **=AVERAGE($H$5:$H$14)**를 입력한 후 Ctrl + Enter를 누릅니다. 전체평균을 차트의 가로선으로 표시하려면 설문 항목의 전체 평균이 모두 같은 값으로 입력되어 있어야 합니다.

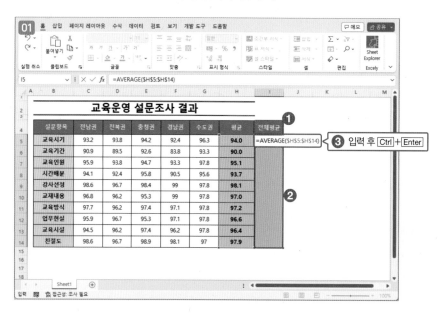

혼합 차트 작성하기

02 [B4:B14] 셀 범위를 선택한 후 Ctrl을 누른 상태에서 [H4:I14] 셀 범위를 추가로 선택합니다. [삽입] 탭-[차트] 그룹-[추천 차트⬛]를 클릭합니다.

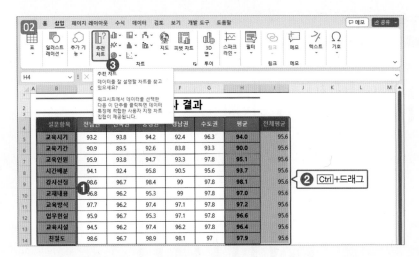

03 [차트 삽입] 대화상자의 [모든 차트] 탭에서 [혼합]을 선택합니다. [데이터 계열에 대한 차트 종류와 축을 선택합니다.]에서 [전체평균] 계열의 [보조 축]에 체크한 후 [확인]을 클릭합니다. [전체평균] 계열을 보조 축으로 설정하면 [평균] 계열과 [전체평균] 계열의 가로 축 서식을 다르게 지정할 수 있습니다.

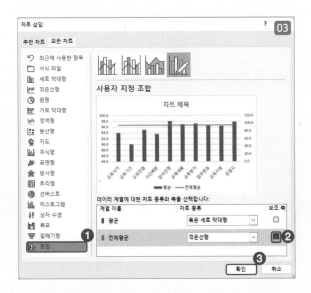

04 혼합 차트가 삽입되었습니다.

05 삽입된 차트를 원하는 위치로 이동하고 적절한 크기로 변경합니다.

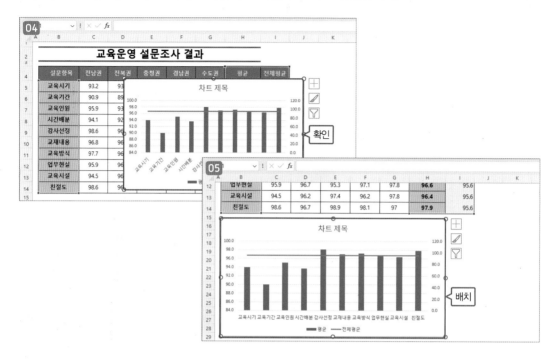

보조 가로 축 표시하고 서식 변경하기

06 [전체평균] 계열의 꺾은선을 세로 축 레이블 위치까지 늘이기 위해 [보조 가로 축]을 표시하고 서식을 변경해보겠습니다. [차트 요소⊞]를 클릭한 후 [축]의 ▷을 클릭하여 [보조 가로]에 체크합니다. [보조 가로 축]이 표시됩니다.

07 [보조 가로 축]을 선택한 후 마우스 오른쪽 버튼을 클릭하여 [축 서식]을 선택합니다.

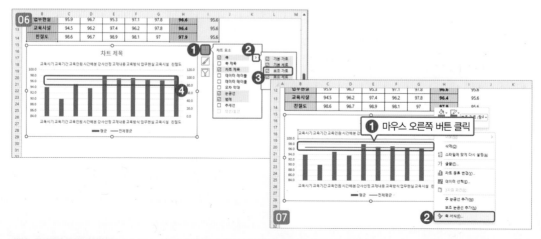

08 [축 서식] 작업 창의 [축 옵션]에서 [축 위치]-[눈금]을 선택합니다. [전체평균] 계열의 선이 세로 축 레이블 위치까지 늘어납니다.

09 [축 서식] 작업 창의 [축 옵션]에서 [눈금]-[주 눈금]을 [없음]으로 변경하고, [레이블]-[레이블 위치]도 [없음]으로 변경합니다. [보조 가로 축]이 표시되지 않습니다.

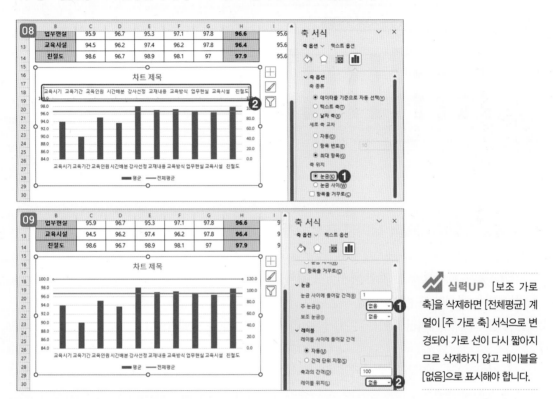

실력UP [보조 가로 축]을 삭제하면 [전체평균] 계열이 [주 가로 축] 서식으로 변경되어 가로 선이 다시 짧아지므로 삭제하지 않고 레이블을 [없음]으로 표시해야 합니다.

10 [평균] 계열을 선택한 후 [데이터 계열 서식] 작업 창의 [계열 옵션]에서 [간격 너비]를 **120%**로 변경합니다.

11 [전체평균] 계열을 선택한 후 [채우기 및 선]에서 [선]-[색]을 [빨강]으로 변경합니다.

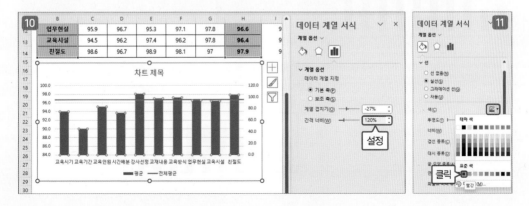

12 [차트 제목]을 **설문 항목별 평균대비 분석**으로 변경하고, [세로 보조 축]을 선택한 후 Delete 를 눌러 삭제합니다.

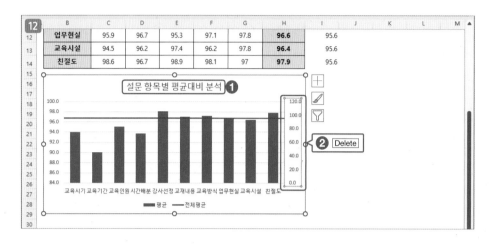

전체 평균 계열에 데이터 레이블 표시하기

13 [전체평균] 레이블을 한 개만 표시하기 위해 마지막 요소에 레이블을 추가해보겠습니다. [전체 평균] 계열을 클릭한 후 [친절도] 항목만 다시 클릭하면 [친절도] 요소만 선택됩니다. 마우스 오른쪽 버튼을 클릭한 후 [데이터 레이블 추가]-[데이터 레이블 추가]를 선택합니다.

14 차트에 데이터 레이블이 표시되었지만 [그림 영역]과 겹쳐 표시됩니다. [그림 영역]을 클릭한 후 가로 크기를 줄입니다.

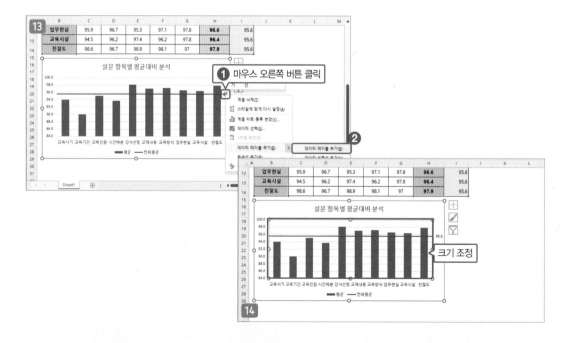

15 [데이터 레이블]을 클릭한 후 [홈] 탭-[글꼴] 그룹-[굵게 ⚿]를 클릭하고, [글꼴 색 ⚿]을 [빨강]으로 변경합니다.

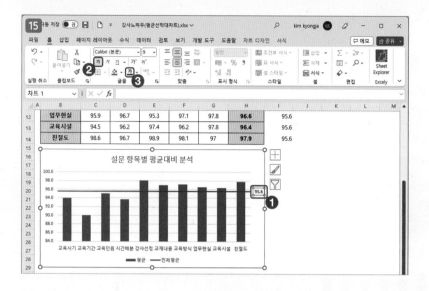

숨겨진 데이터도 차트에 표시하기

16 차트에는 평균선이 표시되어야 하지만 셀에는 I열 데이터가 보이지 않는 것이 좋습니다. I열을 선택한 후 마우스 오른쪽 버튼을 클릭하고 [숨기기]를 선택합니다. I열을 숨기면 차트에 [전체평균] 계열이 표시되지 않습니다.

17 차트를 선택한 후 [차트 디자인] 탭-[데이터] 그룹-[데이터 선택 📊]을 클릭합니다.

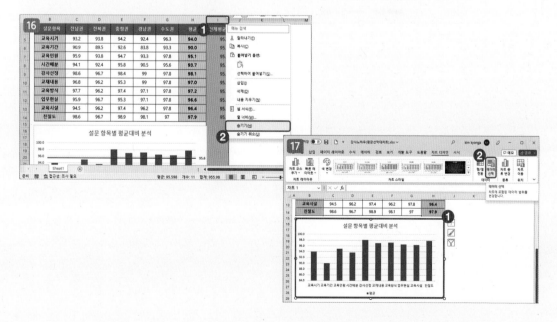

18 [데이터 원본 선택] 대화상자에서 [숨겨진 셀/빈 셀]을 클릭한 후 [숨겨진 셀/빈 셀 설정] 대화상자에서 [숨겨진 행 및 열에 데이터 표시]에 체크합니다. [확인]을 클릭합니다. [데이터 원본 선택] 대화상자에서도 [확인]을 클릭합니다.

19 차트에 [전체평균] 계열이 다시 표시됩니다.

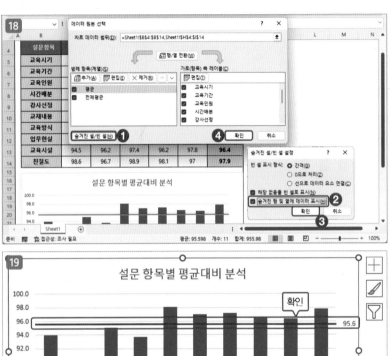

강사 노하우

VLOOKUP 함수에 날개를 달자
KeyPoint | MATCH 함수

실습 파일 | 5_강사노하우(MATCH함수).xlsx
완성 파일 | 5_강사노하우(MATCH함수_완성).xlsx

특별강의
바로보기

VLOOKUP 함수를 이용하면 특정 열을 기준으로 원하는 데이터를 찾아 셀에 표시할 수 있습니다. 하지만 표시할 열 개수가 많을 경우 각 열마다 일일이 VLOOKUP 함수를 입력해야 합니다. 이때 MATCH 함수를 이용하면 열 순서와 상관없이 수식을 복사해 찾아올 수 있습니다.

사업자등록번호를 기준으로 거래처의 상호명, 계좌번호, 대표자명, 연락처 정보를 VLOOKUP 함수와 MATCH 함수를 이용해 가져와보겠습니다. 만약 원하는 정보가 없을 경우 오류 대신 빈 셀이 표시되도록 IFERROR 함수도 함께 사용합니다.

VLOOKUP 함수와 MATCH 함수에 사용할 셀 범위 이름 정의하기

01 [거래처] 시트의 [A1] 셀에서 Ctrl + A 을 누릅니다. [A1:I203] 셀 범위가 선택되면 [이름 상자]에 **거래처정보**를 입력한 후 Enter 를 누릅니다.

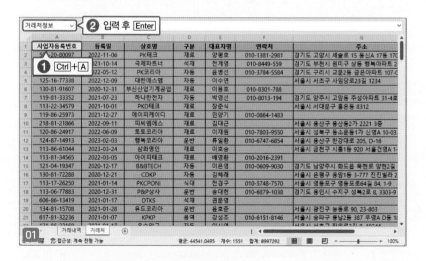

02 [A1] 셀에서 Ctrl + Shift + ─ 를 누릅니다. [A1:I1] 셀 범위가 선택되면 [이름 상자]에 **열제목**을 입력한 후 Enter 를 누릅니다. [거래처정보] 이름은 VLOOKUP 함수의 기준 범위로 사용할 셀 범위이고, [열제목] 이름은 MATCH 함수에 찾을 범위로 사용할 셀 범위입니다.

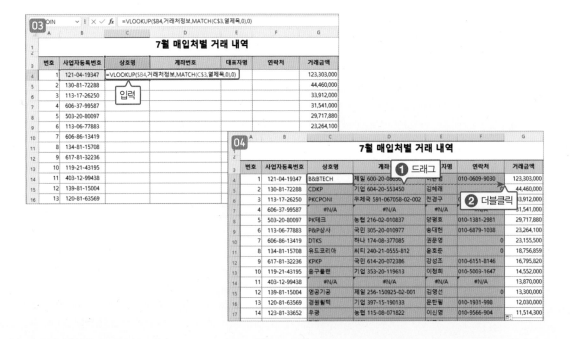

03 [C4] 셀에 **=VLOOKUP($B4,거래처정보,MATCH(C$3,열제목,0),0)**를 입력합니다. VLOOKUP 함수의 세 번째 인수인 [열 번호]에 상호명은 **3**, 계좌번호는 **8**, 대표자명은 **5**, 연락처는 **6**으로 각각 입력해야 하는데, 이 인수에 MATCH 함수를 사용하면 [거래처정보] 시트의 [열제목] 이름으로 정의된 범위에서 일치하는 문자가 몇 번째 있는지 찾아 자동으로 위치 번호를 구해줍니다.

04 [C4] 셀의 채우기 핸들⊞을 드래그하여 [F4] 셀까지 수식을 복사합니다. [C4:F4] 셀 범위가 선택된 상태에서 채우기 핸들⊞을 더블클릭하여 마지막 행까지 수식을 복사합니다.

IFERROR 함수 추가하여 오류를 빈 셀로 표시하기

05 [거래처] 시트에 없는 사업자등록번호가 있어 오류가 표시된 셀이 있습니다. IFERROR 함수를 추가하여 수정해보겠습니다. [C4:F203] 셀 범위가 선택된 상태에서 수식 입력줄을 클릭하고 **=IFERROR(VLOOKUP($B4,거래처정보,MATCH(C$3,열제목,0),0),"")**로 수정합니다. Ctrl +Enter 를 누릅니다.

06 오류가 표시되었던 셀이 빈 셀로 변경되었습니다.

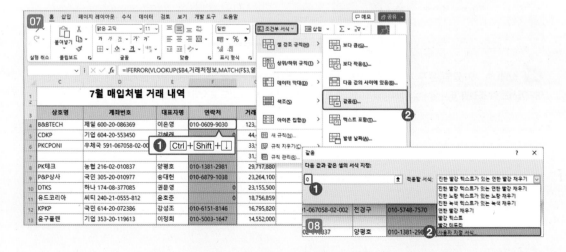

0이 표시된 셀 안 보이게 하기

07 VLOOKUP은 가져올 셀 데이터가 빈 셀이면 결과로 '0'이 표시되었습니다. 조건부 서식을 이용하여 '0'이 화면에 표시되지 않도록 해보겠습니다. [F4] 셀에서 Ctrl + Shift + ↓ 를 눌러 [F4:F147] 셀 범위를 선택합니다. [홈] 탭-[스타일] 그룹-[조건부 서식 ▦]-[셀 강조 규칙]-[같음]을 선택합니다.

08 [같음] 대화상자의 [조건]에 **0**을 입력하고 [적용할 서식]은 [사용자 지정 서식]을 선택합니다.

09 [셀 서식] 대화상자의 [표시 형식] 탭에서 [사용자 지정]을 클릭합니다. [형식]에 **;;;**를 입력한 후 [확인]을 클릭합니다.

10 [같음] 대화상자에서도 [확인]을 클릭합니다.

11 연락처에 '0'이 표시되지 않습니다.

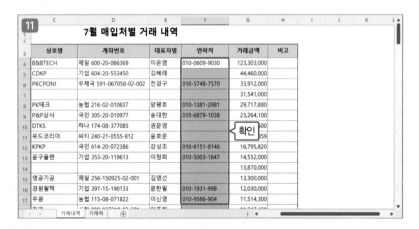

📈 **실력UP** 세미콜론(;)은 두 개 이상의 표시 형식을 지정할 때 사용하는 기호로 '양수;음수;0;문자' 순서로 표시 형식을 지정합니다. 여기에서는 각 조건별 표시 형식 없이 세미콜론(;)만 세 개 입력하면 화면에 아무것도 표시되지 않습니다.

MATCH 함수

MATCH 함수는 지정된 범위 내에서 찾는 값이 몇 번째에 위치하는지 찾아 위치 번호를 반환합니다. 범위는 행 또는 열로 한 방향으로만 지정할 수 있습니다.

함수 형식	=MATCH(Lookup_value, Lookup_array, [Match_type]) =MATCH(찾을 값, 찾는 범위, 찾는 방법)
인수	· **Lookup_value** 찾고자 하는 데이터를 지정합니다. · **Lookup_array** 찾을 데이터가 있는 셀 범위로 행이 두 개 이상이면 열이 한 개이어야 하고, 열이 두 개 이상이면 행이 한 개이어야 합니다. · **Match_type** 찾는 방법으로 세 가지 중에서 선택할 수 있습니다. 　　0 : 정확하게 일치하는 값을 찾습니다. 　　1 또는 **생략** : 찾을 값이 없는 경우 찾을 값보다 한 단계 낮은 근삿값을 찾습니다. 범위는 오름차순으로 정렬되어 있어야 합니다. 　　−1 : 찾을 값이 없는 경우 찾을 값보다 한 단계 높은 근삿값을 찾습니다. 범위는 내림차순으로 정렬되어 있어야 합니다.

IFERROR 함수

수식을 사용하다 보면 #VALUE!, #N/A, #DIV/0 등과 같은 오류가 나타날 때가 있습니다. 이때는 IFERROR 함수를 사용해 오류가 없을 때는 수식의 결과를 표시하고, 오류가 발생했을 때는 다른 값으로 대체할 수 있습니다.

함수 형식	=IFERROR(Value, Value_If_Error) =IFERROR(오류를 검사할 수식, 오류가 발생했을 때 대체할 값)
인수	· **Value** 오류가 발생했는지 확인하는 수식으로 오류가 없을 때는 셀에 수식의 결과를 표시합니다. · **Value_If_Error** Value 인수의 결과가 오류일 때 대체해서 셀에 입력할 값이나 계산할 수식입니다.

여러 각도로 분석해볼 수 있는

클레임 접수 현황
분석 보고서 작성하기

제품을 구매한 소비자들의 클레임 접수 목록을 다운로드하여 작년도 대비 클레임 접수가 얼마나 증감했는지 파악하고 담당자, 불량 종류, 접수 경로 등 다양한 각도로 클레임 현황을 한눈에 파악할 수 있는 보고서를 작성해보겠습니다. 가장 핵심이 되는 전년도 대비 클레임 증감 건수는 표로 집계한 후 항목별 증감을 강조할 수 있는 차트를 작성하고, 그룹별 집계는 COUNTIFS와 SUMIFS 함수를 이용하여 집계합니다.

Before&After 미리 보기

- 증가하면 빨간색, 감소하면 파란색으로 표시하고 싶어요.
- 막대 차트를 그리면 가로 축 레이블과 막대가 겹쳐서 보여요.
- 함수에 절대 참조 범위가 많아 수식이 너무 복잡해요.

Before

	A	B	C	D	E	F	G	H	I	J
1	관리번호	날짜	담당자	품목류	클레임분류	내용	점검결과	수량	비고	업체명
2	102003	2023-02-17	구병정	즉석식품	용기불량	포장지 깨짐	확인불가	1		대형마트
3	102004	2023-02-17	구병정	즉석식품	이물질	검은색 가루 발생	설계결함	1	완료	대형마트
4	102005	2023-02-17	구병정	즉석식품	품질이상	(ISP)기타사항	설계결함	1	교환	대형마트
5	102008	2023-02-18	구병정	즉석식품	용기불량	(ISP)포장지 깨짐	소비자오인	1		대형마트
6	102009	2023-02-18	구병정	즉석식품	용기불량	(ISP)포장지 깨짐	소비자취급부주의	1		대형마트
7	583288	2023-02-18	진세천	즉석식품	용기불량	(ISP)포장지 깨짐	소비자취급부주의	9		대형마트
8	102013	2023-02-22	구병정	즉석식품	품질이상	(ISP)맛이 이상함	유통결함	1	폐기	대형마트
9	102016	2023-02-23	구병정	즉석식품	용기불량	(ISP)포장지 깨짐	유통결함	1		대형마트
10	665689	2023-02-23	진세천	즉석식품	용기불량	(ISP)포장지 깨짐	확인불가	1		대형마트
11	802390	2023-02-24	진세천	즉석식품	품질이상	(ISP)맛이 이상함	소비자오인	1		대형마트
12	102028	2023-02-25	구병정	즉석식품	용기불량	(ISP)포장지 깨짐	소비자오인	1		대형마트
13	102031	2023-02-26	구병정	즉석식품	용기불량	포장지 깨짐	소비자오인	1		대형마트
14	665689	2023-02-26	현종백	즉석식품	용기불량	포장지 깨짐	소비자오인	1		대형마트
15	802390	2023-03-05	현종백	즉석식품	품질이상	맛이 이상함	소비자오인	1		대형마트
16	109894	2023-03-05	현종백	즉석식품	품질이상	맛이 이상함	유통결함	1		대형마트
17	86797	2023-03-05	현종백	즉석식품	품질이상	맛이 이상함	유통결함	4		대형마트
18	387998	2023-03-05	현종백	즉석식품	포장불량	포장이 뜯어짐	유통결함	1		대형마트
19	490311	2023-03-05	현종백	즉석식품	포장불량	포장이 뜯어짐	소비자오인	1		대형마트
20	991338	2023-03-05	현종백	즉석식품	품질이상	맛이 이상함	소비자오인	1		대형마트
21	103024	2023-03-08	구병정	즉석식품	품질이상	맛이 이상함	유통결함	1	완료	대형마트
22	103025	2023-03-08	구병정	즉석식품	품질이상	맛이 이상함	확인불가	1		대형마트
23	103026	2023-03-08	구병정	즉석식품	품질이상	맛이 이상함	소비자오인	1		대형마트

After

- 증가한 값은 ▲7.2%로, 감소한 값은 ▼5.6%로 표시할 수 있어요.
- 차트의 가로축 레이블 위치를 마음대로 바꿀 수 있어요.
- 이름을 정의하여 함수에 사용하면 수식이 짧아져요.

STEP 01

전년도 대비 클레임 접수 건수 집계하기

실습 파일 | 6_클레임분석.xlsx
완성 파일 | 6_클레임분석-STEP02.xlsx

[클레임목록] 시트의 [클레임분류] 열을 기준으로 접수 건수가 몇 건인지 COUNTIF 함수를 이용하여 집계하고 전년도 대비 얼마나 증감하였는지 시각화하기 위해 증감률에 사용자 지정 표시 형식을 적용해보겠습니다. 증감 건수는 값에 따라 양수와 음수 레이블의 위치가 변경되는 막대 차트를 추가합니다.

 엑셀로 살아남기   데이터 시각화에는 사용자 지정 표시 형식과 차트를 사용하자!

1. 클레임 종류별 접수 건수 집계하기 [클레임목록] 시트의 [클레임분류] 열 범위를 이름으로 정의한 후 COUNTIF 함수로 금년도 클레임 접수 건수를 구합니다.

```
금년도 건수 : =COUNTIF(클레임분류,C5)
```

2. 증감률에 사용자 지정 표시 형식 설정하기 전년도 대비 금년도 클레임 접수 건수의 증감률을 구하고 증가한 값은 ▲7.2%로, 감소한 값은 ▼13.9%와 같은 형식으로 표시되도록 사용자 지정 표시 형식을 설정합니다.

```
[셀 서식]-[표시 형식]-[사용자 지정] : [빨강]▲0.0%;[파랑]▼0.0%;-
```

3. 증감 건수를 표시하는 막대 차트 작성하기 증감 건수를 기준으로 막대 차트를 작성하는데 차트에 사용할 데이터가 양수와 음수로 혼합되어 있습니다. 이 데이터로 막대 차트를 작성하면 음수 막대가 차트의 레이블과 겹쳐집니다. 차트 레이블에 사용할 셀 데이터를 IF 함수로 만들고 이 값에 따라 레이블 위치가 자동으로 바뀌도록 막대 차트를 작성합니다.

```
차트 레이블 값 만들기 : [행 추가]-수식 입력 :=IF(C8>0,-10,10)
```

01 함수에 필요한 이름 정의하기 절대 참조로 사용할 클레임분류의 셀 범위를 이름으로 정의하 겠습니다. ❶ [클레임목록] 시트의 [E1] 셀에서 Ctrl + Shift + ⬇를 누릅니다. [E1:E425] 셀 범위가 선택되면 ❷ [수식] 탭-[정의된 이름] 그룹-[선택 영역에서 만들기🗒]를 클릭합니다. [선택 영역에 서 이름 만들기] 대화상자에서 ❸ [첫 행]에만 체크한 후 ❹ [확인]을 클릭합니다. ❺ [이름 상자]에 서 정의된 이름을 확인합니다.

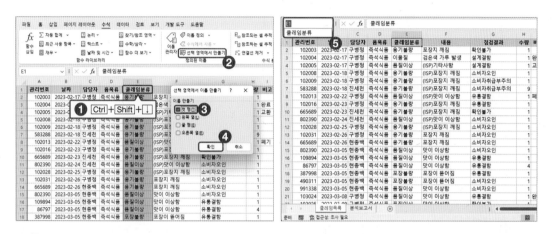

📈 **실력UP** 잘못 정의된 이름이 있을 경우 [수식] 탭-[정의된 이름] 그룹-[이름 관리자🗒]를 클릭하여 편집하거나 삭제할 수 있습 니다.

02 금년도 클레임 분류별 건수 집계하기 ❶ [분석보고서] 시트의 [C7] 셀에 **=COUNTIF(클레임 분류,C5)**를 입력합니다. ❷ [C7] 셀의 채우기 핸들➕을 [G7] 셀까지 드래그하여 복사합니다.

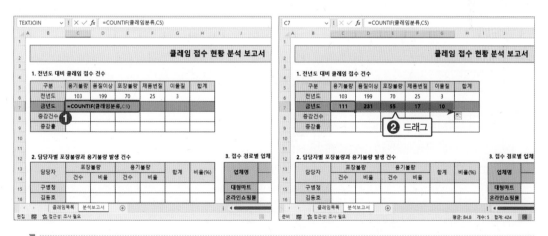

📈 **실력UP** [클레임분류] 셀 범위에서 '용기불량'과 같은 셀을 찾아 개수를 구합니다. [클레임분류]는 이름으로 정의하였기 때문에 절대 참조 형식으로 자동 적용됩니다.

03 ❶ [C6:H7] 셀 범위를 선택한 후 ❷ [수식] 탭–[라이브러리] 그룹–[자동 합계 ∑]를 클릭합니다. [H6:H7] 셀 범위에 합계가 표시됩니다. ❸ [C8] 셀에 **=C7–C6**를 입력합니다.

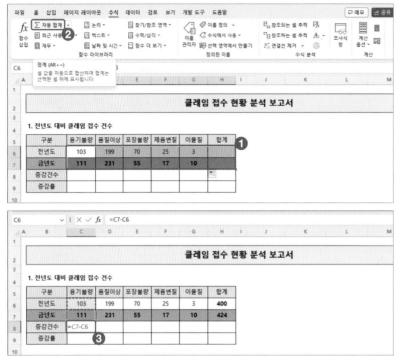

04 ❶ [C9] 셀에 **=C8/C6**를 입력합니다. ❷ [C8:C9] 셀 범위를 선택한 후 채우기 핸들 ⊞을 [H9] 셀까지 드래그하여 수식을 복사합니다.

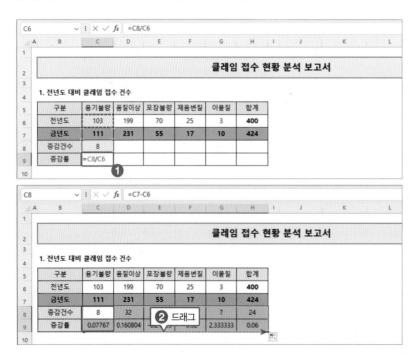

05 사용자 지정 표시 형식 설정하기 ❶ [C9:H9] 셀 범위를 선택한 후 마우스 오른쪽 버튼을 클릭하고 [셀 서식]을 선택합니다. ❷ [셀 서식] 대화상자의 [표시 형식] 탭–[범주]에서 [사용자 지정]을 선택합니다. ❸ [형식]에 **[빨강]▲0.0%;[파랑]▼0.0%;–**를 입력한 후 ❹ [확인]을 클릭합니다. ❺ 증감률에 양수, 음수, 0의 표시 형식이 모두 다르게 적용되었습니다.

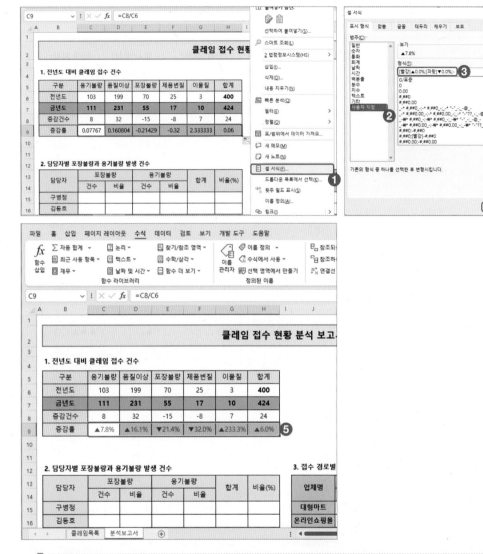

📈 **실력UP** 셀에 두 개 이상의 표시 형식을 적용할 경우 형식을 구분하는 기호로 세미콜론(;)을 사용하고 특정한 조건이 없을 때는 '양수;음수;0;문자' 기준으로 적용됩니다. 표시 형식에서 색상은 대괄호([])로 묶어서 표시하고 색상 이름은 [검정], [파랑], [녹청], [녹색], [자홍], [빨강], [흰색], [노랑]만 사용할 수 있습니다.

📈 **실력UP** 특수 문자를 입력할 때는 자음 ㅁ을 입력한 후 [한자]를 누릅니다. 특수 문자 목록에서 [▲]를 선택합니다.

표시 형식 기호

사용자 지정 표시 형식에 사용되는 코드와 기호는 다음과 같으며 해당 기호를 여러 가지로 조합하여 사용자가 직접 표시 형식을 지정할 수 있습니다.

기호	기능	입력 데이터	표시 형식	화면 표시
#	숫자를 표시하는 기호로 무효의 0을 표시하지 않습니다. 소수점을 기준으로 왼쪽 값의 자릿수가 '#' 기호보다 많은 경우는 입력된 데이터를 초과하여 모두 표시하지만, 소수점 기준으로 오른쪽에 입력하는 데이터는 지정한 '#' 기호 개수만큼만 표시합니다.	12345.10	#,###.##	12,345.1
0	숫자를 표시하는 기호로 무효의 0을 모두 표시합니다.	123.1	0,000.00	0,123.10
?	숫자를 표시하는 기호로 무효의 0은 공백으로 처리하여 자릿수를 맞추고자 할 때 사용합니다.	12.67 5.3	??.??	12.67 공백5.3공백
@	문자의 자리를 표시합니다.	홍길동	@님	홍길동님
_(언더바)	_ 기호 다음에 입력된 데이터를 셀이 채워질 때까지 반복합니다.	1230	#,##0_엑	1,230공백
*	* 기호 다음에 입력된 데이터를 셀이 채워질 때까지 반복합니다.	123	*●#	●●●123
;	스타일을 구분하는 기호로 '양수;음수;0;문자'를 구분합니다.	▲#,##0;▼#,##0;–;@		
yy yyyy	연도를 두 자리 또는 네 자리로 표시합니다.	2023-01-09	yy yyyy	23 2023
m mm	월을 한 자리 또는 두 자리로 표시합니다.	2023-01-09	m mm	1 01
d dd	일을 한 자리 또는 두 자리로 표시합니다.	2023-01-09	d dd	9 09
ddd dddd	요일을 영문 세 글자 또는 영문 전체로 표시합니다.	2023-01-09	ddd dddd	mon monday
aaa aaaa	요일을 한글 한 글자 또는 세 글자로 표시합니다.	2023-01-09	aaa aaaa	월 월요일
[조건 값]	숫자 데이터에 조건을 지정할 수 있습니다. 조건은 ⟨,⟩,=,⟨=,⟨⟩,=의 비교 연산자로 입력할 수 있습니다.	12300	[)=10000] #","###0	1,2300
[파랑], [빨강], …	셀에 있는 데이터의 색상을 지정합니다. [검정], [파랑], [녹청], [녹색], [자홍], [빨강], [흰색], [노랑] 중에서 지정할 수 있습니다. 그 이외의 색은 [색n]으로 표기합니다. n은 1~56까지 자연수로 지정할 수 있습니다.			

06 차트 작성에 필요한 레이블 데이터 만들기 증감 건수를 이용하여 막대 차트를 작성하려고 하지만 양수와 음수의 값이 혼합되어 있습니다. 이러한 데이터로 차트를 작성하면 음수 막대와 가로축 레이블이 겹쳐서 표시됩니다. 차트의 레이블을 값에 따라 축의 위쪽과 아래쪽에 선택적으로 표시하기 위한 데이터를 만들어보겠습니다. ❶ 9행을 선택한 후 마우스 오른쪽 버튼을 클릭하고 [삽입]을 선택합니다. ❷ [B9] 셀에 **가로축레이블**을 입력하고 ❸ [C9] 셀에 **=IF(C8>0,-10,10)**를 입력합니다.

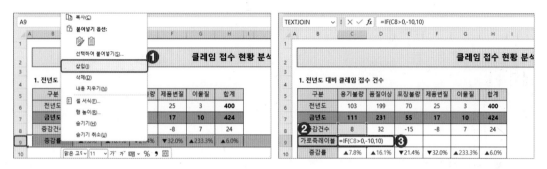

📈 **실력UP** [C8] 셀 값이 양수이면 레이블이 가로축 아래에 표시되어야 하므로 **-10**을 입력하고, 음수이면 레이블이 가로축 위에 표시되어야 하므로 **10**을 입력합니다. '-10'과 '10'은 음수와 양수 규칙만 지키면 다른 숫자로 변경해도 됩니다.

07 [C9] 셀의 채우기 핸들🔲을 [G9] 셀까지 드래그하여 복사합니다.

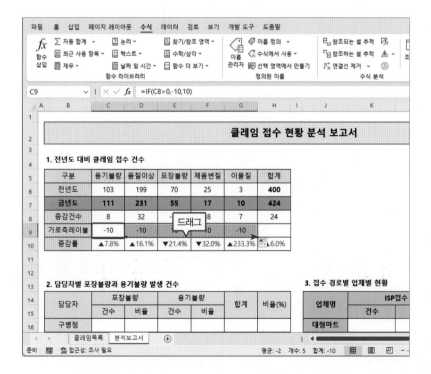

08 막대 차트 작성하기 ❶ [B5:G5] 셀 범위를 선택한 후 ❷ Ctrl 을 누른 상태에서 [B8:G9] 셀 범위를 드래그하여 추가합니다. ❸ [삽입] 탭-[차트] 그룹-[세로 또는 가로 막대형 차트 삽입 📊]-[묶은 세로 막대형]을 선택합니다. 시트에 차트가 삽입됩니다. ❹ [가로축 레이블]을 클릭하고 Delete 를 눌러 삭제합니다. ❺ [차트 제목]도 클릭하고 Delete 를 눌러 삭제합니다.

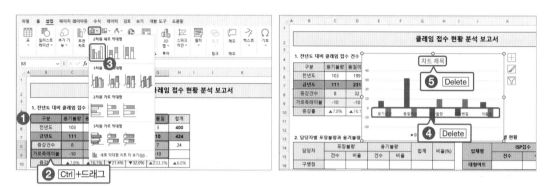

09 가로축 레이블 계열 편집하기 ❶ [가로축 레이블] 계열에서 마우스 오른쪽 버튼을 클릭하고 [데이터 레이블 추가]-[데이터 레이블 추가]를 선택합니다. ❷ 셀 값이 레이블로 표시됩니다. ❸ 다시 [가로축 레이블] 계열에서 마우스 오른쪽 버튼을 클릭하고 [데이터 계열 서식]을 선택합니다.

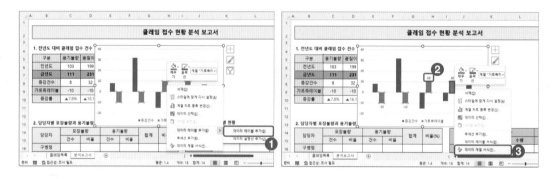

10 [데이터 계열 서식] 작업 창에서 ❶ [계열 옵션]의 [계열 겹치기]를 **100%**로 변경합니다. 두 개의 계열이 겹쳐집니다. ❷ [채우기 및 선 🖌]을 클릭하고 ❸ [채우기]-[채우기 없음]을 선택합니다. [가로축 레이블] 계열 막대가 투명해집니다.

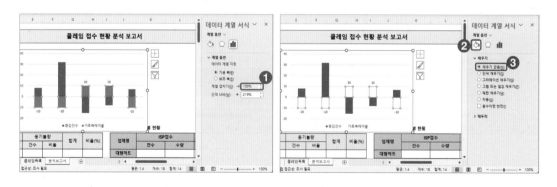

11 ❶ [데이터 레이블]을 클릭한 후 ❷ [레이블 옵션圖]을 클릭합니다. ❸ [레이블 내용]-[항목 이름]을 체크하고 다른 항목은 모두 체크 해제합니다. ❹ [레이블 위치]에서 [축에 가깝게]를 선택합니다. ❺ [증감건수] 계열을 클릭합니다. ❻ [채우기 및 선圖]을 클릭한 후 ❼ [채우기]-[단색 채우기]를 선택하고 ❽ [음수이면 반전]에 체크합니다. ❾ 색은 [주황, 강조2], [파랑, 강조1]을 차례대로 선택합니다.

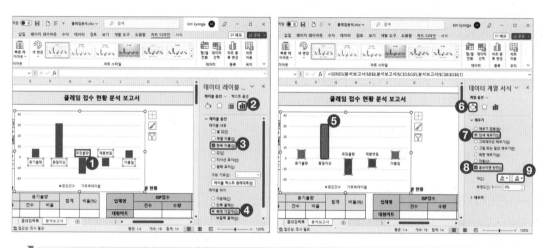

12 범례 삭제와 크기 변경하기 ❶ [범례]를 클릭한 후 Delete 를 눌러 삭제합니다. ❷ 차트의 크기와 위치를 적절하게 변경합니다.

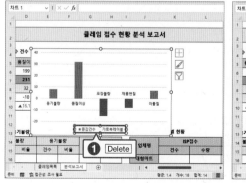
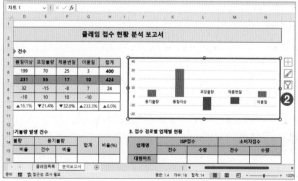

13 가로축 레이블 데이터 숨기기 [C9:G9] 셀 범위에 입력되어 있는 [가로축레이블] 데이터는 화면에 표시되지 않는 것이 좋습니다. ❶ 9행을 선택한 후 마우스 오른쪽 버튼을 클릭하고 [숨기기]를 선택합니다. 데이터를 숨기면 차트에서 레이블이 사라집니다. 차트에 레이블을 다시 표시해보겠습니다. ❷ 차트를 선택한 후 ❸ [차트 디자인] 탭-[데이터] 그룹-[데이터 선택▦]을 클릭합니다.

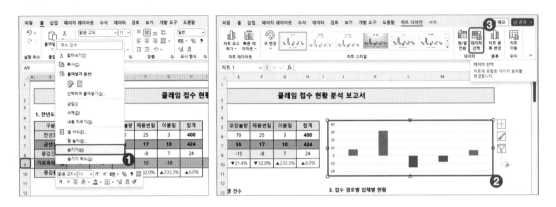

14 [데이터 원본 선택] 대화상자에서 ❶ [숨겨진 셀/빈 셀]을 클릭한 후 [숨겨진 셀/빈 셀 설정] 대화상자에서 ❷ [숨겨진 행 및 열에 데이터 표시]를 체크합니다. ❸ [확인]을 클릭합니다. ❹ [데이터 원본 선택] 대화상자에서도 [확인]을 클릭합니다. ❺ 차트에 레이블이 다시 표시됩니다.

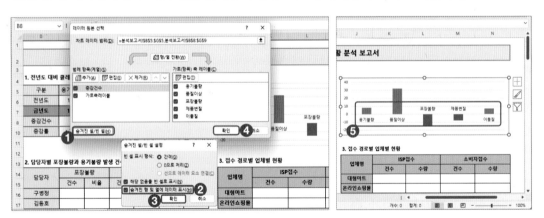

STEP

02

담당자별 포장불량과 용기불량 발생 건수 집계하기

실습 파일 | 6_클레임분석-STEP02.xlsx
완성 파일 | 6_클레임분석-STEP03.xlsx

제품 담당자별로 포장불량 건수와 용기불량 건수를 COUNTIFS 함수를 이용하여 집계해보겠습니다. [클레임목록] 시트의 [담당자] 열과 [클레임분류] 열이 절대 참조로 사용되므로 이름으로 정의한 후 수식을 짧게 입력합니다. 비율은 [이동 옵션]으로 빈 셀만 선택하여 Ctrl + Enter 로 동시에 입력해보겠습니다.

 엑셀로 살아남기 수식을 짧게 입력하고 한 번에 입력하는 방법!

1. 이름 정의하여 불량건수 집계하기 담당자별 포장불량과 용기불량을 집계할 때 COUNTIFS 함수를 사용합니다. 이 함수에 사용될 셀 범위는 모두 절대 참조인데 [클레임목록] 시트의 데이터이므로 $기호를 사용하면 '=COUNTIFS(클레임목록!$C$2:$C$425, 분석보고서2!$B16, 클레임목록!$E$2:$E$425, 분석보고서2!C$14)'와 같이 수식이 길어집니다. 이때 이름을 정의한 후 COUNTIFS 함수를 사용하면 수식을 짧게 사용할 수 있습니다.

> 이름 정의로 입력한 수식 : =COUNTIFS(담당자,$B16,클레임분류,C$14)

2. Ctrl + Enter 로 수식 동시에 입력하기 비율을 계산해야 하는 세 개의 열에 일일이 수식을 입력하면 같은 작업을 세 번 반복해야 합니다. 이때는 [이동 옵션]으로 빈 셀만 선택한 후 Ctrl + Enter 로 입력하면 비연속적인 셀이라도 수식을 한 번에 입력할 수 있습니다.

> [홈] 탭-[편집] 그룹-[찾기 및 선택🔎]-[이동 옵션] 대화상자, [빈 셀]

> 비율 계산 수식 : =C16/C$23 입력 후 Ctrl + Enter

01 함수에 필요한 이름 정의하기 ❶ [클레임목록] 시트의 [C1] 셀에서 Ctrl + Shift + ↓ 를 누릅니다. [C1:C425] 셀 범위가 선택되면 ❷ [수식] 탭-[정의된 이름] 그룹-[선택 영역에서 만들기 ☑]를 클릭합니다. [선택 영역에서 이름 만들기] 대화상자에서 ❸ [첫 행]에만 체크한 후 ❹ [확인]을 클릭합니다. ❺ [이름 상자]에서 정의된 이름을 확인합니다.

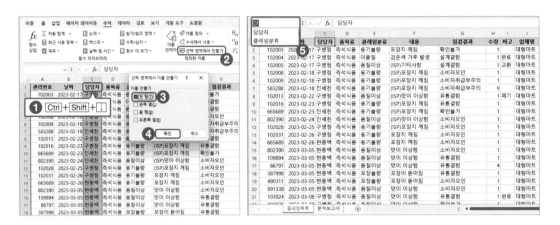

02 담당자별 포장불량 건수 집계하기 ❶ [분석보고서] 시트의 [C16] 셀에 **=COUNTIFS(담당자,$B16,클레임분류,C$14)**를 입력합니다. ❷ [C16] 셀에서 Ctrl + C 를 눌러 복사한 후 ❸ [E16] 셀을 선택하고 Enter 를 누릅니다.

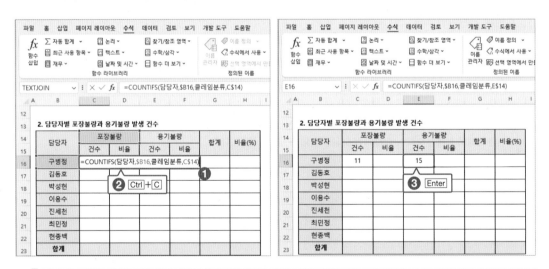

📈 **실력UP** [담당자] 셀 범위에서 '구병정' 이름과 같고, [클레임분류] 셀 범위에서 '포장불량'과 같은 데이터를 찾아 개수를 구하는 수식입니다. 수식을 행과 열 방향으로 모두 복사해야 하므로 [B16] 셀과 [C14] 셀은 F4 를 눌러 열 고정 혼합 참조로 지정합니다.

📈 **실력UP** 복사한 데이터를 여러 번 붙여 넣을 때는 Ctrl + V 를 사용하고, 한 번 붙여 넣을 때는 Enter 를 누릅니다. Enter 를 누르면 복사한 셀의 강조 표시가 자동으로 없어집니다.

03 합계 구하기 ❶ [G16] 셀에 **=C16+E16**를 입력합니다. ❷ [C16:G16] 셀 범위를 선택한 후 채우기 핸들을 [G22] 셀까지 드래그합니다. ❸ [C16:G23] 셀 범위를 선택한 후 ❹ [수식] 탭–[함수 라이브러리] 그룹–[자동 합계]를 클릭합니다. [C23:G23] 셀 범위 중에 숫자가 있는 열에만 합계가 표시됩니다.

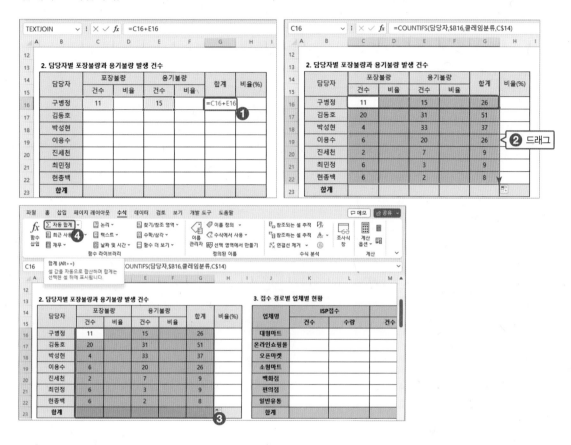

04 비율 구하기 ❶ [D16:H22] 셀 범위를 선택한 후 ❷ [홈] 탭–[편집] 그룹–[찾기 및 선택]–[이동 옵션]을 선택합니다. ❸ [이동 옵션] 대화상자에서 [빈 셀]을 선택한 후 ❹ [확인]을 클릭합니다.

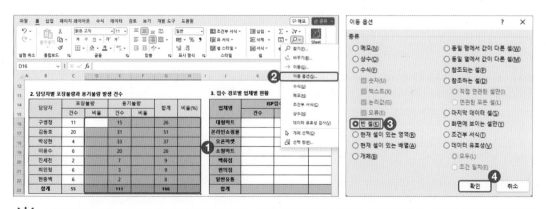

SOS F5를 누른 후 [이동] 대화상자에서 [옵션]을 클릭하면 좀 더 빠르게 [이동 옵션] 대화상자를 표시할 수 있습니다.

05 빈 셀만 선택된 상태에서 ❶ **=C16/C$23**를 입력한 후 ❷ Ctrl + Enter 를 누릅니다.

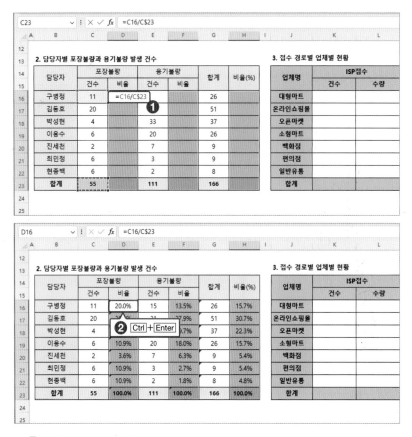

📈 **실력UP** Ctrl + Enter 로 수식을 입력하면 수식을 복사하는 것처럼 셀 주소가 변경되어 각 셀에 맞는 비율이 계산됩니다. 빈 셀이 선택된 상태에서 [D16] 셀을 다시 선택하지 않도록 주의해야 합니다.

📈 **실력UP** 계산 결과가 백분율(%) 단위로 나타나지 않는다면 [홈] 탭─[표시 형식] 그룹─[백분율 스타일 %]을 클릭합니다.

STEP 03

접수 경로별 업체별 현황표 만들기

실습 파일 | 6_클레임분석-STEP03.xlsx
완성 파일 | 6_클레임분석(완성).xlsx

[클레임목록] 시트의 [내용] 열의 텍스트를 기준으로 [접수경로] 열을 추가합니다. [접수경로] 열은 COUNTIF 함수를 이용하여 'ISP' 문자 포함 여부에 따라 'ISP접수'와 '소비자접수'로 나눕니다. 구분된 [접수경로] 열을 기준으로 업체명별 건수와 수량을 COUNTIFS와 SUMIFS 함수로 집계해보겠습니다.

엑셀로 살아남기 ┃ **특정 문자 포함 여부를 확인할 때 COUNTIF 함수와 대표 문자(*) 사용**

1. COUNTIF 함수로 ISP 문자 여부 확인하기 클레임이 ISP를 통해서 접수되었는지 소비자가 직접 접수했는지 파악해야 하는데 [클레임목록] 시트에는 접수 경로에 해당하는 내용이 없어 [내용] 열의 텍스트를 기준으로 구분해야 합니다. 빈 열을 추가하고 [접수경로] 열을 만들어 [내용] 열에 'ISP' 단어가 포함되어 있으면 'ISP접수'로 분리하고, 포함되어 있지 않으면 '소비자접수'로 분리합니다. 이때 COUNTIF 함수에 대표 문자(*)를 사용하면 'ISP' 문자 포함 여부를 쉽게 구분할 수 있습니다.

> 접수경로 열 추가 : =IF(COUNTIF(F2,"*ISP*")>0,"ISP접수","소비자접수")

2. COUNTIFS와 SUMIFS 함수로 개수와 합계 구하기 추가한 [접수경로] 열과 [업체명] 열을 기준으로 건수와 수량을 구합니다. 건수는 COUNTIFS 함수를 사용하고 수량은 합계이므로 SUMIFS 함수를 사용합니다.

> 건수 : =COUNTIFS(업체명,$J16,접수경로,K$14)

> 수량 : =SUMIFS(수량,업체명,$J16,접수경로,K$14)

01 접수경로 열 추가하기 ❶ [클레임목록] 시트의 G열에서 마우스 오른쪽 버튼을 클릭하고 [삽입]을 선택합니다. ❷ [G1] 셀에 **접수경로**를 입력합니다. ❸ [G2] 셀에 **=IF(COUNTIF (F2,"*ISP*")>0,"ISP접수","소비자접수")**를 입력합니다.

📈 **실력UP** [F2] 셀에 'ISP' 문자가 포함되어 있는지 비교한 후 포함되어 있으면 셀에 'ISP접수'를 표시하고, 없으면 '소비자접수'를 표시합니다. 'COUNTIF(F2,"*ISP*")' 수식은 [F2] 셀에 'ISP' 문자가 몇 개 있는지 세어, 만약 있으면 '1'이 되므로 '>0' 조건에 만족하여 'ISP접수'가 표시됩니다. 별표(*)는 대표 문자로, 앞뒤에 두 개가 있으면 포함 문자를 의미합니다. "*ISP"로 입력하면 끝나는 문자를 의미하며, "ISP*"로 입력하면 시작 문자를 의미합니다.

02 [G2] 셀의 채우기 핸들⊞을 더블클릭하여 수식을 복사합니다. 접수 경로가 모두 표시됩니다.

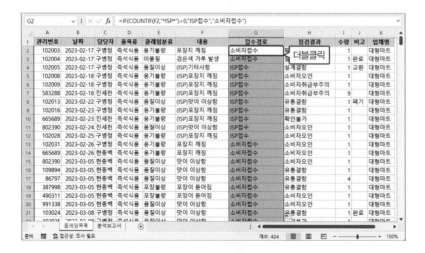

03 함수에 필요한 이름 정의하기 ❶ [G1] 셀을 선택한 후 [Ctrl]+[Shift]+[↓]를 누릅니다. ❷ [Ctrl]을 누른 상태에서 [I1] 셀을 선택하고 [Ctrl]+[Shift]+[↓]를 누릅니다. ❸ [Ctrl]을 누른 상태에서 [K1] 셀을 선택하고 [Ctrl]+[Shift]+[↓]를 누릅니다. 비연속적인 세 개의 열 데이터가 선택되었습니다. ❹ [수식] 탭–[정의된 이름] 그룹–[선택 영역에서 만들기▦]를 클릭합니다. ❺ [선택 영역에서 이름 만들기] 대화상자에서 [첫 행]에만 체크한 후 ❻ [확인]을 클릭합니다. ❼ [이름 상자]에서 정의된 이름을 확인합니다.

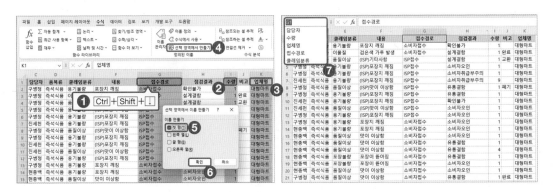

📈 **실력UP** [Ctrl]을 이용하여 빈 연속적인 셀 범위를 선택하는 것이 어려우면 [G1:K425] 셀 범위를 선택하여 첫 행으로 이름을 만듭니다. 그 다음 불필요한 이름은 [이름 관리자]에서 삭제합니다.

04 접수 경로별 업체별 현황 집계하기 ❶ [분석보고서] 시트의 [K16] 셀에 **=COUNTIFS(업체명,$J16,접수경로,K$14)**를 입력합니다. ❷ [L16] 셀에 **=SUMIFS(수량,업체명,$J16,접수경로,K$14)**를 입력합니다.

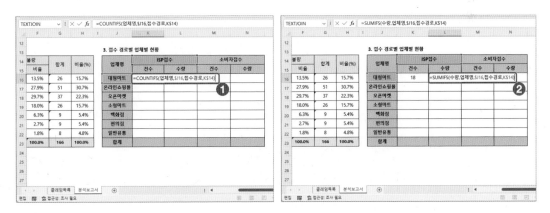

📈 **실력UP** 두 개 이상의 조건에 만족하는 데이터의 개수는 COUNTIFS 함수로 구하고, 합계는 SUMIFS 함수로 구합니다. COUNTIFS 함수와 SUMIFS 함수는 형식이 유사한데, SUMIFS 함수는 첫 번째 인수로 [합을 구할 숫자 범위]가 더 추가됩니다.

05 ❶ [K16:L16] 셀 범위를 선택한 후 채우기 핸들⊞을 [N16] 셀까지 드래그하여 복사합니다.
❷ [K16:N16] 셀 범위가 선택된 상태에서 채우기 핸들⊞을 [N22] 셀까지 드래그하여 복사합니다.
❸ [K16:N23] 셀 범위를 선택한 후 ❹ [수식] 탭-[함수 라이브러리] 그룹-[자동 합계∑]를 클릭합니다. [K23:N23] 셀 범위에 합계가 표시됩니다.

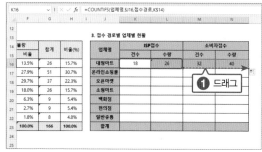

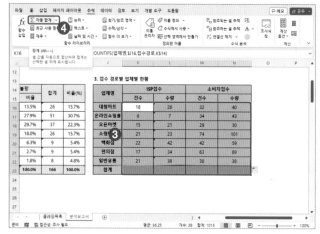

강사 노하우

수식 빠르게 입력하고 복사하는 방법
KeyPoint |
Ctrl+Enter, Ctrl+D, Ctrl+R

실습 파일 | 6_강사노하우(수식복사).xlsx
완성 파일 | 6_강사노하우(수식복사_완성).xlsx

특별강의
바로보기

수식을 입력하여 복사할 때 연속적인 셀이라면 채우기 핸들 □을 더블클릭하거나 드래그할 수 있지만 비연속적인 셀에는 Ctrl+V로 일일이 붙여 넣어야 합니다. 이러한 경우 [이동 옵션]에서 [빈 셀]만 선택하여 Ctrl+Enter를 누르면 수식을 한 번에 입력할 수 있습니다. 위쪽 셀을 아래쪽으로 한 개 복사하거나 왼쪽 셀을 오른쪽으로 한 개 복사할 때는 채우기 핸들 □보다 Ctrl+D와 Ctrl+R을 사용하면 편리합니다.

빈 셀만 선택하여 나누기 수식 한 번에 입력하기

01 [D5:S31] 셀 범위를 선택합니다. [홈] 탭-[편집] 그룹-[찾기 및 선택]-[이동 옵션]을 선택합니다.

02 [이동 옵션] 대화상자에서 [빈 셀]을 선택한 후 [확인]을 클릭합니다.

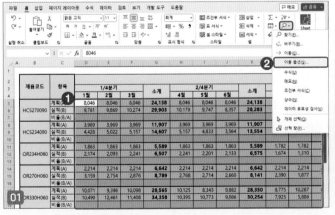

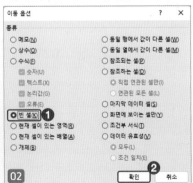

03 비율이 입력될 빈 셀만 선택된 상태에서 **=D6/D5**를 입력한 후 Ctrl + Enter 를 누릅니다. 선택된 빈 셀에 비율이 모두 입력됩니다.

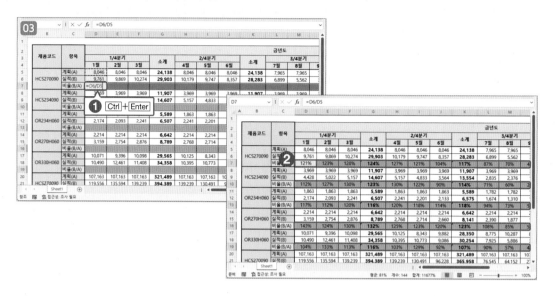

[자동 합계]로 분기별 총계 계산하기

04 [T5] 셀을 선택한 후 [수식] 탭–[함수 라이브러리] 그룹–[자동 합계 Σ]를 클릭합니다. [T5] 셀에 SUM 함수가 자동 입력되고 분기별 소계 셀을 자동으로 인식하여 셀 주소가 SUM 함수의 인수로 입력됩니다. Enter 를 누릅니다.

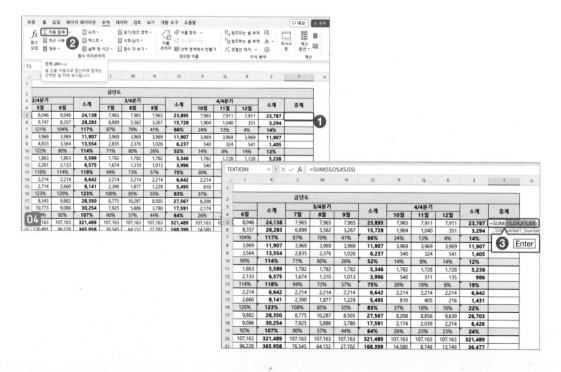

바로 가기 키로 위쪽 셀과 왼쪽 셀 수식 복사하기

05 [T6] 셀을 선택한 후 Ctrl+D를 누릅니다. 위쪽 셀의 수식이 복사됩니다. [T7] 셀을 선택한 후 Ctrl+R을 누릅니다. 왼쪽 셀의 수식이 복사됩니다.

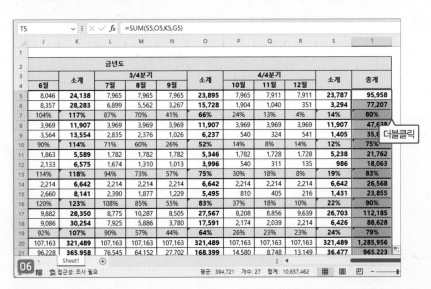

06 [T5:T7] 셀 범위를 선택한 후 채우기 핸들 ⊞ 을 더블클릭합니다. 마지막 행까지 세 개의 수식이 반복적으로 복사됩니다.

| | T5 | fx | =SUM(S5,O5,K5,G5) | | | | | | | | |

강사 노하우

COUNTIFS 함수 결과를 ●로 표시하기
KeyPoint | 사용자 지정 표시 형식

실습 파일 | 6_강사노하우(숫자를기호로표시).xlsx
완성 파일 | 6_강사노하우(숫자를기호로표시_완성).xlsx

COUNTIFS 함수로 조건에 만족하는 데이터의 개수를 구한 후 그 결과를 숫자로 표시하지 않고 기호(●)로 표시할 수 있습니다. 이때 IF 함수를 중첩할 수도 있지만 [셀 서식] 대화상자의 [표시 형식] 탭-[사용자 지정]을 이용하면 더 쉽고 간단합니다.

함수에 사용할 셀 범위 이름 정의하기

01 [사업목록] 시트의 [A1:B1] 셀 범위를 선택한 후 Ctrl+Shift+↓를 눌러 [A1:B509] 셀 범위를 선택합니다. [수식] 탭-[정의된 이름] 그룹-[선택 영역에서 만들기 ▥]를 클릭합니다. [선택 영역에서 이름 만들기] 대화상자에서 [첫 행]에만 체크한 후 [확인]을 클릭합니다.

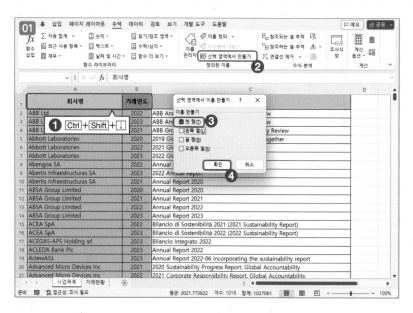

02 [이름 상자]에서 정의된 이름을 확인합니다.

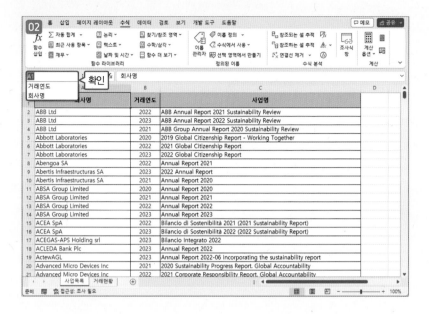

COUNTIFS 함수로 개수 구하기

03 [거래현황] 시트의 [C5] 셀에 **=COUNTIFS(회사명,$B5,거래연도,C$4)**를 입력합니다.

04 [C5] 셀의 채우기 핸들➕을 [G5] 셀까지 드래그합니다. [C5:G5] 셀 범위가 선택된 상태에서 [수식] 탭-[함수 라이브러리] 그룹-[자동 합계∑]를 클릭합니다. [H5] 셀에 합계가 표시됩니다.

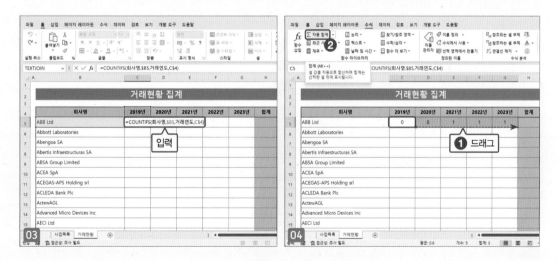

05 [C5:H5] 셀 범위를 선택한 후 채우기 핸들⊞을 더블클릭하여 복사합니다. 회사별/연도별 거래 횟수가 표시됩니다.

함수의 결과가 1 이상이면 ●로 표시하기

06 COUNTIFS 함수로 계산된 결과는 1 또는 0으로, 1 이상은 '●'로 표시하고 0은 빈 셀로 표시되도록 사용자 지정 표시 형식을 설정해보겠습니다. [C5:G310] 셀 범위를 선택한 후 Ctrl + 1 을 누릅니다.

07 [셀 서식] 대화상자의 [표시 형식] 탭에서 [범주]-[사용자 지정]을 선택하고 [형식] 입력란에 ●;;;을 입력합니다. [확인]을 클릭합니다.

📈 **실력UP** 사용자 지정 표시 형식은 한 셀에 총 네 개까지 지정할 수 있는데 각 표시 형식 구분 기호로 세미콜론을 사용하여 '양수;음수;0;문자'로 순서로 지정합니다. '●;;;'로 표시 형식을 지정하면 양수일 때는 ●로 표시하고, 양수가 아닌 다른 값일 때는 셀에 아무것도 표시하지 않습니다.

08 함수의 결과가 1 이상인 경우 '●'로 표시되고, 0인 경우 빈 셀로 표시됩니다.

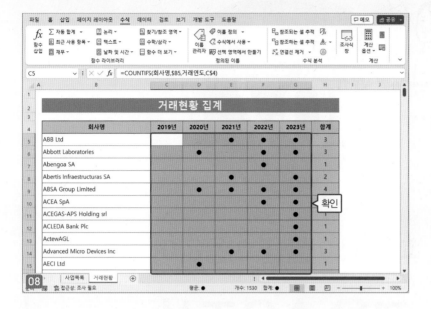

The formula bar shows: `=COUNTIFS(회사명,$B5,거래연도,C$4)` for cell C5.

거래현황 집계

회사명	2019년	2020년	2021년	2022년	2023년	합계
ABB Ltd			●	●	●	3
Abbott Laboratories		●		●	●	3
Abengoa SA				●		1
Abertis Infraestructuras SA			●		●	2
ABSA Group Limited		●	●	●	●	4
ACEA SpA				●	●	
ACEGAS-APS Holding srl					●	
ACLEDA Bank Plc					●	1
ActewAGL					●	1
Advanced Micro Devices Inc			●	●	●	3
AECI Ltd		●				1

확인

피벗 테이블을 이용하여

교육 수요조사
설문 분석표 만들기

내년도 임직원 교육 계획을 수립하기 위해 전직원을 대상으로 교육 수요조사를 실시하였습니다. 온라인으로 실시한 설문 결과를 엑셀 파일로 다운로드하여 분석하려고 합니다.

교육 시기, 기간, 시간별로 응답수와 비율을 집계하는 세 개의 피벗 테이블을 구성하려고 해도, 교육 내용은 복수 응답이 가능한 항목으로 한 셀에 여러 응답 결과가 입력되어 있습니다. 이러한 경우 바로 피벗 테이블을 작성할 수 없습니다. 이때는 파워 쿼리를 이용하여 각 응답 항목별로 행을 나눈 후 피벗 테이블을 작성할 수 있습니다.

Before&After 미리 보기

- 개수와 비율을 집계하는 여러 개의 표를 빠르게 만들고 싶어요.
- 비슷한 피벗 테이블을 일일이 만들기 힘들어요.
- 한 셀에 여러 항목이 입력되어 있어 피벗 테이블을 작성할 수 없어요.

Before

After

- 같은 데이터로 여러 개 피벗 테이블을 빠르게 만들 수 있어요.
- 쉼표(,)로 구분된 데이터를 행으로 나눌 수 있어요.
- 원본 데이터를 변경하지 않고 편집한 데이터로 바로 피벗을 만들 수 있어요.

교육 시기, 기간, 일수를 집계하는 피벗 테이블 작성하기

실습 파일 | 7_수요조사분석.xlsx
완성 파일 | 7_수요조사분석-STEP02.xlsx

피벗 테이블에서 원본 데이터로 사용할 [Data] 시트의 셀 범위를 표로 등록한 후 [수요조사분석] 시트에 피벗 테이블을 작성해보겠습니다. 교육 시기를 집계하는 피벗 테이블을 작성한 후 기간별, 일수별로 분석하는 피벗 테이블은 복사하여 수정하면 피벗 테이블 작성 시간을 단축할 수 있습니다.

 엑셀로 살아남기   여러 개의 피벗 테이블을 빠르게 만드는 방법!

1. 표로 등록하기 피벗 테이블을 작성한 후 원본 데이터의 마지막에 행이나 열을 추가했다면 매번 [데이터 원본 변경]을 적용해야 합니다. 이때 원본 데이터를 표로 등록해두면 셀 범위가 자동으로 확장되어 피벗 테이블의 원본도 자동으로 변경됩니다. 또한 같은 데이터로 피벗 테이블을 여러 개 작성할 때도 표로 등록하면 피벗 테이블 작성 시간을 단축할 수 있습니다.

> [홈] 탭-[스타일] 그룹-[표 서식 ▦]

2. 열 합계의 비율 피벗 테이블에서 각 항목별 비율을 표시할 때 나누기 수식을 직접 입력하지 않고 [값 표시 형식]에서 [열 합계의 비율]을 선택하면 합계를 기준으로 항목별 비율이 자동 계산됩니다.

> [값 표시 형식]-[열 합계의 비율]

3. 피벗 복사하여 수정하기 같은 원본 데이터로 피벗 테이블을 작성할 때는 완성된 피벗 테이블을 복사하여 수정하면 피벗 테이블 작성 시간을 단축할 수 있습니다.

> [피벗 테이블 복사]-[붙여넣기] : 행/열 필드 변경, 서식 변경

01 표로 등록하기 피벗 테이블의 원본 데이터로 사용할 셀 범위를 표로 등록해보겠습니다. ❶ [Data] 시트의 [A1] 셀을 선택합니다. ❷ [홈] 탭-[스타일] 그룹-[표 서식 ▦]-[파랑, 표 스타일 밝게 9]를 선택합니다. ❸ [표 만들기] 대화상자가 나타나면 자동으로 설정되는 범위를 확인하고 [확인]을 클릭합니다.

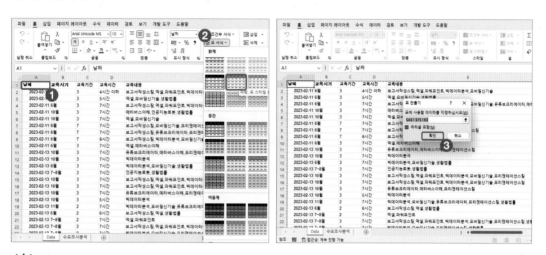

🚨 **SOS** [A1] 셀을 선택한 후 Ctrl + T 를 누르거나 [삽입] 탭-[표] 그룹-[표 ▦]를 클릭해도 표로 등록할 수 있습니다.

02 ❶ 셀 범위가 표로 등록되고 [테이블 디자인] 탭이 표시됩니다. ❷ [테이블 디자인] 탭-[속성] 그룹-[표 이름]을 **수요조사**로 변경합니다. 이렇게 표로 등록된 셀 범위는 피벗 테이블이나 파워 쿼리에서 사용할 경우 셀 주소 대신 표 이름(수요조사)으로 입력할 수 있습니다.

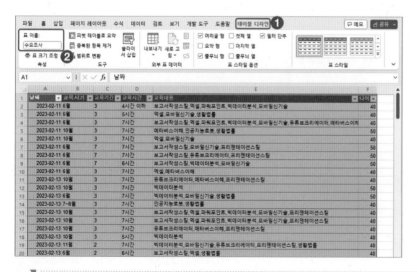

📈 **실력UP** 표 서식을 적용할 범위에 서식이 이미 설정되어 있을 경우 사용자가 설정해놓은 서식을 우선 적용하기 때문에 표 서식이 적용되지 않습니다.

📈 **실력UP** 등록한 표를 해제할 경우 [테이블 디자인] 탭-[범위로 변환 ▦]을 클릭하면 표 속성들은 모두 해제되고 적용된 서식은 그대로 유지됩니다.

03 교육 시기를 집계하는 피벗 테이블 작성하기 ❶ [수요조사분석] 시트의 [B5] 셀을 선택합니다. ❷ [삽입] 탭–[표▦] 그룹–[피벗 테이블▦]–[테이블/범위에서]를 선택합니다. [표 또는 범위 선택] 대화상자의 ❸ [표/범위]에 **수요조사**를 입력하고 ❹ [피벗 테이블을 배치할 위치를 선택합니다]에는 '수요조사분석!$B$5'가 입력되었는지 확인합니다. ❺ [확인]을 클릭합니다.

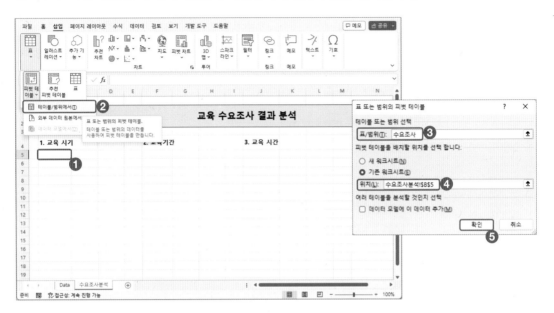

04 피벗 테이블 레이아웃 설정하기 ❶ [B5] 셀에 피벗 테이블 작업 영역이 표시되고 오른쪽에는 ❷ [피벗 테이블 필드] 작업 창이 나타납니다. ❸ [피벗 테이블 필드] 작업 창의 필드 목록에서 [교육 시기] 필드를 [행] 영역으로 한 번, ❹ [값] 영역으로 두 번 드래그합니다.

📈 **실력UP** 같은 필드라도 [행] 영역으로 드래그하면 셀 데이터가 목록으로 표시되지만 [값] 영역으로 드래그하면 문자는 개수, 숫자는 합계로 표시됩니다.

05 비율 표시하기 ❶ [D5] 셀에서 마우스 오른쪽 버튼을 클릭한 후 [값 표시 형식]–[열 합계 비율]을 선택합니다. ❷ [B5] 셀에 **시기**, [C5] 셀에 **응답수**, [D5] 셀에 **비율**을 각각 입력합니다.

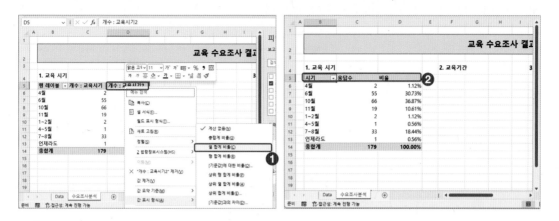

📈 **실력UP** [열 합계 비율]을 선택하면 [개수 : 교육시기2] 열의 총합계를 기준으로 각 월의 개수가 몇 퍼센트의 비율을 차지하는지 백분율 데이터가 표시됩니다.

06 서식 설정하기 [시기] 열의 행 레이블 순서를 변경해보겠습니다. ❶ [B10] 셀을 선택한 후 오른쪽 셀 테두리를 드래그하여 [B6] 셀 위로 이동시킵니다. ❷ 다른 셀도 이동하여 원하는 순서대로 정렬합니다.

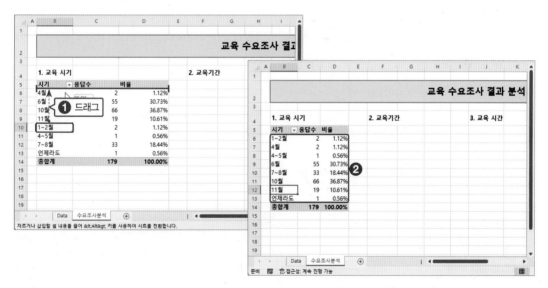

📈 **실력UP** 셀 테두리를 드래그하여 이동할 때 이동할 행 위치에 두꺼운 가로 테두리 선이 표시됩니다. 이 선이 이동될 위치를 가르킵니다. 행 데이터를 이동하면 기존 데이터가 아래로 이동되어 [잘라내기]–[잘라낸 셀 삽입]과 같은 결과가 됩니다.

07 ❶ [B5:D5] 셀 범위를 선택한 후 ❷ Ctrl 을 누른 상태에서 [B6:B14] 셀 범위를 선택합니다.
❸ [홈] 탭–[맞춤] 그룹–[가운데 맞춤 ≡]을 클릭합니다. ❹ [C6:C14] 셀 범위를 선택한 후 ❺ [홈]
탭–[표시 형식] 그룹–[쉼표 스타일 ❾]을 클릭합니다.

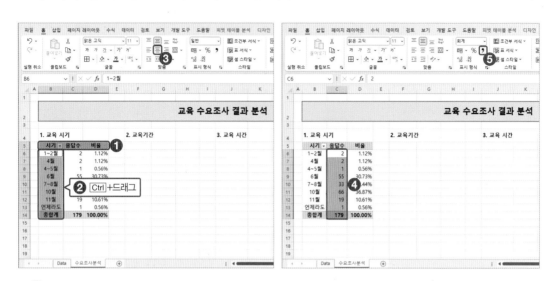

📈 **실력UP** [쉼표 스타일 ❾]은 천 단위 구분 기호를 표시하면서 [맞춤] 설정과 상관없이 숫자 데이터를 항상 오른쪽 정렬로 맞춥니다. 또한 오른쪽에 한 칸의 공백이 생깁니다. 천 단위 구분 기호가 필요하지 않은 숫자라도 오른쪽 정렬과 한 칸의 들여쓰기가 필요할 때 [쉼표 스타일 ❾]을 적용하면 좋습니다.

08 ❶ [B5:D14] 셀 범위를 선택한 후 ❷ [홈] 탭–[글꼴] 그룹–[테두리 ▦]–[모든 테두리]를 선택합니다. ❸ [B:D] 열의 너비를 적절하게 변경합니다.

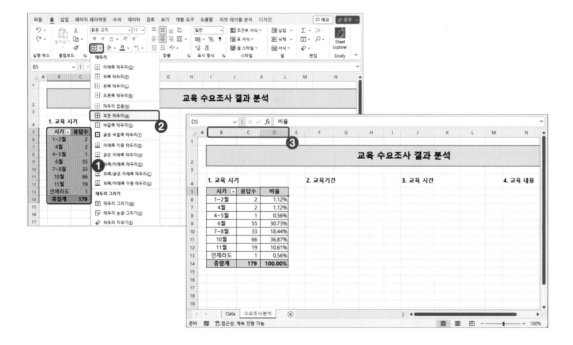

09 열 자동 맞춤 해제하기 피벗 테이블을 새로 고침하더라도 열 너비가 변경되지 않도록 설정해 보겠습니다. ❶ [B5] 셀을 선택한 후 마우스 오른쪽 버튼을 클릭하고 [피벗 테이블 옵션]을 선택합니다. ❷ [피벗 테이블 옵션] 대화상자의 [레이아웃 및 서식] 탭에서 [업데이트 시 열 자동 맞춤]의 체크를 해제합니다. ❸ [확인]을 클릭합니다.

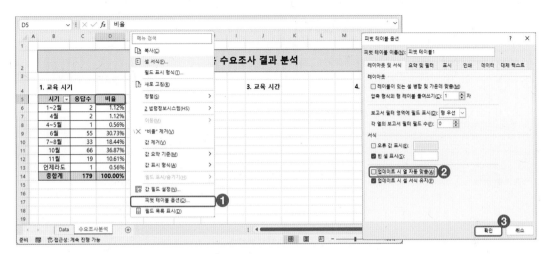

📈 **실력UP** [업데이트 시 열 자동 맞춤]을 체크 해제하면 피벗 테이블을 새로 고침해도 열 너비가 자동으로 맞춰지지 않아 사용자가 설정해둔 열 너비가 그대로 유지됩니다.

10 피벗 테이블 복사하기 ❶ [B5:D14] 셀 범위를 선택한 후 Ctrl + C를 눌러 복사합니다. ❷ [F5] 셀을 선택한 후 Ctrl + V를 눌러 붙여 넣습니다. ❸ [J5] 셀을 선택한 후 다시 Ctrl + V를 눌러 붙여 넣습니다. 피벗 테이블 두 개가 복사되었습니다. 두 번째 피벗 테이블을 변경해보겠습니다. ❹ 두 번째 피벗 테이블에서 임의의 셀을 선택한 후 ❺ [피벗 테이블 필드] 작업 창에서 [교육시기] 필드의 체크를 해제합니다.

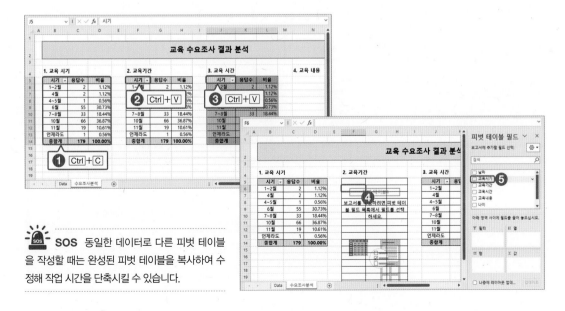

🚨 **SOS** 동일한 데이터로 다른 피벗 테이블을 작성할 때는 완성된 피벗 테이블을 복사하여 수정해 작업 시간을 단축시킬 수 있습니다.

11 교육 기간 피벗 테이블 작성하기 ❶ [피벗 테이블 필드] 작업 창의 필드 목록에서 [교육기간] 필드를 [행] 영역으로 한 번 ❷ [값] 영역으로 두 번 드래그합니다. ❸ [G5] 셀을 선택한 후 마우스 오른쪽 버튼을 클릭하고 [값 요약 기준]–[개수]를 선택합니다.

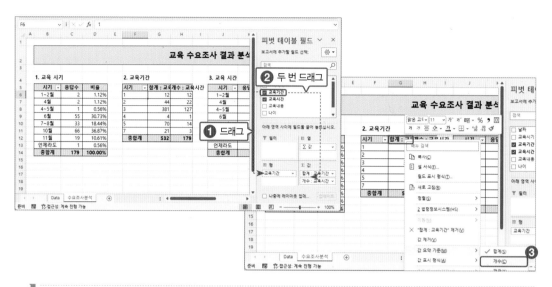

📈 **실력UP** [교육기간] 필드는 숫자 데이터 형식이기 때문에 [값] 영역에 드래그하면 자동으로 합계가 표시됩니다. 응답수로 표시하려면 [개수]로 집계해야 합니다.

12 ❶ [H5] 셀을 선택한 후 마우스 오른쪽 버튼을 클릭하고 [값 표시 형식]–[열 합계의 비율]을 선택합니다. ❷ [F5] 셀에 **기간**, [G5] 셀에 **응답수**, [H5] 셀에 **비율**을 각각 입력합니다.

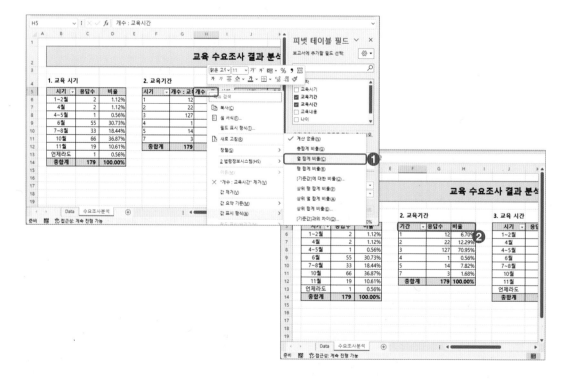

13 표시 형식 설정하기 ❶ [F6:F11] 셀 범위를 선택한 후 Ctrl+1을 누릅니다. ❷ [셀 서식] 대화상자의 [표시 형식] 탭에서 [범주]-[사용자 지정]을 선택합니다. ❸ [형식]에 **0일**을 입력한 후 ❹ [확인]을 클릭합니다.

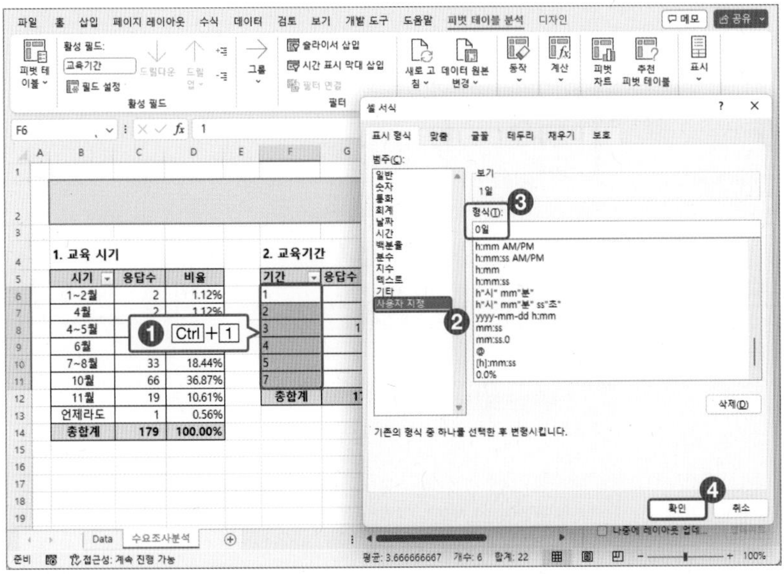

실력UP '0'은 숫자의 자릿수를 표시하는 기호로 '0'을 한 개만 사용하면 셀에 입력된 숫자 데이터를 그대로 표시하게 되고 '0일'을 사용하면 숫자 뒤에 '일' 문자가 추가로 표시됩니다.

14 서식 설정하기 ❶ [F5:H5] 셀 범위를 선택한 후 ❷ Ctrl을 누른 상태에서 [F6:F11] 셀 범위를 선택합니다. ❸ [홈] 탭-[맞춤] 그룹-[가운데 맞춤]을 클릭합니다. ❹ [G6:G12] 셀 범위를 선택한 후 ❺ [홈] 탭-[표시 형식] 그룹-[쉼표 스타일]을 클릭합니다.

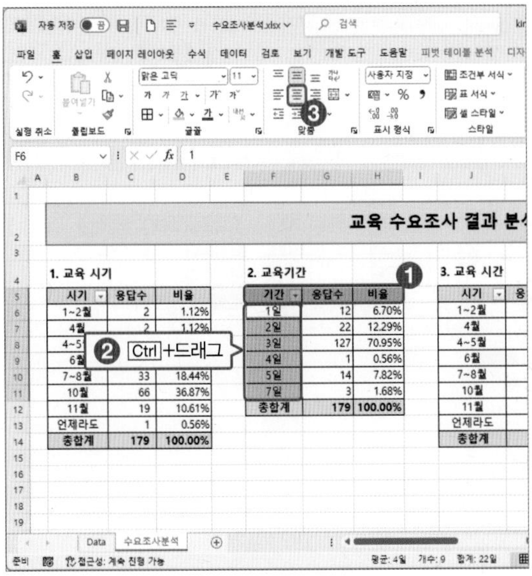

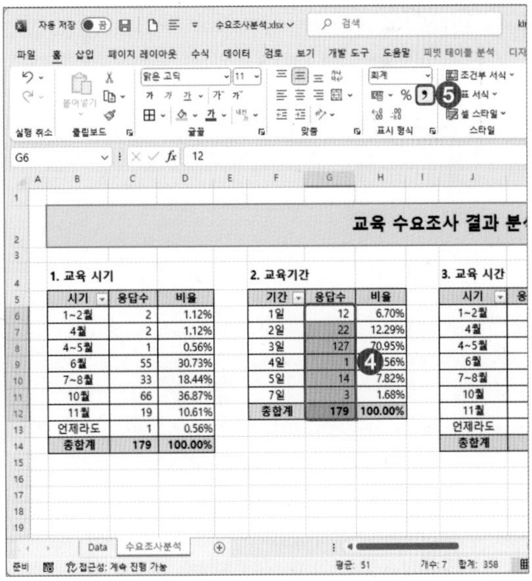

15 교육 시간 피벗 테이블 작성하기 ❶ [J6] 셀을 선택한 후 ❷ [피벗 테이블 필드] 작업 창에서 [교육시기] 필드의 체크를 해제합니다. ❸ [교육시간] 필드를 [행] 영역으로 한 번 ❹ [값] 영역으로 두 번 드래그합니다.

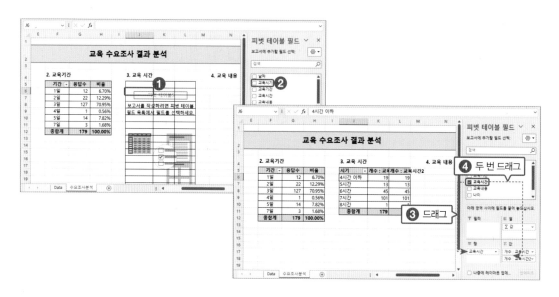

16 ❶ [L5] 셀을 선택한 후 마우스 오른쪽 버튼을 클릭하고 [값 표시 형식]-[열 합계의 비율]을 선택합니다. ❷ [J5] 셀에 **시간**, [K5] 셀에 **응답수**, [L5] 셀에 **비율**을 각각 입력합니다. ❸ [J6:J11] 셀 범위를 선택한 후 ❹ [홈] 탭-[맞춤] 그룹-[가운데 맞춤≡]을 클릭합니다. ❺ [K6:K11] 셀 범위를 선택한 후 ❻ [홈] 탭-[표시 형식] 그룹-[쉼표 스타일 ,]을 클릭합니다.

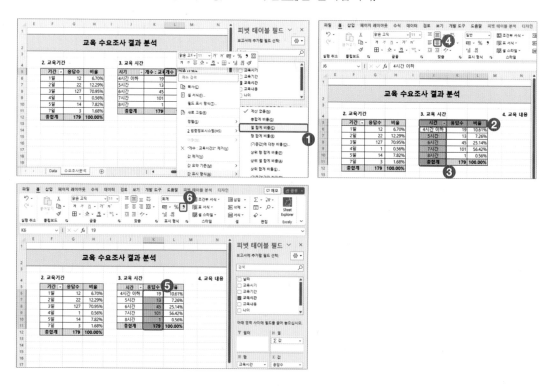

파워 쿼리로 한 셀을 행으로 나누어 피벗 테이블 작성하기

실습 파일 | 7_수요조사분석-STEP02.xlsx
완성 파일 | 7_수요조사분석(완성).xlsx

교육 내용은 복수 응답이 가능한 항목으로 한 셀에 여러 응답 결과가 입력되어 있습니다. 이러한 경우 바로 피벗 테이블을 작성할 수 없으므로 파워 쿼리를 이용하여 각 응답 항목별로 행을 나눈 후 피벗 테이블을 작성하겠습니다.

엑셀로 살아남기   한 셀의 데이터를 행으로 나눌 때는 파워 쿼리를 사용!

1. 행으로 나누기 [Data] 시트의 [교육내용] 열에는 응답한 항목들이 쉼표로 구분되어 있습니다. 쉼표로 구분된 각 항목을 집계하려면 행으로 나누어야 하는데 [텍스트 나누기]를 이용하면 열로 나누기는 가능하지만 행으로는 나눌 수 없습니다. 피벗 테이블 작성은 행으로 나눈 데이터만 가능하므로 [파워 쿼리] 기능을 이용하여 행으로 나눈 후 피벗 테이블을 작성합니다.

> [데이터] 탭-[테이블/범위에서▦], [Power Query 편집기]-[열 분할]-[구분 기호 기준]

2. 연결하여 피벗 테이블 작성하기 파워 쿼리로 편집한 결과를 시트에 다시 표로 만들면 동일한 두 개의 데이터가 생성되어 데이터 용량이 커집니다. 파워 쿼리로 편집한 결과는 연결만 된 상태에서 피벗 테이블을 작성합니다.

> [홈] 탭-[닫기 및 다음로드 로드] 그룹-[피벗 테이블 보고서]

01 [Power Query 편집기] 시작하기 ❶ [Data] 시트의 [A1] 셀을 선택합니다. ❷ [데이터] 탭-[데이터 가져오기 및 변환] 그룹-[테이블/범위에서圖]를 클릭합니다. ❸ [Power Query 편집기]가 표시됩니다.

02 열 분할하기 ❶ [교육내용] 열을 선택하고 마우스 오른쪽 버튼을 클릭한 후 [열 분할]-[구분 기호 기준]을 선택합니다. ❷ [구분 기호에 따라 열 분할] 대화상자의 [구분 기호 선택 또는 입력]에 자동으로 [쉼표]가 선택됩니다. ❸ [고급 옵션]을 클릭하고 [행]을 선택합니다. ❹ [확인]을 클릭합니다.

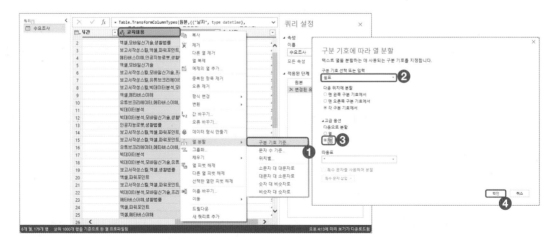

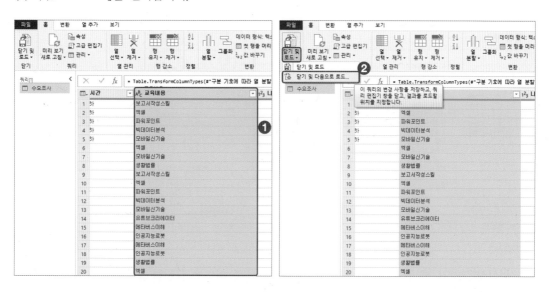

실력UP 파워 쿼리에는 [실행 취소] 기능이 없습니다. 이전에 작업한 내용을 취소하려면 [적용된 단계]에서 해당 항목을 클릭한 후 ☒ 아이콘을 클릭하면 삭제/실행 취소됩니다.

03 ❶ 쉼표를 기준으로 행이 나누어졌습니다. ❷ [홈] 탭-[닫기] 그룹-[닫기 및 로드⬛]-[닫기 및 다음으로 로드]를 선택합니다.

04 **피벗 테이블 작성하기** [데이터 가져오기] 대화상자의 ❶ [현재 통합 문서에서 이 데이터를 표시할 방법을 선택하십시오]에서 [피벗 테이블 보고서]를 선택하고 ❷ [데이터가 들어갈 위치를 선택하십시오]에 [수요조사분석] 시트의 [N5] 셀을 선택합니다. ❸ [확인]을 클릭합니다.

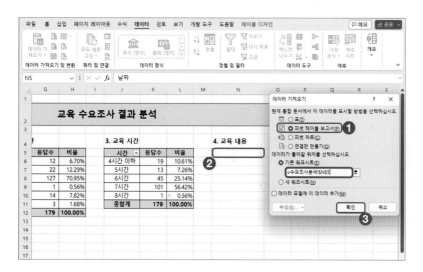

실력UP [Power Query 편집기]에서 편집한 결과를 [피벗 테이블 보고서]로 작성하면 연결된 쿼리로 저장되고, 이 쿼리는 [쿼리 및 연결] 작업 창에 표시됩니다. [쿼리 및 연결] 작업 창이 표시되지 않으면 [데이터] 탭-[쿼리 및 연결] 그룹-[쿼리 및 연결⬛]을 클릭합니다. [쿼리 및 연결] 작업 창에 표시되는 쿼리를 더블클릭하면 [Power Query 편집기]가 다시 나타나 수정할 수 있습니다.

05 피벗 테이블 레이아웃이 표시되면 [피벗 테이블 필드] 작업 창의 필드 목록에서 ❶ [교육내용] 필드를 [행] 영역으로 한 번, ❷ [값] 영역으로 두 번 드래그합니다.

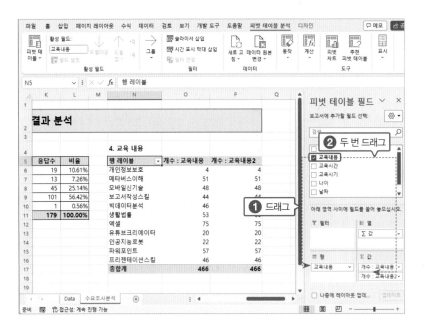

06 서식 변경하기 ❶ [P5] 셀을 선택하고 마우스 오른쪽 버튼을 클릭한 후 [값 표시 형식]-[열 합계의 비율]을 선택합니다. ❷ [N5] 셀에 **내용**, [O5] 셀에 **응답수**, [P5] 셀에 **비율**을 각각 입력합니다.

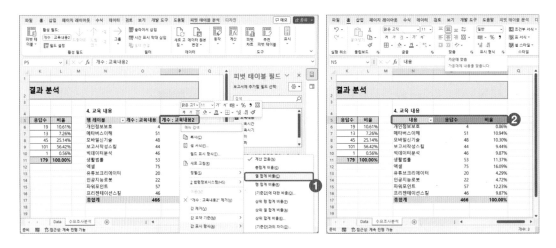

07 ❶ [O6:O17] 셀 범위를 선택한 후 ❷ [홈] 탭–[표시 형식] 그룹–[쉼표 스타일 ⑨]을 클릭합니다. ❸ [N5:P17] 셀 범위를 선택한 후 ❹ [홈] 탭–[글꼴] 그룹–[테두리 圃]–[모든 테두리]를 선택합니다.

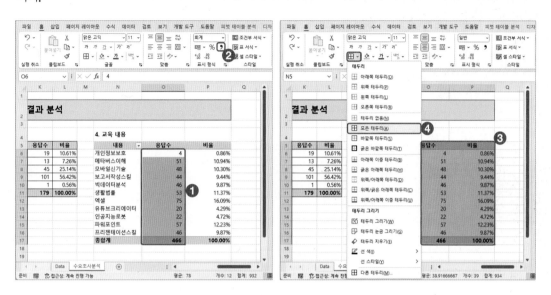

08 ❶ [N:P] 열의 너비를 적절하게 변경합니다. ❷ [보기] 탭–[표시] 그룹–[눈금선]의 체크를 해제합니다. 눈금선이 해제되어 깔끔한 보고서로 완성되었습니다.

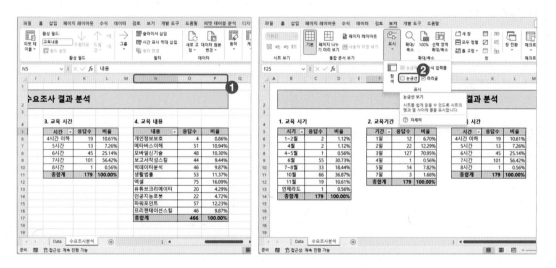

강사 노하우

열로 나눌 때는 텍스트 나누기, 행으로 나눌 때는 파워 쿼리
KeyPoint | 줄 바꿈 입력은 Ctrl + J

실습 파일 | 7_강사노하우(줄바꿈나누기).xlsx
완성 파일 | 7_강사노하우(줄바꿈나누기)_완성.xlsx

특별강의
바로보기

한 셀에 여러 줄로 입력된 데이터를 열로 나눌 때는 [텍스트 나누기 ⊞]를 이용하고 행으로 나눌 때는 [파워 쿼리]에서 [열 분할]을 이용합니다. [Power Query 편집기]의 [열 분할]에서는 [줄 바꿈]을 목록으로 선택할 수 있지만 [텍스트 나누기]에서는 줄 바꿈을 직접 입력해야 하며, Alt + Enter 로 입력할 수 없습니다. 이때는 Ctrl + J 로 줄 바꿈을 입력합니다.

텍스트 나누기 : 열로 나누기

01 [C4:C22] 셀 범위를 선택한 후 [데이터] 탭–[데이터 도구] 그룹–[텍스트 나누기 ⊞]를 클릭합니다. [텍스트 마법사–1단계] 대화상자에서 [구분 기호로 분리됨]을 선택한 후 [다음]을 클릭합니다.

02 [텍스트 마법사–2단계] 대화상자의 구분 기호에서 [탭]은 체크 해제하고, [기타]에 체크합니다. 입력란에 Ctrl + J 를 입력한 후 [다음]을 클릭합니다.

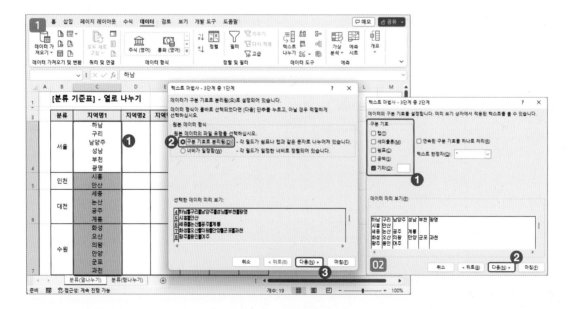

03 [텍스트 마법사—3단계] 대화상자에서 [열 데이터 서식]은 모두 [일반]으로 선택한 후 [마침]을 클릭합니다.

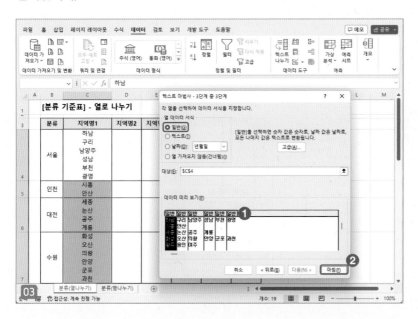

04 '해당 영역에 이미 데이터가 있습니다. 기존 데이터를 바꾸시겠습니까?'라는 메시지가 나타나 면 [확인]을 클릭합니다. 열로 나누어집니다.

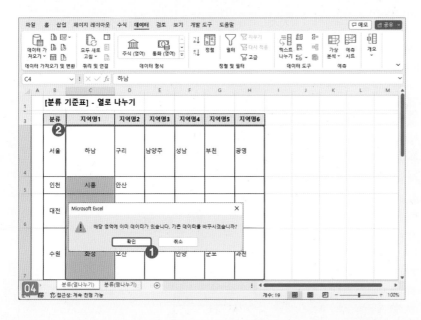

파워 쿼리 [열 분할] : 행으로 나누기

05 텍스트 나누기 기능은 행으로 나누는 작업이 불가능하므로 파워 쿼리를 이용하여 행으로 나누어보겠습니다. 행으로 나누면 [C4] 셀에 여섯 개의 항목이 있으므로 [B4] 셀의 '서울' 문자는 자동으로 여섯 개가 추가됩니다. [C3] 셀을 선택한 후 [데이터] 탭-[데이터 가져오기 및 변환] 그룹-[테이블/범위에서▦]를 클릭합니다.

06 표로 등록되지 않는 데이터이기 때문에 [표 만들기] 대화상자가 나타납니다. [표 만들기] 대화상자에서 [확인]을 클릭합니다.

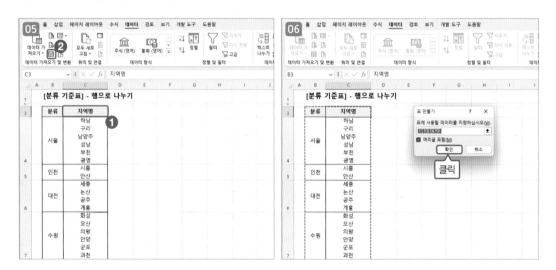

07 [Power Query 편집기]가 표시됩니다. [지역명] 열을 선택합니다. 마우스 오른쪽 버튼을 클릭한 후 [열 분할]-[구분 기호 기준]을 선택합니다.

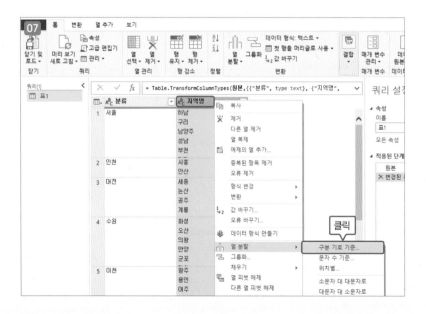

08 [구분 기호에 따라 열 분할] 대화상자에서 [구분 기호 선택 또는 입력]에 자동으로 [#(lf)]가 표시됩니다. [#(lf)]는 줄 바꿈 기호이며, [특수 문자 삽입]을 클릭하여 [줄 바꿈]을 선택해도 됩니다. [고급 옵션]을 클릭하여 [행]을 선택한 후 [확인]을 클릭합니다.

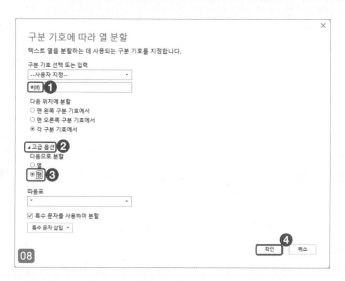

09 행으로 나누어지면서 [분류] 열은 자동으로 반복됩니다.

10 [홈] 탭-[닫기] 그룹-[닫기 및 로드🗔]-[닫기 및 로드]를 선택합니다. 새로운 시트가 추가되고 행으로 나눠진 결과가 표시됩니다.

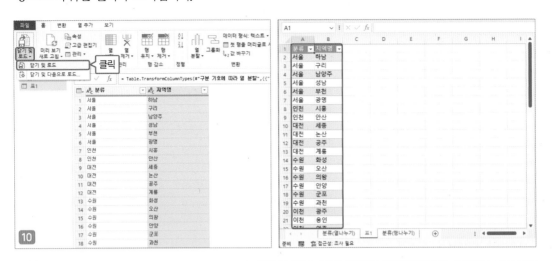

📈 **실력UP** 쿼리의 결과는 표로 등록되어 있는데 일반 범위로 변환하려면 [테이블 디자인] 탭-[도구] 그룹-[범위로 변환🔳]을 클릭합니다. 일반 범위로 변환하면 쿼리 연결도 함께 해제되어 [쿼리 및 연결] 작업 창에 [표1]이 '연결 전용입니다.'로 표시됩니다. 다시 쿼리와 연결된 표 목록을 만들려면 [쿼리 및 연결] 작업 창의 [표1]에서 마우스 오른쪽 버튼을 클릭하고 [다음으로 로드]를 선택한 후 [데이터 가져오기]에서 [표]를 선택합니다.

11 원본 데이터를 수정하였을 때 쿼리 결과가 업데이트되는지 확인해보겠습니다. [분류(행나누기)] 시트의 [B23:C23] 셀 범위에 임의의 데이터를 추가합니다.

12 [표1] 시트의 쿼리 결과에서 임의의 셀을 클릭한 후 마우스 오른쪽 버튼을 클릭합니다. [새로 고침]을 선택합니다.

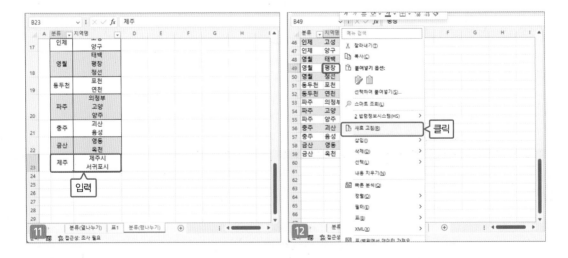

13 쿼리가 다시 실행되고 추가한 데이터도 표시됩니다.

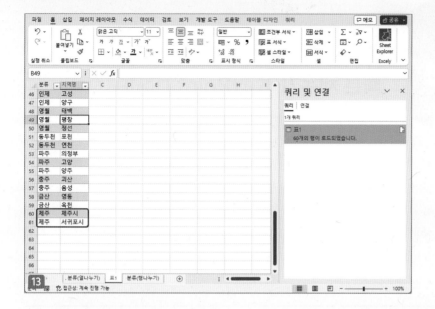

강사 노하우

셀의 일부 데이터를 치환할 때는
빠른 채우기 KeyPoint | Ctrl + E

실습 파일 | 7_강사노하우(치환).xlsx
완성 파일 | 7_강사노하우(치환_완성).xlsx

특별강의
바로보기

성명, 연락처, 주민등록번호 등 개인정보에서 일부 문자를 'O'나 '*'로 치환할 경우 [빠른 채우기▦]를 이용합니다. 함수를 사용해도 되지만 같은 행의 데이터를 치환할 때 빠른 채우기를 사용하면 아주 빠르게 치환할 수 있습니다. 빠른 채우기는 셀에 입력된 데이터를 분석하여 사용자가 어떤 작업을 하려는지 파악한 후 열 데이터를 자동으로 채워주는 기능입니다.

성명의 중간 글자 'O'로 변경하기

01 [B2] 셀에 **김O백**을 입력하고, [B3] 셀에 **손O식**을 입력합니다.

02 [B4] 셀에서 Ctrl + E 를 누릅니다. [데이터] 탭-[데이터 도구] 그룹-[빠른 채우기▦]를 클릭해도 됩니다. B열에 성명편집 데이터가 자동으로 채워집니다. [B2] 셀에만 입력한 후 [빠른 채우기▦]를 실행하면 '손O백, 박O백, 김O백, …' 등으로 문자가 복사되어 표시되므로 두 개 이상의 셀 데이터를 입력한 후 실행합니다.

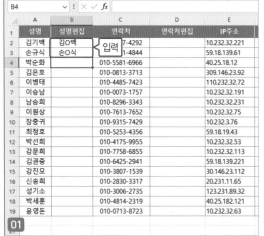

전화번호 뒷자리 '****'로 변경하기

03 [D2] 셀에 **010-9607-****** 를 입력합니다. Ctrl+E 를 누릅니다. 전화번호는 숫자가 별표 기호(*)로 치환되는 규칙이기 때문에 한 개의 셀만 입력하고 [빠른 채우기🔛]를 실행해도 됩니다. Ctrl+E 를 누릅니다.

04 전화번호 뒷자리가 별표 기호(*)로 치환되었습니다.

IP 주소 세 클래스를 'X.X.X'로 변경하기

05 [F2] 셀에 **X.X.X.221** 을 입력합니다. Ctrl+E 를 누릅니다.

06 [빠른 채우기🔛]가 실행되어 [IP주소 편집]에 마지막 클래스만 숫자가 유지되고 나머지 클래스는 'X'로 치환됩니다.

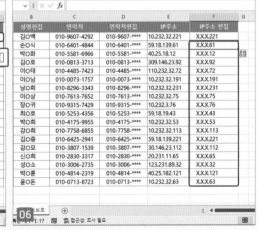

병합된 셀을 편집해 깔끔한 피벗 테이블로

입찰 내역 요약
보고서 만들기

입찰이 진행될 때마다 참여한 회사명과 투찰금액, 최종 계약금액 등의 정보를 누적 입력하여 관리해 오던 표가 있습니다. 이 데이터를 이용해 1년간 누적된 입찰내역 정보를 일목요연하게 확인할 수 있는 입찰 결과 요약표를 작성하려고 합니다.

[입찰내역] 시트에는 병합된 셀이 많아 함수나 피벗 테이블을 정상적으로 사용할 수 없습니다. 요약하기 전에 병합된 셀을 해제하고, 빈 셀에 데이터를 모두 채운 후 피벗 테이블을 작성하여 중요한 항목만 표시되도록 보고서를 작성해보겠습니다.

CHAPTER 예제

Before&After 미리 보기

- 병합된 셀 때문에 정렬이나 피벗 테이블이 안돼요.
- 빈 셀에 위쪽 데이터를 일일이 채우기 힘들어요.
- 피벗 테이블을 좀 더 예쁘게 꾸미고 싶어요.

Before

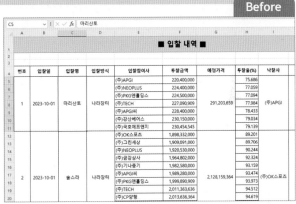

After

입찰일	입찰명	입찰참여사(개)	계약금액	최대 투찰금액
2023-01-14	리란메니	11	436,370,000	445,585,455
2023-02-09	핀르스	10	149,112,727	151,422,727
2023-04-01	아랑아니	10	1,673,136,364	1,680,072,727
2023-04-03	안국보니	9	685,007,000	704,797,000
2023-04-07	스트비아	11	1,722,922,355	1,738,992,000
2023-04-08	스리스	12	1,661,820,000	1,670,390,000
2023-08-02	그리아	13	463,620,000	467,764,000
2023-10-01	마리산토	7	220,400,000	230,454,545
2023-10-01	술스라	12	1,898,332,000	2,136,363,636
2023-10-01	에도마나	12	1,702,252,000	1,927,727,273
2023-10-04	라마니아	11	834,000,000	848,040,000
2023-10-04	루시아민	11	761,370,000	768,020,273

- Ctrl + Enter 를 사용하면 한 번에 아래쪽으로 채우며 입력할 수 있어요.
- 피벗 테이블을 옵션을 알면 깔끔하게 꾸밀 수 있어요

STEP 01

병합된 셀 해제하고 빈 셀에 위쪽 데이터 수식으로 채우기

실습 파일 | 8_입찰내역.xlsx
완성 파일 | 8_입찰내역-STEP02.xlsx

[입찰내역] 시트에는 데이터가 같을 경우 셀을 병합하여 표를 작성하였습니다. 셀을 병합하면 같은 데이터를 여러 번 입력하지 않아 편리하지만 정렬이나 피벗 테이블 기능을 사용할 수 없습니다. 피벗 테이블을 이용하여 요약표를 만들기 위해 먼저 [입찰내역] 시트의 셀 병합을 해제하고 빈 셀에 위쪽 셀 데이터가 아래로 채워지도록 입력해보겠습니다.

 엑셀로 살아남기 ━━━ **데이터를 아래로 채워서 복사할 때는 [이동 옵션]과 Ctrl + Enter**

1. 이동 옵션으로 빈 셀만 선택하여 동시 입력하기 병합된 셀을 해제하면 셀에 입력된 데이터는 첫 번째 셀에만 표시되고 나머지 셀은 모두 빈 셀이 됩니다. 위쪽 셀과 같은 데이터를 복사하기 위해 채우기 핸들⊞을 드래그할 수도 있지만, 항목 수가 많아지면 힘듭니다. 이때 [이동 옵션]을 이용하여 빈 셀만 선택한 후 바로 위쪽 데이터가 입력되는 수식을 Ctrl + Enter로 입력하면 빈 셀을 한 번에 처리할 수 있습니다.

> [홈] 탭-[편집] 그룹-[찾기 및 선택]-[이동 옵션]-[빈 셀]

2. 수식을 값으로 변경하기 수식으로 데이터를 입력하면 참조하는 셀 데이터가 정렬되거나 변경될 경우 수식의 결과도 변경됩니다. 이때 데이터가 변경되지 않도록 하려면 셀에 입력된 수식을 복사하여 값으로 붙여 넣습니다.

> [복사] 후 [붙여넣기 옵션]-[값]

01 셀 병합 해제하기 [입찰내역] 시트에서 작업합니다. ❶ [A5:K190] 셀 범위를 선택합니다. ❷ [홈] 탭-[맞춤] 그룹-[병합하고 가운데 맞춤圖]을 클릭합니다. 병합된 셀이 모두 해제됩니다.

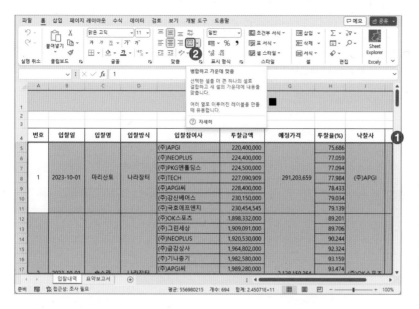

SOS [A5:K190] 셀 범위를 선택할 때 [A5] 셀을 클릭한 후 아래쪽으로 스크롤하고 Shift 를 누른 상태에서 [K190] 셀을 클릭하면 편리합니다.

02 빈 셀에 위쪽 데이터 채우기 [A5:K190] 셀 범위가 그대로 선택된 상태에서 ❶ [홈] 탭-[편집] 그룹-[찾기 및 선택圖]-[이동 옵션]을 선택합니다. [이동 옵션] 대화상자에서 ❷ [빈 셀]을 선택한 후 ❸ [확인]을 클릭합니다.

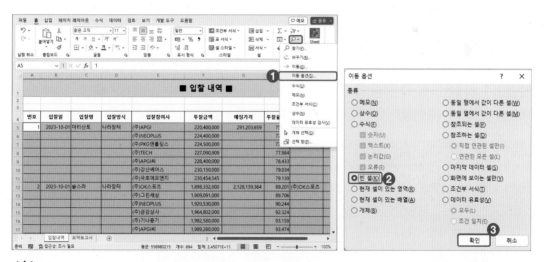

SOS F5 를 누른 후 [이동] 대화상자에서 [옵션]을 클릭하면 좀 더 빠르게 [이동 옵션] 대화상자를 표시할 수 있습니다.

03 [A5:K190] 셀 범위 중 빈 셀만 선택된 상태가 됩니다. 셀 포인터는 [A6] 셀에 있습니다. **❶** **=A5**를 입력한 후 **❷** Ctrl + Enter 를 누릅니다. **❸** 모든 빈 셀에 바로 위쪽에 있는 데이터가 한 번에 입력되었습니다.

실력UP Ctrl + Enter 로 수식을 입력하면 [채우기]나 [복사] 기능을 사용한 것과 똑같이 상대 참조 수식으로 셀 주소가 변경된 채 한 번에 입력됩니다.

04 수식을 값으로 복사하기 수식으로 입력한 데이터에서 참조하는 셀 데이터나 열 순서가 바뀌면 데이터가 변경됩니다. 데이터가 바뀌지 않도록 수식을 값으로 변경해보겠습니다. **❶** [A:K] 열을 선택한 후 **❷** Ctrl + C 를 눌러 복사합니다. [A:K] 열이 그대로 선택된 상태에서 **❸** 마우스 오른쪽 버튼을 클릭하여 [붙여넣기 옵션]-[값 📋]을 선택합니다.

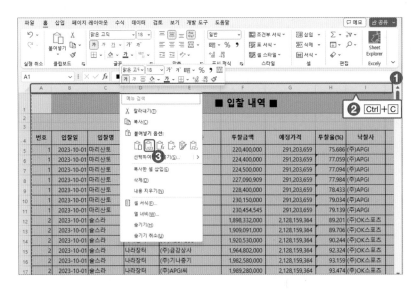

실력UP 값으로 붙여넣으면 셀에 입력된 수식은 모두 없어지고 수식의 결괏값이 데이터로 입력됩니다.

피벗 테이블로 입찰 요약표 작성하기

실습 파일 | 8_입찰내역-STEP02.xlsx
완성 파일 | 8_입찰내역(완성).xlsx

편집이 완료된 [입찰내역] 시트 데이터를 이용하여 중요한 정보만 표시해주는 입찰 결과 요약 보고서를 작성합니다. 피벗 테이블을 이용하여 일자별 입찰명과 참여사 수, 계약금액과 최대 투찰금액을 요약하는 표를 작성한 후 피벗 테이블 서식과 옵션으로 꾸며보겠습니다.

엑셀로 살아남기   피벗 테이블 요약표도 서식이 중요하다!

1. 날짜와 입찰명을 요약하는 피벗 테이블 작성하기 편집된 입찰내역 목록으로 일자별 입찰명과 참여사 수, 계약금액과 최대 투찰금액을 요약하는 표를 작성할 때 피벗 테이블을 사용하면 편리합니다. 피벗 테이블에서 [날짜]와 [입찰명] 필드를 행으로 배치하고, [입찰명]을 기준으로 [입찰참여사]의 개수, [계약금액]의 평균, [최대 투찰금액]의 최댓값을 표시하여 요약 보고서를 작성합니다.

> [삽입] 탭-[표] 그룹-[피벗 테이블]-[테이블/범위에서]

2. 피벗 테이블 꾸미기 피벗 테이블로 작성된 요약표의 머리글을 변경하고, 같은 날짜는 셀이 병합되어 표시되도록 피벗 테이블 옵션을 변경합니다. [행] 영역에 두 개 이상의 필드가 배치되면 확장⊞/축소⊟ 단추가 표시됩니다. 하지만 행 목록 개수가 적기 때문에 이 단추는 표시되지 않도록 설정합니다.

> [피벗 테이블 디자인] 탭-[보고서 레이아웃], [피벗 테이블 옵션]-[레이아웃 및 서식]

01 피벗 테이블 작성하기 [입찰내역] 시트에서 작업합니다. ❶ [A4] 셀을 선택하고 ❷ [삽입]
탭-[표] 그룹-[피벗 테이블]-[테이블/범위에서]를 선택합니다. [표 또는 범위 선택] 대화상자의 ❸
[표/범위]에 자동으로 입력된 **입찰내역!$A$4:$K$190**을 그대로 유지하고 ❹ [피벗 테이블을 배치
할 위치를 선택합니다]의 [위치]를 클릭한 후 ❺ [요약보고서] 시트의 [A4] 셀을 선택합니다. ❻ [확
인]을 클릭합니다.

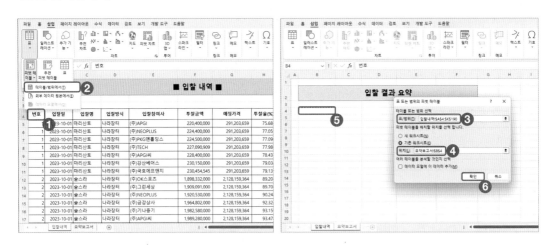

02 피벗 테이블 레이아웃 설정하기 [요약보고서] 시트에 피벗 테이블 레이아웃이 표시됩니다. ❶
[피벗 테이블 필드] 작업 창의 필드 목록에서 [입찰일] 필드와 [입찰명] 필드를 순서대로 [행] 영역으
로, ❷ [입찰참여사] 필드와 [계약금액] 필드, [투찰금액] 필드를 순서대로 [값] 영역으로 드래그합
니다. ❸ [A5] 셀을 마우스 오른쪽 버튼으로 클릭한 후 [그룹 해제]를 선택합니다. [입찰일] 필드의
날짜와 [입찰명]이 함께 표시됩니다.

📈 **실력UP** [행] 영역에 [입찰일] 필드가 자동으로 그룹 설정됩니다. [입찰명] 필드가 추가되어도 [요약보고서] 시트에 표시되지 않
습니다. 이때 [입찰일] 필드의 그룹을 해제하면 표시됩니다.

03 피벗 테이블 디자인 변경하기 ❶ [디자인] 탭–[레이아웃] 그룹–[보고서 레이아웃▣]–[테이블 형식으로 표시]를 선택합니다. [입찰명] 필드가 오른쪽 열에 표시됩니다. ❷ [디자인] 탭–[레이아웃] 그룹–[부분합▣]–[부분합 표시 안 함]을 선택합니다. 일자별 요약 행이 없어집니다.

📈 **실력UP** [행] 영역에 두 개 이상 필드가 배치되면 첫 번째 필드를 기준으로 부분합이 자동 표시됩니다. 엑셀 2016 버전에서는 부분합이 표시되지 않습니다.

04 계약금액 평균으로 변경하기 [계약금액]은 합계로 표시되어 있습니다. 하지만 [입찰내역] 시트에서 병합된 셀을 해제하면서 같은 금액을 여러 번 입력했기 때문에 합계로 표시하는 것은 맞지 않습니다. [입찰명]은 [계약금액]이 한 번만 표시되도록 하기 위해 [평균]으로 변경합니다. [E5] 셀을 마우스 오른쪽 버튼으로 클릭한 후 [값 요약 기준]–[평균]을 선택합니다.

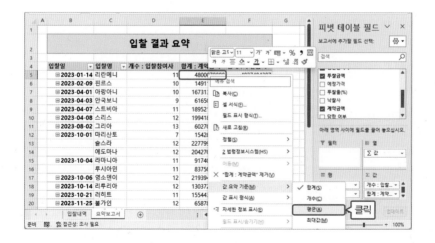

05 투찰금액 최댓값으로 표시하기 합계로 표시된 [투찰금액]을 가장 큰 금액이 표시되도록 최댓값으로 변경해보겠습니다. ❶ [F5] 셀을 마우스 오른쪽 버튼으로 클릭한 후 [값 요약 기준]–[최댓값]을 선택합니다. ❷ [D4] 셀에 **입찰참여사(개)**를, [E4] 셀에 **계약금액**과 공백 한 칸을, [F4] 셀에 **최대 투찰금액**을 각각 입력합니다.

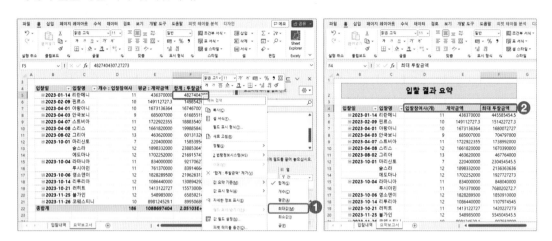

📈 **실력UP** 열 레이블을 변경할 때 원본 데이터 열 이름과 같은 이름을 사용하면 '이미 사용 중인 피벗 테이블 필드 이름입니다.'라는 메시지가 표시됩니다. 이때 마지막에 공백을 한 칸 더 입력해 문제를 해결할 수 있습니다.

06 피벗 테이블 옵션 변경하기 ❶ [B4] 셀을 선택한 후 마우스 오른쪽 버튼을 클릭한 후 [피벗 테이블 옵션]을 선택합니다. [피벗 테이블 옵션] 대화상자의 [레이아웃 및 서식] 탭에서 ❷ [레이블이 있는 셀 병합 및 가운데 맞춤]을 체크합니다. ❸ [업데이트 시 열 자동 맞춤]을 체크 해제합니다.

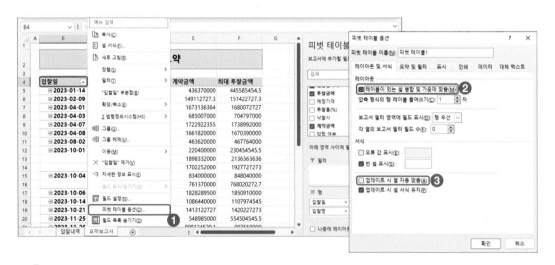

📈 **실력UP** [레이블이 있는 셀 병합 및 가운데 맞춤]을 체크하면 [입찰일]의 날짜가 같을 경우 셀이 병합되고, 4행의 머리글이 가운데 맞춤 설정됩니다. [업데이트 시 열 자동 맞춤]을 해제하면 피벗 테이블이 새로 고침되어도 열 너비가 자동 맞춤되지 않아 사용자가 설정해둔 열 너비가 그대로 유지됩니다.

07 [표시] 탭에서 ❶ [확장/축소 단추 표시]를 체크 해제합니다. ❷ [확인]을 클릭합니다. [입찰일]
에 표시되는 확장/축소 단추(⊞, ⊟)가 없어집니다.

> **SOS** [확장/축소 단추]가 없는 상태에서 확장/축소를 해야 할 경우 [입찰일] 열을 클릭한 후 [Shift] + 마우스 휠을 이용합니다.

08 서식 변경하기 ❶ [디자인] 탭–[피벗 테이블 스타일] 그룹에서 [없음]을 선택합니다. ❷
[B4:F4] 셀 범위를 선택한 후 ❸ [Ctrl]을 누른 상태로 [B22:F22] 셀 범위를 드래그하여 추가합니
다. ❹ [홈] 탭–[글꼴] 그룹–[채우기 색🪣]–[파랑, 강조1]을 선택합니다.

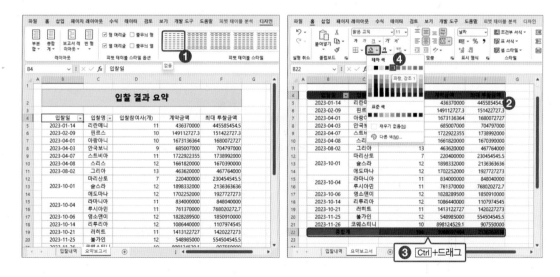

09 [B4:F4] 셀 범위와 [B22:F22] 셀 범위가 선택된 상태에서 ❶ [홈] 탭-[글꼴] 그룹-[글꼴 색
🗛]-[흰색, 배경]을 선택합니다. ❷ [굵게 🗛]를 클릭합니다.

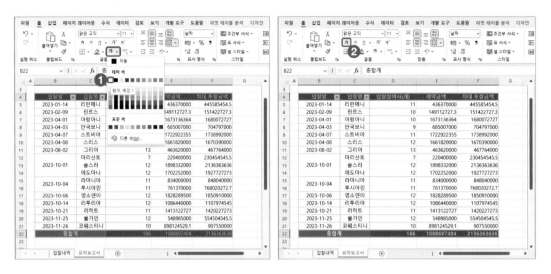

10 ❶ [C5:C21] 셀 범위를 선택한 후 ❷ [홈] 탭-[글꼴] 그룹-[채우기 색 🗛]-[파랑, 강조5, 80%
더 밝게]를 선택합니다. ❸ [B4:F22] 셀 범위를 선택한 후 Ctrl + 1 을 누릅니다. [셀 서식] 대화상
자의 [테두리] 탭에서 ❹ [선]-[스타일]에서 [실선]을 선택하고 ❺ [색]에서 [검정, 텍스트1, 50% 더
밝게]를 선택합니다. ❻ [미리 설정]에서 [윤곽선]과 [안쪽]을 각각 클릭합니다. ❼ [확인]을 클릭합
니다.

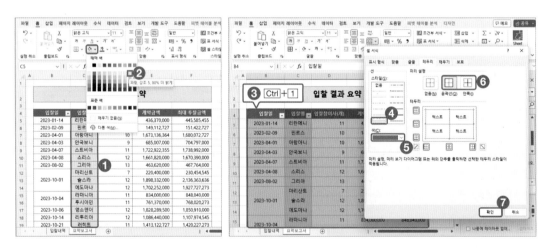

11 행 높이 변경하고 눈금선 해제하기 ❶ [4:22] 행을 선택한 후 행 높이를 조금 크게 변경합니다.
❷ [보기] 탭–[표시] 그룹–[눈금선]을 체크 해제합니다.

수식으로 데이터 빠르게 이동하고 합치기
KeyPoint | & 연산자, 서식 복사

실습 파일 | 8_강사노하우(한행편집).xlsx
완성 파일 | 8_강사노하우(한행편집_완성).xlsx

특별강의
바로보기

한 열에 두 행씩 데이터가 반복되면서 입력된 데이터일 경우 정렬이나 피벗 테이블, 함수 등을 자유롭게 사용할 수 없습니다. 한 항목의 데이터는 한 행으로 작성되어 있어야 데이터 관리가 편리합니다. 이렇게 두 행씩 반복적으로 나열되어 있는 표 목록을 한 행으로 편집할 때 수식과 서식 복사를 이용하면 빠르게 변환할 수 있습니다.

공급가액과 부가세 열 분리하기

01 [합계금액] 열 앞에 빈 열을 추가하여 [부가세] 데이터를 이동해보겠습니다. E열을 선택하고 마우스 오른쪽 버튼을 클릭한 후 [삽입]을 선택합니다.

02 [E4] 셀에 **부가세**를, [E6] 셀에 **=D7**을 각각 입력합니다.

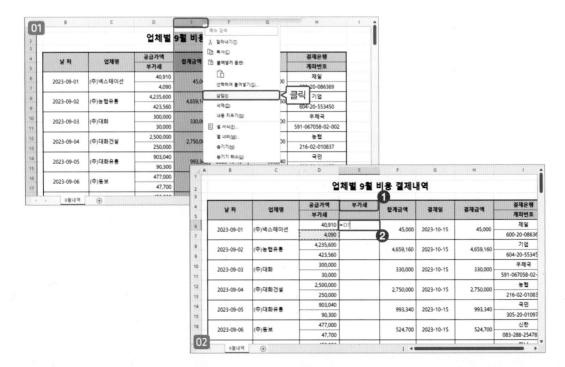

03 [E6:E7] 셀 범위를 선택한 후 채우기 핸들➕을 더블클릭하여 수식을 복사합니다. [E6] 셀만 선택하여 복사하면 '공급가액'도 함께 E열에 표시되므로 [E6:E7] 셀 범위를 복사해야 수식과 빈 셀이 반복적으로 복사됩니다.

04 E열을 선택한 후 Ctrl+C로 복사합니다. 마우스 오른쪽 버튼을 클릭하고 [붙여넣기 옵션]–[값 🖹]을 선택합니다. 값으로 복사하지 않으면 7행이 삭제되었을 때 오류가 발생합니다.

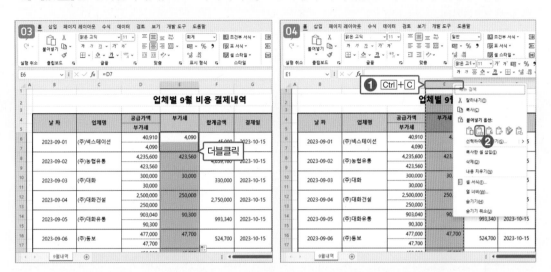

05 '합계금액'은 E열의 '부가세'로 계산되어야 하므로 수식을 변경해야 합니다. [E6] 셀을 클릭한 후 **=D6+E6**을 입력합니다.

06 병합된 [E6] 셀의 채우기 핸들➕을 [F123] 셀까지 드래그하여 복사합니다. 병합된 셀은 채우기 핸들➕을 더블클릭하여 복사를 할 수 없으므로 마지막 데이터 행까지 드래그해야 합니다.

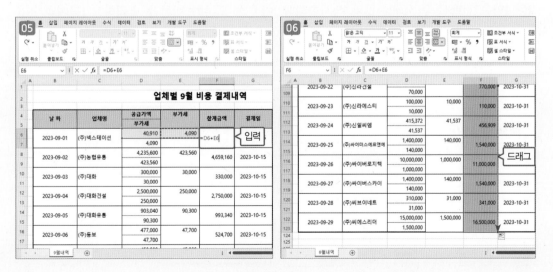

결제은행과 계좌번호를 한 셀에 입력하기

I열에는 '결제은행'과 '계좌번호'가 항목별로 반복되어 두 행으로 입력되어 있습니다. 이 데이터를 한 셀에 입력하기 위해 문자열 연산자(&)를 이용한 수식을 입력해보겠습니다.

07 [J4] 셀에 **=I4&" "&I5**를 입력합니다. [J4] 셀과 [I5] 셀을 합쳐서 한 셀에 표시하며 중간에 공백을 한 칸 추가하는 수식입니다.

08 [J4:J5] 셀 범위를 선택한 후 채우기 핸들에서 더블클릭하여 수식을 복사합니다.

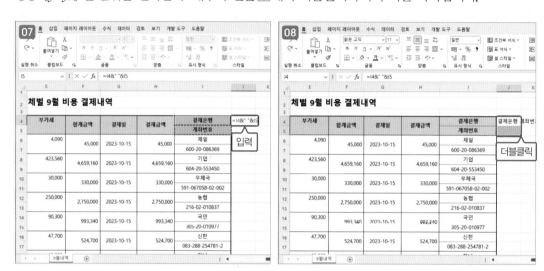

09 모든 결제은행과 계좌번호가 합쳐져서 한 셀에 표시되었습니다.

10 J열을 선택한 후 Ctrl+C로 복사합니다. 마우스 오른쪽 버튼을 클릭하고 [붙여넣기 옵션]-[값]을 선택합니다. 값으로 복사하지 않으면 I열이 삭제되었을 때 오류가 발생합니다.

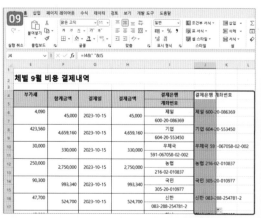
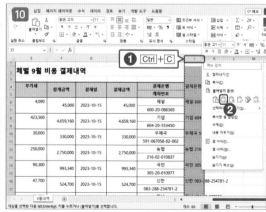

11 J열에는 서식이 없는 상태인데 일일이 설정하지 않고 I열의 서식을 복사해보겠습니다. I열을 선택한 후 [홈] 탭-[클립보드] 그룹-[서식 복사 ⊘]를 클릭합니다. 마우스 포인터에 서식 복사 도구 ⊞⊿가 함께 표시되면 J열을 클릭합니다.

12 I열의 서식이 J열에 복사되었습니다.

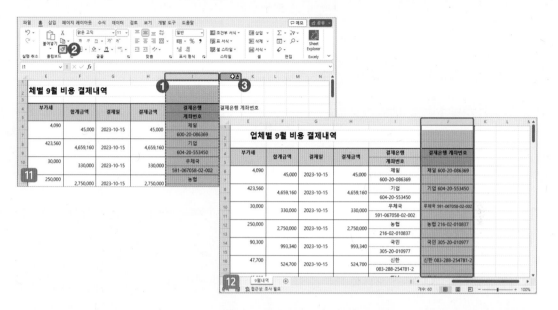

13 두 개씩 반복되는 행에서 아래쪽 행을 삭제해보겠습니다. [J4:J123] 셀 범위를 선택한 후 [홈] 탭-[편집] 그룹-[찾기 및 선택 ⊘]-[이동 옵션]을 선택합니다.

14 [이동 옵션] 대화상자에서 [빈 셀]을 선택한 후 [확인]을 클릭합니다.

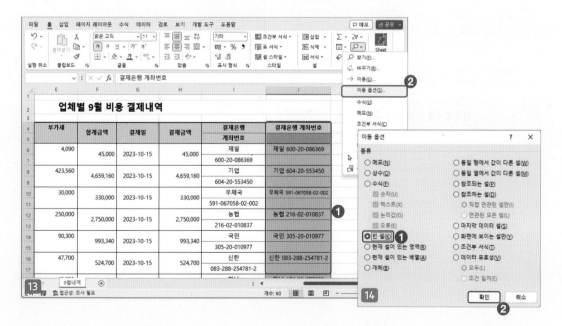

15 선택된 빈 셀 위에서 마우스 오른쪽 버튼을 클릭한 후 [삭제]를 선택합니다. [삭제] 대화상자에서 [행 전체]를 선택한 후 [확인]을 클릭합니다.

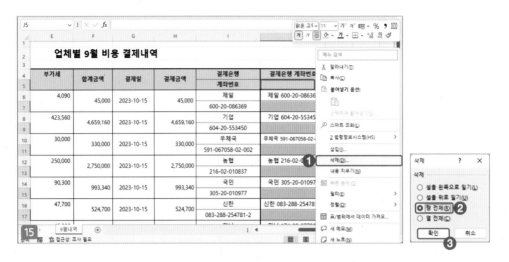

16 한 행으로 편집이 되었습니다. 병합된 셀의 경우 아래쪽 행에는 데이터가 없는 상태이므로 병합을 해제하지 않고 아래쪽 행을 삭제해도 됩니다.

17 I열을 선택한 후 마우스 오른쪽 버튼을 클릭하고 [삭제]를 선택합니다.

18 [B4] 셀을 선택한 후 Ctrl+A로 전체 범위를 선택합니다. [홈] 탭-[글꼴] 그룹-[테두리⊞]
-[굵은 바깥쪽 테두리]를 선택합니다. Ctrl+A는 데이터가 입력된 셀 범위 전체를 선택해줍니다.
따라서 빈 행과 빈 열 전까지의 범위가 선택되므로 제목은 포함되지 않습니다.

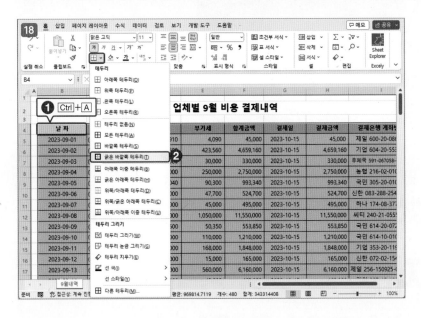

월별 생산관리 현황을 한눈에 파악하는

제품별 생산관리
보고서 만들기

해외지사에서 생산하는 제품의 주별 물량관리 목록을 사내 시스템에서 다운로드하여 월별 생산량을 집계하는 보고서를 작성하려고 합니다. 시스템에서 다운로드한 물량관리 목록에는 주별로 재고, 선적, 생산, 자재의 데이터가 크로스탭 형식으로 저장됩니다. 이 데이터로 생산량을 집계하는 보고서를 작성하려면 생산 데이터만 남기고 다른 열의 데이터를 모두 삭제한 후 피벗 테이블을 만들 수 있는 데이터베이스 목록으로 변환해야 합니다.

생산 데이터만 남기는 작업은 이동 옵션을 이용하고, 데이터베이스 형태의 목록으로 변환하는 작업은 파워 쿼리를 이용하여 편집한 후 피벗 테이블로 집계해보겠습니다.

✦ CHAPTER 예제 ✦
Before&After 미리 보기

- 병합을 해제하면 셀 데이터가 한 개만 남아요.
- 반복되는 열 중에 [생산] 데이터 열만 남기고 싶어요.
- 크로스탭 형식으로 되어 있어 피벗 테이블을 작성할 수 없어요.

Before

지역	국가	모델명	색상	재고	01-06 선적	생산	자재	재고	01-13 선적	생산	자재
중국	충청	WQ8LM0EAW	BM	0	2,000	20,832	568	18,832	28,000	9,600	0
중국	충청	WV4LM5EBW	MR	0	17,120	17,120	17,120	0	0	0	0
중국	충청	WQ8LM0EMW	WU	0	15,010	15,010	15,010	0	0	0	0
중국	충청	WG8LM0EAW	MR	0	13,000	13,000	13,000	0	0	0	0
중국	충청	AG8LM0EA	PM	2,403	9,264	11,181	0	4,320	3,000	0	0
독립 국가 연합	러시아	MX2LM0EM	BK	0	10,000	10,000	10,000	0	0	0	0
유럽연합	독일	WX2LM0EMW	MW	0	8,640	8,640	8,640	0	15,200	15,200	15,200
유럽연합	독일	OX4LM0EO	MB	3,404	2,990	7,086	0	7,500	7,500	0	0
유럽연합	스페인	MQ6LM0EM	MB	6,996	9,901	6,160	0	3,255	0	0	0
유럽연합	스페인	NV5LM5N	MB	0	6,120	6,120	6,120	0	0	0	0
유럽연합	스페인	MV5LM0EM	MB	0	5,480	5,480	0	0	0	0	0
유럽연합	이탈리아	0H9LG0	MB	0	5,000	5,000	5,000	0	0	0	0
유럽연합	이탈리아	XG8LM0EMWX	MT	0	5,000	5,000	5,000	0	0	0	0
유럽연합	이탈리아	WG8LM0EMW	MB	2,044	2,430	4,370	0	3,984	2,000	0	0
유럽연합	이탈리아	WX4LM0EMW	MT	0	4,000	4,000	4,000	0	0	0	0
유럽연합	이탈리아	MX4LM0EM	MB	0	4,000	4,000	4,000	0	0	0	0
유럽연합	이탈리아	WX5LM0EMW	MB	0	3,260	3,260	0	0	0	0	0
유럽연합	헝가리	WX5LM5EAW	MB	0	3,000	3,000	3,000	0	0	0	0
유럽연합	헝가리	WX5LM0EMW	MT	0	2,500	2,500	0	0	0	0	0

After

▣ 국가별/모델별/월별 생산 집계

합계 : 생산량   날짜

국가	모델명	1월	2월	3월	4월	5월	6월	7월	총합계
⊟ 네덜란드	1V4LM5UA1	0	0	0	1,100	600	1,100	0	2,800
	AQ6LM0MA	0	0	0	800	1,544	656	0	3,000
	BQ7LM0TSB	0	2,450	650	1,500	1,550	0	0	6,150
	BV4LM5UAB	1,150	4,000	2,350	5,000	5,000	4,000	0	21,500
	LX2LM2TAL	0	0	2,800	6,900	3,400	750	0	13,850
	MX2LM0ULM	0	250	0	0	0	0	0	250
	MX5LM0WM	0	0	0	800	1,544	656	0	3,000
	OX4LM0ZO	0	1,000	0	0	0	0	0	1,000
	PQ7LM0VSP	0	0	2,000	6,000	5,000	0	0	13,000
	SQ7LM0MS	0	0	0	15,000	15,000	0	0	30,000
	SQ7LM0ULS	0	0	6,000	6,000	6,500	0	0	18,500
	SQ7LM0US	1,500	0	1,200	0	1,500	0	1,000	5,200
	ST6LM0QS	0	0	0	2,000	1,172	328	0	3,500
	ST6LM0US	0	0	0	600	986	164	0	1,750
	WX5LM0EW	2,340	3,000	5,000	0	3,800	1,350	0	15,490
	XG8LM0UM2X	0	0	2,559	1,955	1,500	986	0	7,000
네덜란드 요약		4,990	10,700	22,559	47,655	49,096	9,990	1,000	145,990
⊟ 독일	0LKLG60	0	0	0	400	686	164	0	1,250
	2Q9LM0UM2	500	400	0	0	0	0	0	900

- 병합 해제된 빈 셀에 같은 데이터를 한 번에 입력할 수 있어요.
- 삭제할 열들이 떨어져 있어도 한 번에 선택하여 삭제할 수 있어요.
- 크로스탭 형식을 행 목록을 한 번에 바꿀 수 있어요.

STEP 01

물동관리 목록에서
생산 열만 남기기

실습 파일 | 9_생산관리.xlsx
완성 파일 | 9_생산관리-STEP02.xlsx

[물동관리] 시트에서 생산관리 집계에 필요한 데이터만 남기고 나머지는 열은 모두 삭제해보겠습니다. 날짜 셀의 병합은 해제하고 빈 셀에 같은 날짜가 일괄 입력되도록 편집합니다. 그리고 [생산] 열을 제외한 나머지 열은 모두 삭제합니다.

 엑셀로 살아남기　[이동 옵션]을 잘 다루면 반복 작업을 한 번에 할 수 있다.

1. 병합 해제 후 빈 셀에 데이터 채우기 [물동관리] 시트에서 [생산] 열만 남기고 모두 제거해야 하는데 날짜 데이디가 병힙되어 있어 [생산] 열을 제외한 나머시 열을 삭제하면 날짜도 같이 삭제됩니다. 불필요한 열을 삭제하더라도 날짜를 남길 수 있도록 날짜의 셀 병합을 취소한 후 [이동 옵션]으로 빈 셀만 선택하여 Ctrl + Enter 로 왼쪽 셀과 같은 날짜를 한 번에 입력합니다. 그리고 입력된 날짜들을 모두 복사하여 값으로 붙여 넣습니다.

[홈] 탭-[편집] 그룹-[찾기 및 선택 🔍]-[이동 옵션], [빈 셀]

2. 생산 열을 제외하고 선택하기 [생산] 열을 남기고 [재고], [선적], [자재] 열을 모두 삭제하려면 연속된 열이 아니므로 일일이 선택하여 여러 번 삭제해야 합니다. 이러한 경우 '생산' 텍스트가 입력된 셀을 활성화한 상태에서 [이동 옵션]의 [동일 행에서 값이 다른 셀]을 선택하면 '생산'을 제외한 다른 셀을 한 번에 선택할 수 있습니다. 그 다음 선택된 셀의 [열 전체]를 삭제하면 [생산] 열만 남길 수 있습니다.

[홈] 탭-[편집] 그룹-[찾기 및 선택 🔍]-[이동 옵션], [동일 행에서 값이 다른 셀]

01 셀 병합 해제하기 [물동관리] 시트에서 작업합니다. ❶ 1행을 선택합니다. ❷ [홈] 탭-[맞춤] 그룹-[병합하고 가운데 맞춤圄]을 클릭합니다. 1행에서 병합된 셀들이 모두 해제됩니다.

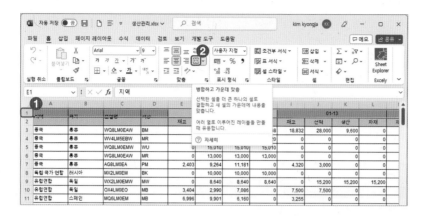

02 수식으로 데이터 채우기 셀 병합을 해제하면 첫 번째 셀에만 데이터가 입력되고 나머지 셀은 모두 빈 셀이 됩니다. [생산] 열에는 날짜가 없어 왼쪽과 같은 날짜를 입력해보겠습니다. ❶ [E1:DP1] 셀 범위를 선택한 후 ❷ [홈] 탭-[편집] 그룹-[찾기 및 선택□]-[이동 옵션]을 선택합니다. ❸ [이동 옵션] 대화상자에서 [빈 셀]을 선택한 후 ❹ [확인]을 클릭합니다.

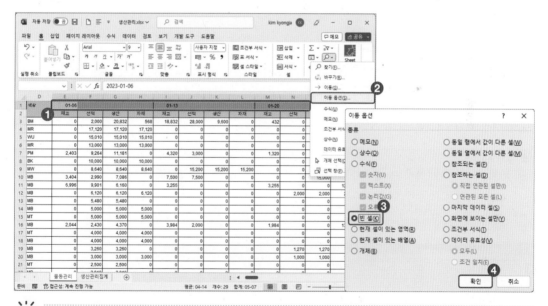

SOS [E1:DP1] 셀 범위를 선택할 때 [E1] 셀을 클릭한 후 오른쪽으로 스크롤하고 Shift 를 누른 상태에서 [DP1] 셀을 클릭하면 편리합니다.

SOS F5 를 누른 후 [이동] 대화상자에서 [옵션]을 클릭하면 좀 더 빠르게 [이동 옵션] 대화상자를 표시할 수 있습니다.

03 [E1:DP1] 셀 범위 중 빈 셀만 선택된 상태에서 셀 포인터는 [F1] 셀에 있으므로 ❶ **=E1**을 입력한 후 ❷ Ctrl + Enter 를 누릅니다. ❸ 빈 셀에 바로 왼쪽에 있는 날짜 데이터가 모두 입력되었습니다.

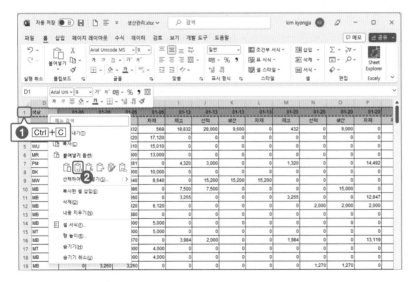

📈 **실력UP** Ctrl + Enter 로 수식을 입력하면 채우기나 복사 기능을 사용한 것과 똑같이 상대 참조 수식으로 셀 주소가 변경된 상태로 한 번에 입력됩니다.

04 수식을 값으로 복사하기 수식으로 입력한 데이터는 참조하는 셀 데이터나 열 순서가 바뀌면 데이터가 변경됩니다. 데이터가 바뀌지 않도록 수식을 값으로 변경해보겠습니다. ❶ 1행을 선택한 후 Ctrl + C 를 눌러 복사합니다. 1행이 그대로 선택된 상태에서 ❷ 마우스 오른쪽 버튼을 클릭하여 [붙여넣기 옵션]−[값 📋]을 선택합니다.

📈 **실력UP** 값으로 붙여 넣으면 셀에 입력된 수식은 모두 없어지고 수식의 결괏값이 데이터로 입력됩니다.

05 [생산] 열만 남기기 ❶ [E2:DP2] 셀 범위를 선택한 후 Enter를 두 번 누르면 셀 포인터가 [G2] 셀로 이동합니다. 남겨야 할 '생산' 텍스트가 입력된 셀이 활성화된 상태에서 다음 작업을 해야 하므로 셀 포인터는 반드시 '생산' 텍스트가 있는 셀에 있어야 합니다. ❷ [홈] 탭-[편집] 그룹-[찾기 및 선택 🔍]-[이동 옵션]을 선택합니다. ❸ [이동 옵션] 대화상자에서 [동일 행에서 값이 다른 셀]을 선택한 후 ❹ [확인]을 클릭합니다.

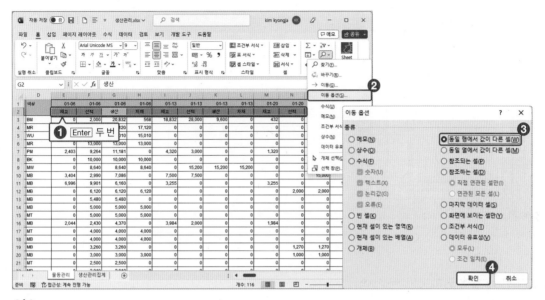

SOS [E2:DP2] 셀 범위를 선택할 때 [E2] 셀을 선택한 후 Ctrl + Shift + ─를 누르면 빠르게 범위를 선택할 수 있습니다.

실력UP [동일 행에서 값이 다른 셀]은 현재 셀 포인터가 있는 셀과 값이 다른 셀만 선택합니다. [E2:DP2] 셀 범위가 선택되어 있으므로 [E2:DP2] 셀 중 '생산' 텍스트를 제외한 나머지 셀들이 모두 선택됩니다.

06 [E2:DP2] 셀 범위에서 [생산] 열을 제외한 나머지 셀들이 모두 선택되었습니다. 선택된 셀 중에 임의의 셀에서 ❶ 마우스 오른쪽 버튼을 클릭한 후 [삭제]를 선택합니다. ❷ [삭제] 대화상자에서 [열 전체]를 선택한 후 ❸ [확인]을 클릭합니다. ❹ [생산] 열만 남았습니다.

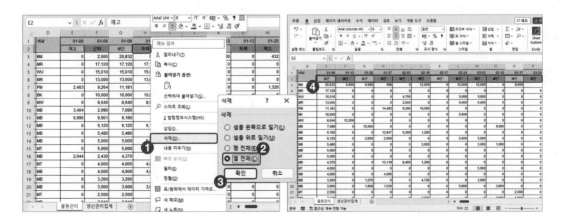

07 2행 삭제하기 ❶ 2행을 선택합니다. ❷ 마우스 오른쪽 버튼을 클릭하고 [삭제]를 선택합니다. 불필요한 데이터를 모두 정리했습니다.

파워 쿼리로 표 목록 변환하여 피벗 테이블 작성하기

실습 파일 | 9_생산관리-STEP02.xlsx
완성 파일 | 9_생산관리(완성).xlsx

편집된 물동관리 데이터는 크로스탭 형식으로 되어 있어 월별 생산물량을 집계하는 피벗 테이블을 작성할 수 없습니다. 파워 쿼리의 열 피벗 해제 기능을 이용하여 데이터베이스 목록으로 변환한 후 [생산관리집계] 시트에 국가별/모델별/월별 생산량을 집계하는 피벗 테이블을 작성해보겠습니다.

 엑셀로 살아남기　**파워 쿼리 열 피벗 해제로 표 목록 변환하기**

1. 파워 쿼리를 이용하여 표 목록으로 변환하기 편집된 [물동관리] 시트는 크로스탭 형식으로 되어 있어 월별 생산량 합계를 구할 수 없습니다. 피벗 테이블을 작성하려면 날짜가 모두 열 한 개, 각 날짜의 생산량이 열 한 개로 표 구조가 변경되어야 합니다. 이러한 작업은 파워 쿼리의 열 피벗 해제를 이용하면 빠르게 변경할 수 있습니다.

> [데이터] 탭-[데이터 가져오기 및 변화] 그룹-[테이블/범위에서🔲], [Power Query 편집기]-[열 피벗 해제]

2. 피벗 테이블 작성 파워 쿼리에서 편집한 데이터 목록이 시트에 별도로 저장될 필요는 없습니다. 원하는 결과는 월별 생산량 집계이기 때문에 파워 쿼리에서 편집한 결과를 바로 피벗 테이블 보고서로 연결하여 작성합니다.

> [홈] 탭-[닫기] 그룹-[닫기 및 다음로드 로드🔳], [피벗 테이블 보고서]

01 표로 등록하기 파워 쿼리를 사용하려면 원본 데이터가 표로 등록되어 있어야 합니다. ❶ [A1] 셀을 선택한 후 ❷ [홈] 탭-[스타일] 그룹-[표 서식 圖]-[파랑, 표 스타일 밝게 9]를 선택합니다. ❸ [표 만들기] 대화상자가 나타나고 자동으로 설정되는 범위를 그대로 둡니다. ❹ [확인]을 클릭합니다.

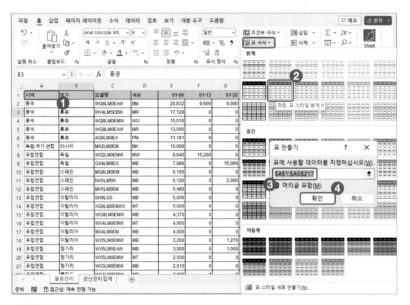

SOS [A1] 셀을 클릭한 후 Ctrl + T 를 누르거나 [삽입] 탭-[표] 그룹-[표 圖]를 클릭해도 표로 등록할 수 있습니다.

02 ❶ 표로 등록되어 [테이블 디자인] 탭이 표시됩니다. ❷ [테이블 디자인] 탭-[속성] 그룹-[표 이름]을 **생산목록**으로 변경합니다.

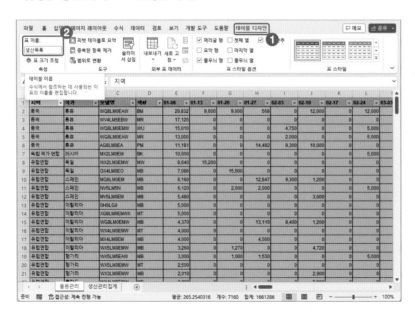

03 [Power Query 편집기] 시작하기 ❶ [데이터] 탭–[데이터 가져오기 및 변환] 그룹–[테이블/범위에서 ▦]를 클릭합니다. ❷ [Power Query 편집기]가 표시됩니다.

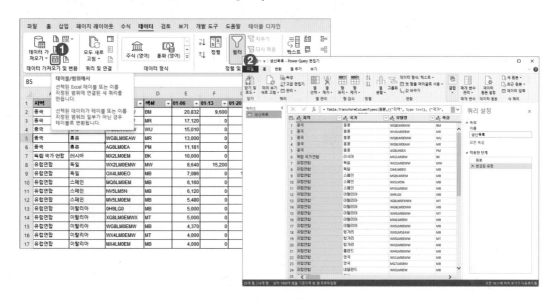

04 열 피벗 해제하기 ❶ '01–06' 열을 선택한 후 ❷ Shift 를 누른 상태에서 '07–21' 열 머리글을 클릭해 날짜 데이터 열을 모두 선택합니다. 범위가 선택된 열에서 ❸ 마우스 오른쪽 버튼을 클릭한 후 [열 피벗 해제]를 선택합니다. ❹ '특성' 열 머리글을 더블클릭하여 **날짜**로 변경하고 ❺ '값' 열 머리글을 더블클릭하여 **생산량**으로 변경합니다.

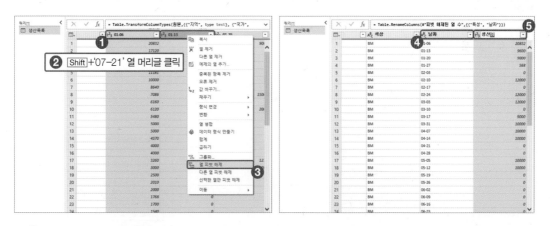

📈 **실력UP** [Power Query 편집기]에서 열을 선택할 때 워크시트의 열을 선택하는 것처럼 열 머리글을 드래그하면 열의 순서가 변경됩니다. 두 개 이상 열을 선택할 때 연속적인 셀은 Shift 를 누른 상태에서 클릭하고, 비연속적인 셀은 Ctrl 을 누른 상태에서 클릭하여 선택합니다.

📈 **실력UP** [열 피벗 해제]는 피벗 테이블을 해제하는 기능과 같은 의미입니다. 실행하면 열로 나열된 데이터가 행 목록으로 변환됩니다. [열 피벗 해제]를 하면 216개였던 행이 5,832개 행으로 늘어납니다.

05 날짜 형식으로 변경하기 [날짜] 열이 문자 형식으로 지정되어 있습니다. 피벗 테이블에서 월별 그룹을 설정하려면 날짜 형식으로 되어 있어야 합니다. ❶ '날짜' 머리글 왼쪽에 있는 [형식 아이콘] 부분을 클릭하고 ❷ [날짜▦]를 선택합니다. ❸ 날짜 형식으로 변경되어 '년−월−일' 형식으로 표시됩니다.

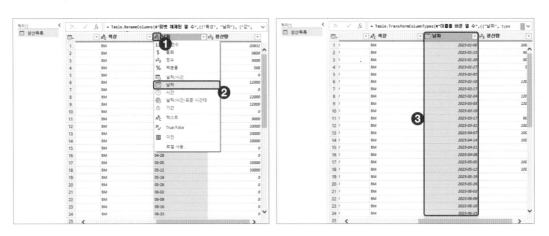

06 피벗 테이블 작성하기 ❶ [홈] 탭−[닫기] 그룹−[닫기 및 로드▦]−[닫기 및 다음으로 로드]를 선택합니다. [데이터 가져오기] 대화상자에서 ❷ [현재 통합 문서에서 이 데이터를 표시할 방법을 선택하십시오]에서 [피벗 테이블 보고서]를 선택하고, ❸ [데이터가 들어갈 위치를 선택하십시오]에 [생산관리집계] 시트의 [A3] 셀을 설정합니다. ❹ [확인]을 클릭합니다.

📈 **실력UP** 쿼리를 수정할 때는 [데이터] 탭−[쿼리 및 연결] 그룹−[쿼리 및 연결▦]을 클릭하여 [생산목록] 쿼리를 더블클릭합니다.

07 [생산관리집계] 시트에 피벗 테이블 레이아웃이 표시됩니다. [피벗 테이블 필드] 작업 창의 필드 목록에서 ❶ [국가] 필드와 [모델명] 필드를 [행] 영역으로 ❷ [날짜] 필드를 [열] 영역으로 ❸ [생산량] 필드를 [값] 영역으로 드래그합니다.

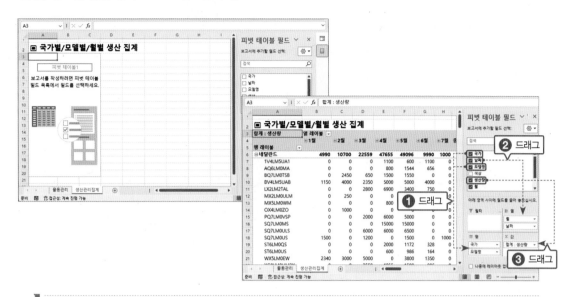

📈 **실력UP** [날짜]는 [행] 영역이나 [열] 영역으로 배치할 경우 자동으로 [월], [일] 단위로 그룹 설정되므로 [열] 영역에 월과 날짜가 나눠져 표시됩니다.

08 월 단위만 그룹 설정하기 [열] 영역에 배치한 날짜가 월 단위로만 그룹 설정되도록 변경해보겠습니다. ❶ [B4] 셀을 마우스 오른쪽 버튼을 클릭한 후 [그룹]을 선택합니다. [그룹화] 대화상자의 ❷ [단위]에서 [일]은 해제하고 [월]만 선택합니다. ❸ [확인]을 클릭합니다.

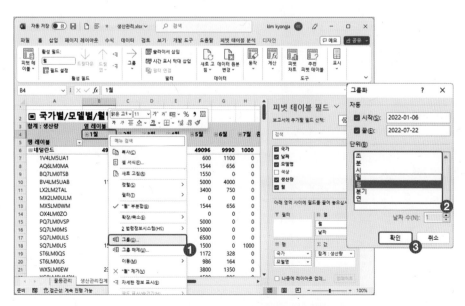

09 피벗 테이블 서식 변경하기 ❶ [디자인] 탭–[레이아웃] 그룹–[보고서 레이아웃🔲]–[테이블 형식으로 표시]를 선택합니다. **❷** [디자인] 탭–[피벗 테이블 스타일] 그룹–[연한 파랑, 피벗 스타일 보통 9]를 선택합니다.

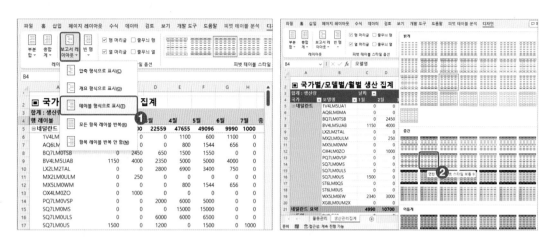

10 ❶ [C5:J229] 셀 범위를 선택한 후 **❷** 마우스 오른쪽 버튼을 클릭하여 [셀 서식]을 선택합니다. [셀 서식] 대화상자의 [표시 형식] 탭의 **❸** [범주]에서 [숫자]를 선택한 후 **❹** [1000 단위 구분 기호 (,) 사용]을 체크합니다. **❺** [확인]을 클릭합니다. **❻** 피벗 테이블 서식이 완성되었습니다.

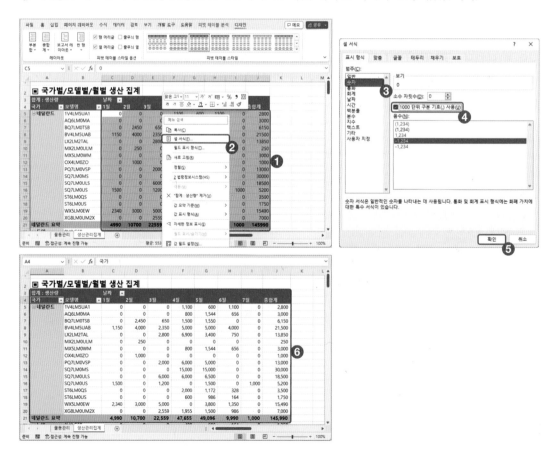

강사 노하우

표 목록 2차원 크로스탭 형식으로 변환
KeyPoint | 파워 쿼리-피벗 열

실습 파일 | 9_강사노하우(크로스표변환).xlsx
완성 파일 | 9_강사노하우(크로스표변환_완성).xlsx

항목이 세로로 나열되어 있으면 행이 많아 전체적인 내용을 이해하기 어렵습니다. 그래서 보고서에서는 직관적일 수 있도록 크로스탭 형식의 표를 많이 사용합니다. 행으로 나열된 데이터를 크로스탭 형식으로 변환할 때 대부분 피벗 테이블을 사용합니다. 그러나 피벗 테이블은 [값] 영역에 텍스트 형식의 필드가 배치되면 [개수]로 계산되기 때문에 텍스트를 그대로 표시할 수 없습니다. 이러한 경우 파워 쿼리의 [피벗 열]을 이용하면 텍스트를 그대로 표시하여 쉽게 변환할 수 있습니다.

파워 쿼리 편집기에서 피벗 열 만들기

01 [B2] 셀을 선택한 후 [데이터] 탭-[데이터 가져오기 및 변환] 그룹-[테이블/범위에서▦]를 클릭합니다. 표로 등록되지 않는 데이터이기 때문에 [표 만들기] 대화상자가 나타납니다. [표 만들기] 대화상자에서 [확인]을 클릭합니다.

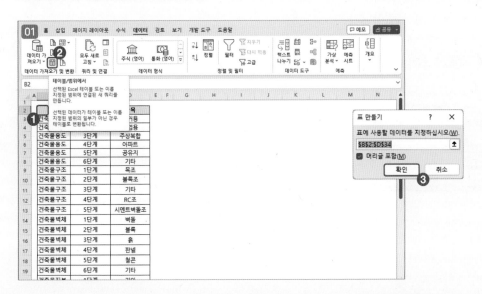

02 [Power Query 편집기]가 표시됩니다. 크로스탭 표로 변환하여 [구분] 열은 [행], [우선순위] 열은 [열], [항목] 열은 [값] 위치로 배치해보겠습니다. [열]로 배치해야 할 [우선순위] 열을 선택한 후 [변환] 탭-[열] 그룹-[피벗 열 🖼]을 클릭합니다.

03 [피벗 열] 대화상자에서 [값 열]에 [항목]을 선택하고 [고급 옵션]을 클릭하여 [값 집계 함수]-[집계 안함]을 선택합니다. [값 집계 함수]를 [집계 안함]으로 설정하면 [항목] 데이터가 그대로 표시됩니다. [확인]을 클릭합니다.

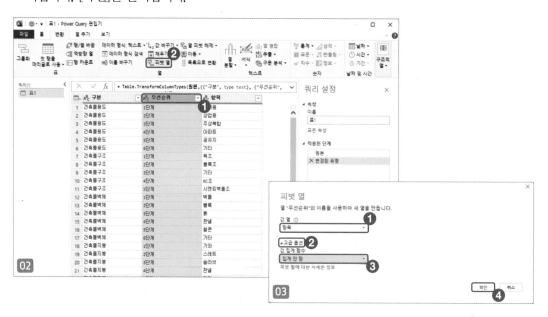

04 크로스탭 표로 변환되었습니다. 시트로 로드해보겠습니다. [홈] 탭-[닫기] 그룹-[닫기 및 로드 🖼]-[닫기 및 로드]를 클릭합니다.

05 새로운 시트가 추가되고 변환된 표가 표시됩니다.

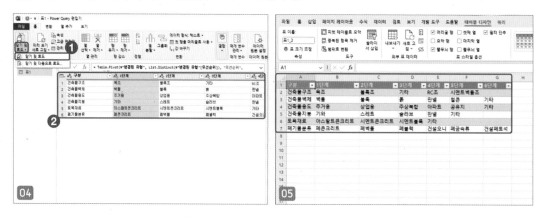

표 해제하고 쿼리 연결 끊기

쿼리는 원본 데이터가 변경되면 [새로 고침]으로 결과를 자동 업데이트할 수 있습니다. 하지만 더이상 쿼리를 업데이트할 필요가 없다면 쿼리 연결과 표 등록을 모두 해제하는 것이 좋습니다.

06 [표1] 시트의 [A1] 셀을 클릭한 후 [테이블 디자인] 탭-[표 스타일] 그룹-[없음]을 선택하여 서식을 모두 없앱니다.

07 [테이블 디자인] 탭-[도구] 그룹-[범위로 변환圖]을 클릭합니다. 쿼리 정의가 영구히 제거되고 표가 정상 범위로 변환된다는 메시지가 나타나면 [확인]을 클릭합니다.

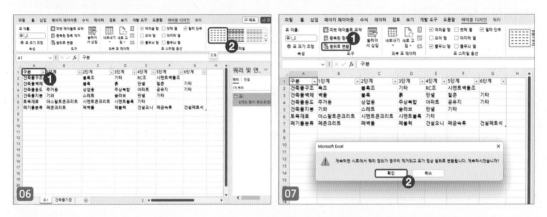

📈 **실력UP** 표를 일반 범위로 변환하면 쿼리 연결도 끊기기 때문에 [쿼리 및 연결] 작업 창의 쿼리가 [연결 전용입니다]로 변경됩니다.

08 원본 데이터에 설정된 표도 해제해보겠습니다. [건축물기준] 시트에서 [B2] 셀을 클릭합니다. [테이블 디자인] 탭-[도구] 그룹-[범위로 변환圖]을 클릭합니다.

09 표를 정상 범위로 변환하겠냐는 메시지가 나타나면 [확인]을 클릭합니다.

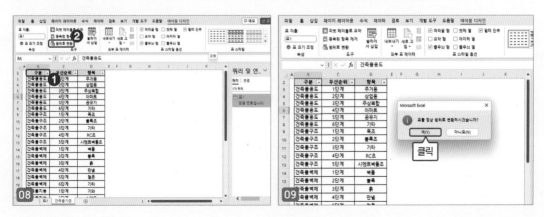

10 [쿼리 및 연결] 작업 창에서 [표1] 쿼리에서 오른쪽 마우스를 클릭하고 [삭제]를 선택합니다. [쿼리 삭제] 메시지가 나타나면 [삭제]를 클릭합니다.

 SOS [쿼리 및 연결] 작업 창이 표시되지 않으면 [데이터] 탭–[쿼리 및 연결] 그룹–[쿼리 및 연결⊡]을 클릭합니다.

여러 엑셀 파일 취합하기
KeyPoint | 파워 쿼리 [폴더에서] 기능

실습 파일 | [취합파일] 폴더
완성 파일 | 9_강사노하우(파일취합_완성).xlsx

특별강의
바로보기

여러 개 파일로 분리된 엑셀 파일들을 취합하여 한 시트로 합치려고 할 때 일일이 파일을 열어서 복사하여 붙여 넣으려면 힘듭니다. 이러한 경우 파워 쿼리의 기능 중 [데이터 가져오기 📖]–[파일에서]–[폴더에서]를 이용하면 선택한 폴더 안에 저장된 모든 엑셀 파일을 한 번에 취합할 수 있습니다. 취합할 파일 목록의 행 개수는 달라도 되지만 열 순서와 개수는 같아야 합니다.

취합할 엑셀 파일을 한 폴더 안에 저장하기

01 취합할 파일들은 하나의 폴더 안에 저장되어 있어야 하고 엑셀 파일 형식이 아닌 다른 파일 형식은 이 폴더 안에 없어야 합니다. 만약 엑셀 파일 형식이 아닌 파일들이 함께 있다면 파워 쿼리 편집 단계가 좀 더 복잡해집니다.

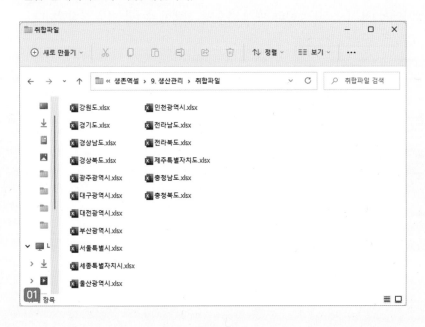

[데이터 가져오기]로 폴더 선택하여 취합하기

02 새 워크시트에서 작업합니다. 이 워크시트에 취합한 결과를 저장하겠습니다. [데이터] 탭-[데이터 가져오기 📧]-[파일에서]-[폴더에서]를 선택합니다.

03 [찾아보기] 대화상자에서 취합할 파일들이 저장된 폴더를 선택한 후 [열기]를 클릭합니다.

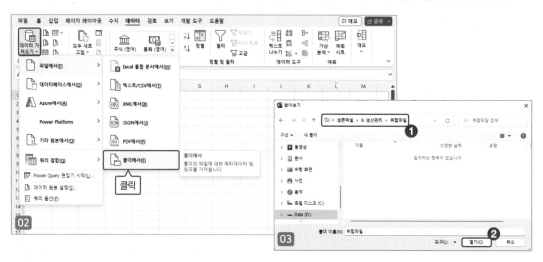

04 선택한 폴더에 저장된 모든 파일의 목록이 표시됩니다. [결합]을 클릭하고 [데이터 결합 및 변환]을 선택합니다.

05 [파일 병합] 대화상자에서 [표시 옵션] 항목의 [매개 변수]를 선택한 후 [확인]을 클릭합니다.

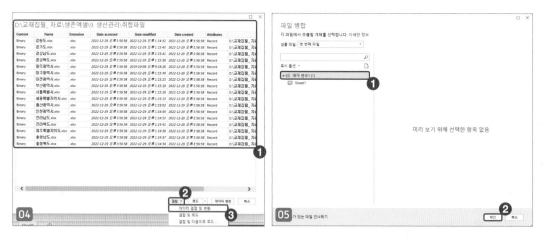

06 [Power Query 편집기]가 실행됩니다.

07 [Kind] 열의 필터 단추 ▼를 클릭하고 [Sheet]에만 체크 표시합니다. 취합된 목록에는 직접 정의한 셀 이름과 필터나 인쇄를 설정하면 추가되는 이름의 셀 범위가 포함되어 일부 시트 내용이 중복됩니다. 중복된 부분을 제외하기 위해 [Kind] 열에서 필터링해야 합니다. [확인]을 클릭합니다.

08 [Source.Name] 열을 클릭한 후 Ctrl 을 누른 상태에서 [Data] 열을 클릭합니다. 마우스 오른쪽 버튼을 클릭한 후 [다른 열 제거]를 선택합니다.

09 [Source.Name] 열과 [Data] 열만 남았습니다.

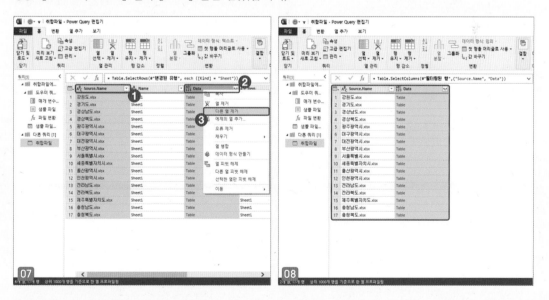

10 [Data] 열의 확장 단추⊞를 클릭한 후 [확인]을 클릭합니다.

11 [Data] 열에 시트 데이터가 모두 저장되어 있는 상태이므로 이 열을 확장하면 시트의 셀 데이터가 모두 표시됩니다.

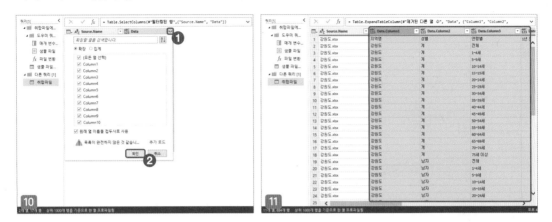

12 [홈] 탭-[변환] 그룹-[첫 행을 머리글로 사용⊞]을 클릭합니다. 1행 데이터가 머리글로 등록됩니다.

13 첫 번째 열 이름을 더블클릭하여 **파일명**으로 변경합니다.

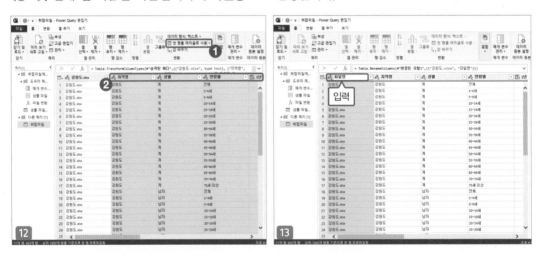

14 1행은 머리글로 등록되었지만 아래쪽으로 스크롤하면 반복되는 머리글이 남아있습니다. 반복되는 머리글을 제거하기 위해 [성별] 열 필터 단추⏷를 클릭하고 [성별]을 체크 해제합니다. [확인]을 클릭합니다.

15 [홈] 탭-[닫기] 그룹-[닫기 및 로드🗋]-[닫기 및 로드]를 선택합니다.

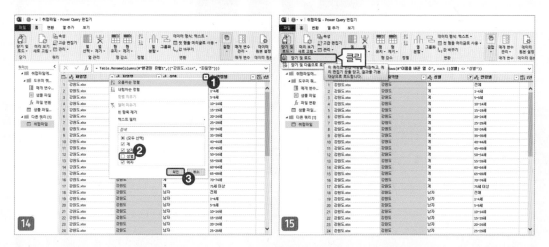

16 새 시트가 추가되고 취합된 결과가 입력되었습니다. 쿼리를 편집할 때는 [쿼리 및 연결] 작업 창의 [다른 쿼리]-[취합파일]을 더블클릭하면 쿼리를 수정할 수 있습니다.

17 [취합파일] 폴더 안에 새로운 파일이 추가되거나 기존 파일이 수정/삭제되었다면 쿼리 결과에서 마우스 오른쪽 버튼을 클릭하고 [새로 고침]을 클릭해 자동으로 업데이트할 수 있습니다.

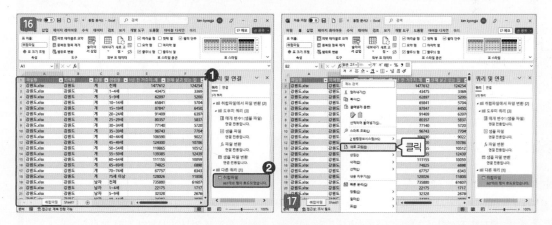

옵션 항목을 선택하면
금액이 자동 계산되는

옵션 공급계약서 작성하기

아파트 계약자가 원하는 옵션 항목을 선택하면 자동으로 계약금, 중도금, 잔금이 계산되는 자동화
문서를 작성하려고 합니다. 반복해서 입력해야 하는 항목은 유효성 검사와 사용자 지정 표시 형식을
설정하여 계약자마다 달라지는 데이터만 입력하도록 하고, 계약금/중도금/잔금 계산은 기준 비율을
이름으로 정의하여 수식에 사용합니다. 옵션 항목 선택에는 [확인란]을 추가하여 선택한 항목만 강
조되고, 전체 금액에 포함되어 계산되도록 해보겠습니다.

Before&After 미리 보기

- 계약자마다 선택하는 옵션이 달라서 금액 계산에 실수가 많아요.
- 선택한 옵션만 눈에 띄게 강조하고 싶어요.
- 매번 같은 수식을 일일이 입력하여 계산하기 힘들어요.

Before

After

행복아파트 플러스 옵션 공급계약서

설치장소 :   행복아파트   101동   2102호   76A 타입

(단위: 원, VAT 포함)

구분	상세 설명	판매금액	계약금 20% (계약시)	1차 중도금 35% (2023.03.10)	2차 중도금 35% (2024.01.10)	잔금 10% (입주지정일)	체크
시스템 에어컨	2곳 - 거실(18평)+안방(6평) / 실외기 3.0마력	3,340,000	668,000	1,169,000	1,169,000	3,340,000	☐
	3곳 - 거실(18평)+안방(6평)+침실(5평) / 실외기 4.0마력	4,490,000	898,000	1,571,500	1,571,500	4,490,000	☑
	4곳 - 거실(18평)+안방(6평)+침실2(5평)+침실3(5평) / 실외기 4.0마력	5,610,000	1,122,000	1,963,500	1,963,500	5,610,000	☐
wifi키트	거실 - 전 실내기 및 실외기 와이파이 연동	200,000	40,000	70,000	70,000	200,000	☑
중문	원슬라이딩 도어	990,000	198,000	346,500	346,500	990,000	☑
	초슬림 3연동 도어	1,090,000	218,000	381,500	381,500	1,090,000	☐
	스윙도어	1,200,000	240,000	420,000	420,000	1,200,000	☐

- 한 번 만들어두면 두고두고 쓸 수 있어요.
- 항목을 선택하여 체크만 하면 금액이 자동으로 나와요.
- 어떤 옵션을 선택했는지 한눈에 파악할 수 있어요.

STEP 01 설치장소 항목에 유효성 검사와 표시 형식 설정하기

실습 파일 | 10_공급계약서.xlsx
완성 파일 | 10_공급계약서-STEP02.xlsx

아파트의 동과 호수를 입력하는 셀에 숫자만 입력하면 자동으로 '101동 2102호'와 같이 단위가 함께 표시되도록 사용자 지정 표시 형식을 설정해보겠습니다. 타입은 목록에서 선택할 수 있도록 유효성 검사를 설정하고, '타입' 문자가 셀에 함께 표시되도록 표시 형식을 설정합니다.

엑셀로 살아남기   고정적인 문자는 사용자 지정 표시 형식으로 설정하기

1. 숫자에 문자 단위 표시 아파트의 동과 호수를 입력할 때 숫자와 문자를 함께 입력하려면 번거롭습니다. '101'과 같이 숫자만 입력해도 셀에 '101동'으로 표시되고, '2102'만 입력해도 '2102호'로 표시되도록 사용자 지정 표시 형식을 설정하면 데이터 입력이 편리해집니다.

[셀 서식]-[표시 형식] 탭-[범주]-[사용자 지정], 0동, 0호

2. 데이터 유효성 검사 설정 아파트 타입은 '67, 76A, 76B, 84A, 84B'와 같은 종류로 정해져 있습니다. 이렇게 입력해야 할 항목이 정해져있을 경우 데이터 유효성 검사를 설정해두면 목록에서 데이터를 선택할 수 있어 쉽게 입력할 수 있고, 잘못된 데이터가 입력되는 것을 사전에 방지할 수 있습니다.

[데이터] 탭-[데이터 도구] 그룹-[데이터 유효성 검사]

01 동과 호수에 표시 형식 설정하기 [공급계약서] 시트에서 작업합니다. ❶ [F4] 셀을 마우스 오른쪽 버튼으로 클릭하고 [셀 서식]을 선택합니다. ❷ [셀 서식] 대화상자의 [표시 형식] 탭-[범주]에서 [사용자 지정]을 선택합니다. ❸ [형식]에 **0동**을 입력한 후 ❹ [확인]을 클릭합니다.

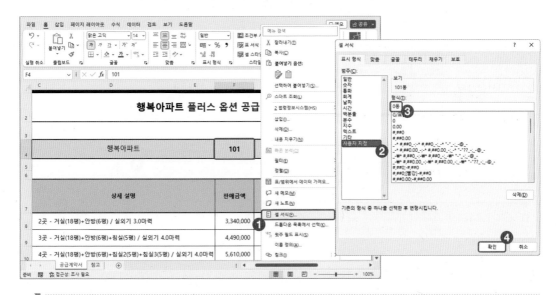

📈 **실력UP** '0'은 숫자의 자릿수를 표시하는 기호로 '0'을 한 개만 입력하면 셀에 입력된 숫자 데이터를 그대로 표시하고 '0동'을 입력하면 숫자 뒤에 '동' 문자가 추가로 표시됩니다.

02 ❶ [G4] 셀을 선택하고 Ctrl + 1 을 누릅니다. ❷ [셀 서식] 대화상자의 [표시 형식] 탭에서 [범주]-[사용자 지정]을 선택합니다. ❸ [형식]에 **0호**를 입력한 후 ❹ [확인]을 클릭합니다. ❺ 표시 형식이 설정되어 '2102호'로 표시됩니다.

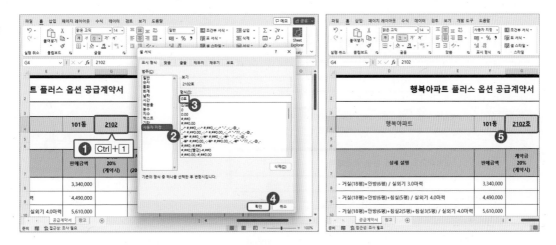

03 타입에 데이터 유효성 검사 설정하기 ❶ [H4] 셀을 선택한 후 ❷ [데이터 탭]–[데이터 도구] 그룹–[데이터 유효성 검사🔣]를 클릭합니다. [데이터 유효성] 대화상자의 [설정] 탭에서 ❸ [제한 대상]을 [목록]으로 선택합니다. ❹ [원본]에 **67,76A,76B,84A,84B**를 입력한 후 ❺ [확인]을 클릭합니다.

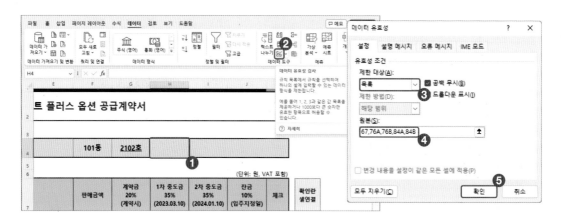

04 ❶ [H4] 셀을 선택하면 드롭다운 목록[▼]이 표시되고 ❷ 클릭하면 타입 목록이 나타납니다. ❸ [H4] 셀에서 Ctrl+1을 누릅니다. [셀 서식] 대화상자의 [표시 형식] 탭에서 ❹ [범주]–[사용자 지정]을 선택합니다. ❺ [형식]에 **@ 타입**을 입력한 후 ❻ [확인]을 클릭합니다. ❼ 선택한 타입에 표시 형식이 추가되어 표시됩니다.

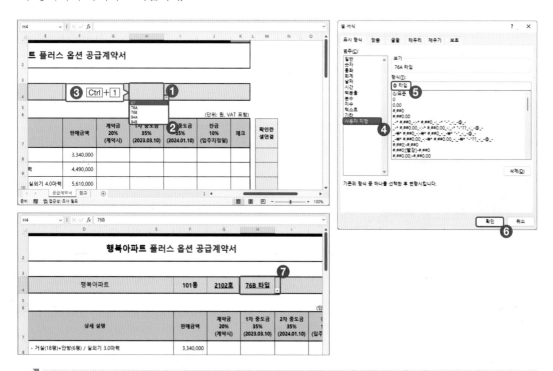

📈 **실력UP** '@' 기호는 문자를 표시하는 기호로 @ 기호 앞에 입력되는 문자는 셀 데이터 앞에 표시되고, @ 기호 뒤에 입력되는 문자는 셀 데이터 뒤에 표시됩니다.

세부 항목별 계약금, 중도금, 잔금 계산하여 확인란과 연결하기

실습 파일 | 10_공급계약서-STEP02.xlsx
완성 파일 | 10_공급계약서-STEP03.xlsx

[참고] 시트의 비율 항목을 이름으로 정의한 후 공급계약서 각 항목의 계약금, 중도금, 잔금을 계산해 보겠습니다. [체크] 열에 [확인란(양식 컨트롤)☑]을 추가하여 체크하면 해당 옵션을 선택한 것으로 하여 진하게 표시되고, 총 금액에 포함되어 합계가 계산될 수 있도록 합니다.

 엑셀로 살아남기 옵션 항목 선택은 양식 컨트롤의 확인란으로 만들기

1. 비율 이름 정의하기 [참고] 시트의 항목별 비율을 모든 금액 계산에 사용하려면 절대 참조로 지정해야 합니다. 이러한 경우 [비율] 표에서 왼쪽 열을 기준으로 이름을 정의하면 네 개의 이름을 한 번에 만들 수 있습니다. 이렇게 정의된 이름을 [공급계약서] 시트 수식에서 참조하도록 하면 빠르게 수식을 복사할 수 있습니다.

> [수식] 탭-[정의된 이름] 그룹-[선택 영역에서 만들기🖼], [왼쪽 열]

2. 양식 컨트롤 확인란 만들기 [개발 도구]-[삽입🖼]에 있는 [확인란(양식 컨트롤)☑]을 K열에 한 개 삽입한 후 채우기 핸들➕로 복사하면 나머지를 빠르게 추가할 수 있습니다. 추가된 [확인란]의 [컨트롤 서식]에서 각각 M열과 연결하면 체크했을 때 TRUE가 입력되고, 해제했을 때 FALSE가 입력됩니다. 이때 M열의 셀 값이 TRUE일 경우 [확인란]이 체크된 것이므로 금액의 글자를 진하게 표시하도록 조건부 서식을 설정합니다.

> [개발 도구] 탭-[삽입🖼] 그룹-[확인란(양식 컨트롤)☑]

3. 공기 청정기 설치 위치에 확인란 만들기 공기 청정기를 설치하는 장소 네 개를 [확인란]으로 추가하고 선택되는 개수에 따라 금액이 계산되도록 COUNTIF 함수를 사용합니다.

> [개발 도구] 탭-[삽입🖼] 그룹-[확인란(양식 컨트롤)☑], =COUNTIF(M22:P22,"TRUE")*250000

01 비율 기준 이름 정의하기 [참고] 시트에서 작업합니다. ❶ [B5:C8] 셀 범위를 선택합니다. ❷ [수식] 탭–[정의된 이름] 그룹–[선택 영역에서 만들기 ⊞]를 클릭합니다. [선택 영역에서 이름 만들기] 대화상자에서 ❸ [왼쪽 열]에만 체크한 후 ❹ [확인]을 클릭합니다. ❺ [이름 상자]에서 정의된 이름을 확인합니다.

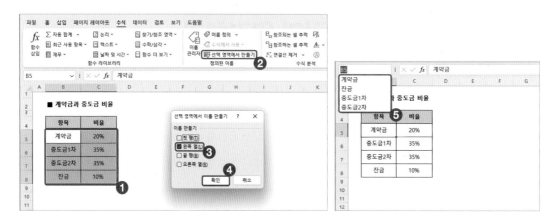

📈 **실력UP** 선택된 셀 범위에서 첫 번째 열의 문자가 이름으로 지정되고, 두 번째 열부터 셀 범위로 지정됩니다. 잘못 정의된 이름이 있을 경우 [수식] 탭–[정의된 이름] 그룹–[이름 관리자 ⊞]를 클릭하여 편집하거나 삭제할 수 있습니다.

02 계약금, 중도금, 잔금 수식 입력하기 ❶ [G8] 셀에 **=F8*계약금**을 입력하고 ❷ [H8] 셀에 **=F8*중도금1차**를 입력합니다.

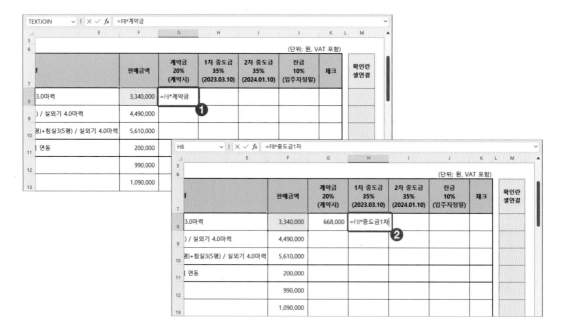

03 ❶ [I8] 셀에 **=F8*중도금2차**를 입력하고 ❷ [J8] 셀에 **=F8*잔금**을 입력합니다.

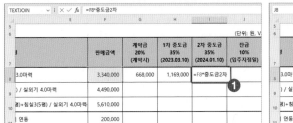

04 수식 복사하기 ❶ [G8:J8] 셀 범위를 선택한 후 채우기 핸들⊞을 더블클릭합니다. ❷ [채우기 옵션▤]을 클릭하고 [서식 없이 채우기]를 선택합니다.

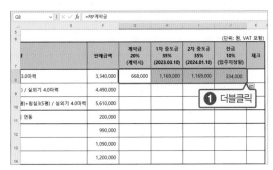
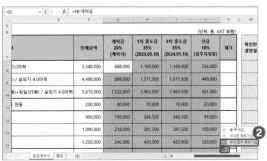

📈 **실력UP** 채우기 복사가 되면서 셀 테두리가 함께 복사되어 위쪽과 아래쪽 테두리가 굵은 테두리로 변경됩니다. 이때 [서식 없이 채우기]를 선택하면 서식을 제외하고 수식만 복사되기 때문에 테두리가 원래 상태로 복원됩니다.

05 개발 도구 표시하기 ❶ 리본 메뉴에서 마우스 오른쪽 버튼을 클릭한 후 [리본 메뉴 사용자 지정]을 선택합니다. [Excel 옵션] 대화상자의 ❷ [리본 메뉴 사용자 지정] 목록에서 [개발 도구]에 체크합니다. ❸ [확인]을 클릭합니다.

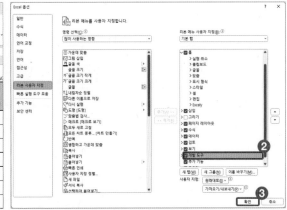

📈 **실력UP** [개발 도구] 탭을 이미 추가했다면 해당 단계는 건너뛰어도 됩니다.

06 확인란 추가하기 ❶ [개발 도구] 탭-[컨트롤] 그룹-[삽입 🖰]-[양식 컨트롤]-[확인란(양식 컨트롤) ☑]을 클릭합니다. ❷ [K8] 셀에 드래그하여 추가합니다. ❸ [확인란] 문자는 삭제합니다.

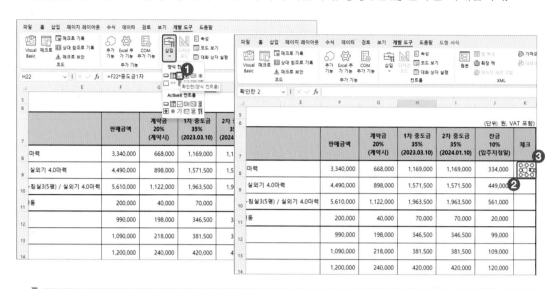

📈 **실력UP** [양식 컨트롤]의 [확인란]과 [ActiveX 컨트롤]의 [확인란]은 사용하는 방법이 다르므로 [ActiveX 컨트롤]의 [확인란]을 추가하지 않도록 주의합니다.

📈 **실력UP** '확인란' 문자가 삭제되지 않고 [확인란] 전체가 삭제되면 마우스 오른쪽 버튼을 클릭하여 [텍스트 편집]을 선택합니다.

07 ❶ [K8] 셀의 채우기 핸들 🖰을 [K21] 셀까지 드래그해 [확인란]을 복사합니다. ❷ [채우기 옵션 🖰]을 클릭하고 [서식 없이 채우기]를 선택합니다.

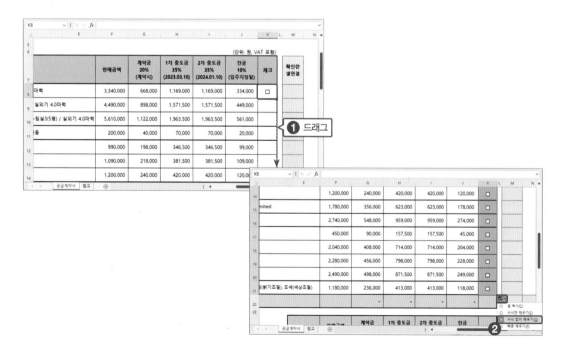

08 확인란 컨트롤 서식 설정하기 [확인란]의 체크 여부가 M열에 표시되도록 컨트롤 서식을 지정해보겠습니다. ❶ [K8] 셀의 [확인란]에서 마우스 오른쪽 버튼을 클릭한 후 [컨트롤 서식]을 선택합니다. ❷ [컨트롤 서식] 대화상자의 [컨트롤] 탭에서 [셀 연결]을 [M8] 셀로 설정합니다. ❸ [확인]을 클릭합니다. ❹ [확인란]을 체크하면 [M8] 셀에 TRUE가 표시되고, 해제하면 FALSE가 표시됩니다.

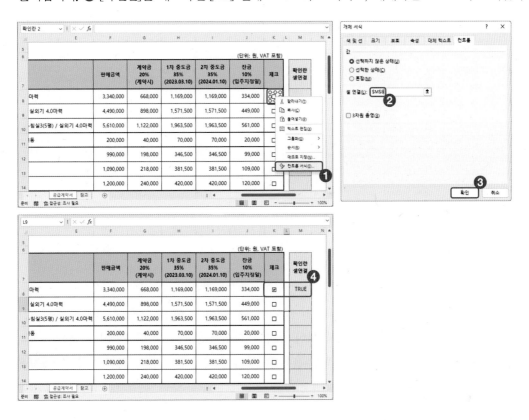

09 이번에는 ❶ [K9] 셀의 [확인란]에서 마우스 오른쪽 버튼을 클릭한 후 [컨트롤 서식]을 선택합니다. ❷ [컨트롤 서식] 대화상자의 [컨트롤] 탭에서 [셀 연결]을 [M9] 셀로 설정합니다. ❸ [확인]을 클릭합니다. ❹ [확인란]을 체크하면 [M9] 셀에 TRUE가 표시되고, 해제하면 FALSE가 표시됩니다.

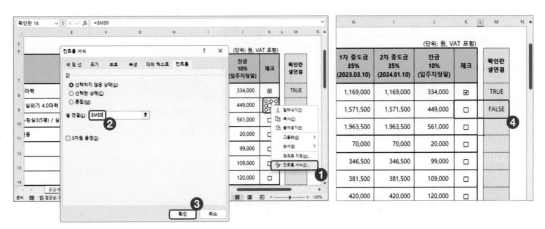

10 같은 방법으로 ❶ 나머지 [확인란]도 각각 [컨트롤 서식]에서 M열로 셀이 연결될 수 있도록 설정합니다. 행 위치는 같은 행이 될 수 있도록 지정해야 선택된 항목만 [총 금액합계]를 계산할 수 있습니다. ❷ [F8:J21] 셀 범위를 선택한 후 ❸ [홈] 탭-[글꼴] 그룹-[글꼴 색 🔽]-[흰색, 배경1, 35% 더 어둡게]를 선택합니다.

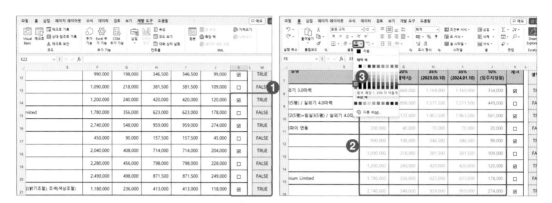

📈 **실력UP** [확인란]의 [셀 연결]은 복사할 수 없으므로 각각 [컨트롤 서식]에서 설정해야 합니다.

11 조건부 서식 설정하기 [확인란]이 체크된 항목의 금액만 글자가 검은색으로 굵게 표시되도록 조건부 서식을 설정해보겠습니다. ❶ [F8:J21] 셀 범위를 선택한 후 ❷ [홈] 탭-[스타일] 그룹-[조건부 서식🔳]-[새 규칙]을 선택합니다. [새 서식 규칙] 대화상자의 [규칙 유형 선택]에서 ❸ [수식을 사용하여 서식을 지정할 셀 결정]을 선택합니다. ❹ [다음 수식이 참인 값의 서식 지정]에 **=$M8**을 입력합니다. M열을 기준으로 [F:J] 열의 서식을 변경하기 위해 '$M8' 혼합 참조를 적용합니다. ❺ [서식]을 클릭합니다.

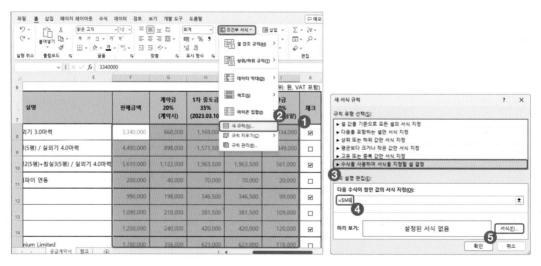

📈 **실력UP** 수식을 '=$M8=TRUE'로 입력해야 하는데, 조건식에서 TRUE는 생략할 수 있습니다.

12 [셀 서식] 대화상자의 [글꼴] 탭에서 ❶ [글꼴 스타일]은 [굵게]를 선택하고 ❷ [색]은 [검정, 텍스트1]을 선택합니다. ❸ [확인]을 클릭합니다. ❹ [새 서식 규칙] 대화상자의 [미리 보기]에 선택한 서식이 표시됩니다. ❺ [확인]을 클릭합니다.

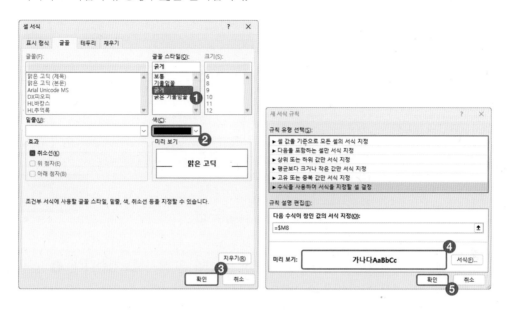

13 각각의 [확인란]에 체크하면 동일한 열의 텍스트가 검은색으로 굵게 표시되고, 해제하면 회색으로 표시됩니다.

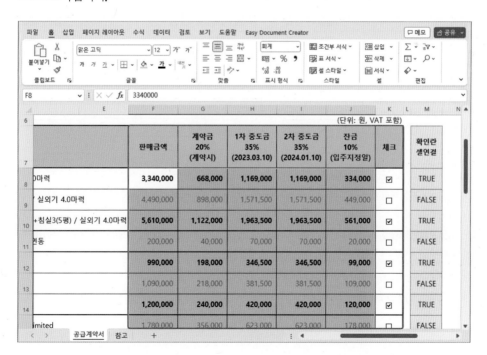

14 공기 청정기에 확인란 추가하기 ❶ [개발 도구] 탭–[컨트롤] 그룹–[삽입 🗒]–[양식 컨트롤]–[확인란(양식 컨트롤) ☑]을 선택합니다. ❷ [C22] 셀에 드래그하여 추가합니다.

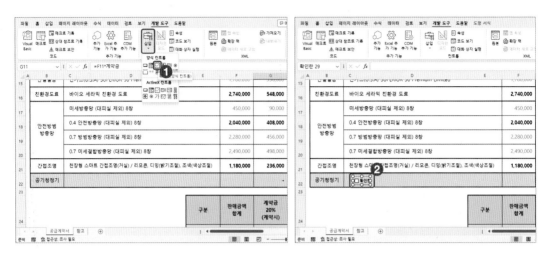

15 ❶ [확인란] 텍스트를 **거실**로 수정합니다. 나머지 [확인란]은 복사해보겠습니다. ❷ Ctrl +Shift 를 누른 상태에서 거실 [확인란]을 오른쪽으로 세 번 드래그합니다.

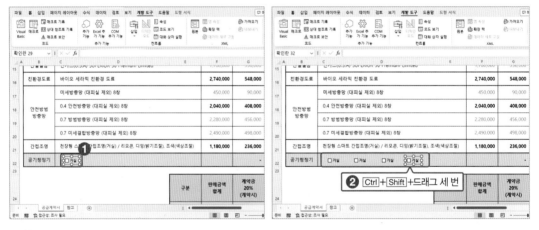

📈 **실력UP** 텍스트가 수정되지 않을 경우 [확인란]에서 마우스 오른쪽 버튼을 클릭하고 [텍스트 편집]을 선택합니다.

💡 **SOS** [확인란]을 포함한 개체를 복사할 때 Ctrl 은 복사 기능이고, Shift 는 수평으로 이동하는 기능입니다. Ctrl +Shift 를 동시에 누른 상태에서 드래그하면 수평으로 복사됩니다.

16 ❶ 두 번째 [확인란]에서 마우스 오른쪽 버튼을 클릭하고 [텍스트 편집]을 선택합니다. ❷ 텍스트를 **안방**으로 변경합니다. ❸ 같은 방법으로 세 번째 [확인란]은 **침실2**로, 네 번째 [확인란]은 **침실3**으로 변경합니다.

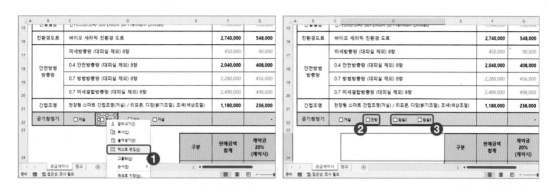

📈 **실력UP** 네 개의 [확인란]의 가로 간격을 동일하게 맞출 경우 Ctrl 을 누른 상태에서 네 개의 [확인란]을 클릭한 후 [도형 서식] 탭→[정렬] 그룹→[맞춤 🔳]→[가로 간격 동일하게]를 선택합니다.

17 ❶ 거실 [확인란]에서 마우스 오른쪽 버튼을 클릭한 후 [컨트롤 서식]을 선택합니다. [컨트롤 서식] 대화상자의 [컨트롤] 탭에서 ❷ [셀 연결]을 [M22] 셀로 설정합니다. ❸ [확인]을 클릭합니다. ❹ 같은 방법으로 안방 [확인란]은 [N22] 셀로, 침실2 [확인란]은 [O22] 셀로, 침실3 [확인란]은 [P22] 셀로 연결합니다. ❺ 네 개의 확인란을 각각 체크하고, 해제했을 때 [M22:P22] 셀 범위에 TRUE나 FALSE가 표시되는지 확인합니다.

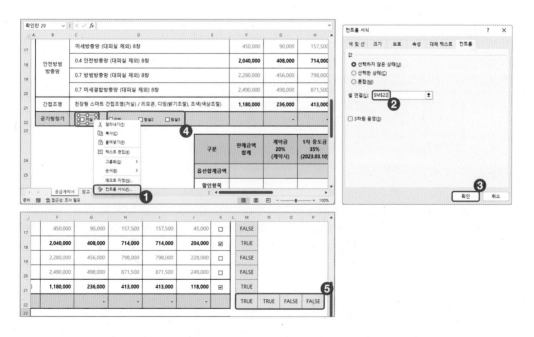

18 공기 청정기 금액 계산하기 공기 청정기 금액은 [C22] 셀에 있는 [확인란]의 체크 개수에 따라 달라집니다. COUNTIF 함수를 사용하여 한 개당 250,000원으로 계산해보겠습니다. ❶ [F22] 셀에 **=COUNTIF(M22:P22,"TRUE")*250000**를 입력합니다. ❷ 공기 청정기 금액이 확인란에서 선택한 개수 기준으로 계산됩니다.

📈 **실력UP** COUNTIF 함수는 한 개의 조건에 만족하는 데이터의 개수를 구하는 함수입니다. 해당 수식은 [C22] 셀에 있는 [확인란]에 체크하면 [M22:P22] 셀 범위에 TRUE가 표시되므로 TRUE 문자의 개수를 COUNTIF 함수로 구하여 250,000원을 곱해줍니다.

STEP 03

합계 금액과 할인 금액 계산하기

실습 파일 | 10_공급계약서-STEP03.xlsx
완성 파일 | 10_공급계약서(완성).xlsx

[확인란]에서 체크한 옵션 항목들의 합계를 SUMIF 함수를 이용하여 구하고 할인항목 선택에는 데이터 유효성 검사를 설정하여 목록에서 선택할 수 있도록 합니다. 할인항목이 선택되면 3%가 할인된 최종 금액의 합계를 구해보겠습니다.

 엑셀로 살아남기　체크된 항목의 합계만 구할 때는 SUMIF 함수

1. SUMIF 함수로 판매금액 합계 구하기 각 옵션 항목별로 [확인란]에 체크하면 연결된 셀에 TRUE가 표시됩니다. TRUE가 표시된 옵션 항목의 [판매금액]의 합계를 SUMIF 함수를 이용하여 구합니다.

```
=SUMIF(M8:M21,TRUE,F8:F21)+F22
```

2. 할인 항목에 데이터 유효성 검사 설정하기 할인 항목에는 '현금할인, 카드할인, 없음' 중에 하나만 입력할 수 있도록 하기 위해 데이터 유효성 검사를 설정하고 목록에서 선택할 수 있도록 합니다.

```
[데이터] 탭-[데이터 도구] 그룹-[데이터 유효성 검사]
```

3. IF 함수로 할인 후 금액 구하기 할인항목에서 '현금할인' 또는 '카드할인'이 선택되면 3%가 할인된 금액이 계산되도록 IF 함수를 사용합니다.

```
=IF(F26<>"없음(0%)",F25*0.97,F25)
```

01 판매금액 합계 구하기 ❶ [F25] 셀에 **=SUMIF(M8:M21,TRUE,F8:F21)+F22**를 입력합니다. ❷ 체크된 항목의 합계만 계산됩니다.

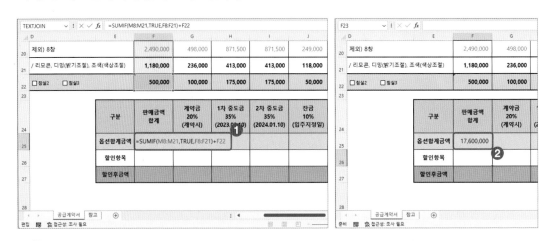

📈 **실력UP** SUMIF 함수는 한 개의 조건에 만족하는 숫자의 합을 구하는 함수로 [M8:M21] 셀 범위의 값이 TRUE인 경우 [F8:F21] 셀 범위의 합계를 구합니다. 이 합계에는 [공기청정기] 금액이 포함되어 있지 않으므로 [F22] 셀 값을 더해줍니다.

02 할인항목에 데이터 유효성 검사 설정하기 ❶ [F26] 셀을 선택한 후 ❷ [데이터] 탭–[데이터 도구] 그룹–[데이터 유효성 검사🖾]–[데이터 유효성 검사]를 선택합니다. [데이터 유효성] 대화상자의 [설정] 탭에서 ❸ [제한 대상]으로 [목록]을 선택합니다. ❹ [원본]에 **현금(일시불:3%),카드(일시불:3%),없음(0%)**를 입력한 후 ❺ [확인]을 클릭합니다.

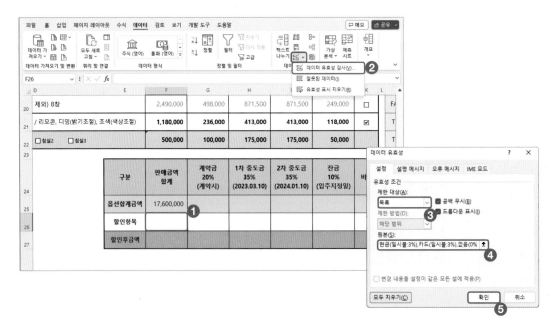

03 ❶ [F26] 셀을 선택하면 드롭다운 목록⤵이 표시되고 ❷ 클릭하면 할인 목록이 나타납니다.

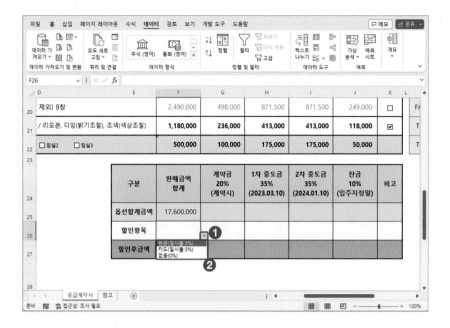

04 할인 후 금액 구하기 '할인항목'이 '현금(일시불:3%)' 또는 '카드(일시불:3%)'이면 '판매금액 합계'에서 3%가 할인된 금액이 계산되도록 IF 함수를 사용합니다. ❶ [F27] 셀에 **=IF(F26<>"없음(0%)",F25*0.97,F25)**를 입력합니다. ❷ 할인된 금액이 표시됩니다.

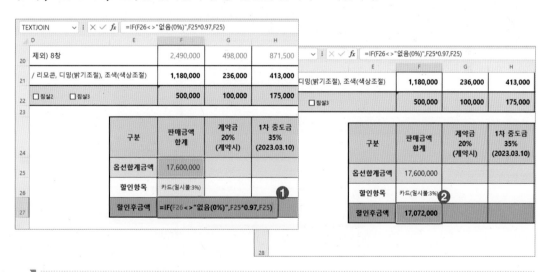

📈 **실력UP** IF 함수는 조건에 따라 서로 다른 값이나 식을 계산하는 함수로 [F26] 셀에서 선택된 항목이 '없음(0%)'이 아닐 경우 '판매금액 합계'에 0.97을 곱하고, '없음(0%)'일 경우 '판매금액 합계'를 그대로 표시합니다.

05 계약금, 중도금, 잔금 수식 복사하기 '합계금액'과 '할인금액'도 계약금부터 잔금까지 계산해야 하므로 22행의 수식을 복사하겠습니다. ❶ [G22:J22] 셀 범위를 선택한 후 Ctrl + C를 눌러 복사합니다. ❷ [G25] 셀을 마우스 오른쪽 버튼으로 클릭하고 [붙여넣기 옵션]-[수식 [fx]]을 선택합니다. 같은 방법으로 ❸ [G27] 셀을 마우스 오른쪽 버튼으로 클릭하고 [붙여넣기 옵션]-[수식 [fx]]을 선택합니다.

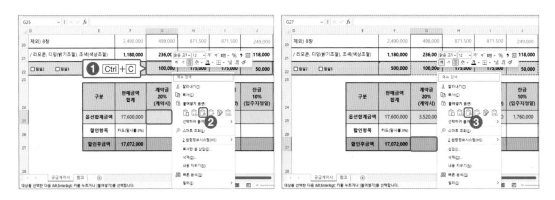

06 ❶ 계약금, 중도금, 잔금이 모두 계산되었습니다. ❷ [M:P] 열을 선택한 후 ❸ 마우스 오른쪽 버튼을 클릭하고 [숨기기]를 선택합니다.

견적서 합계 금액 한글로 표시하기
KeyPoint | 사용자 지정 표시 형식

실습 파일 | 10_강사노하우(금액표시형식).xlsx
완성 파일 | 10_강사노하우(금액표시형식_완성).xlsx

견적서에서 총 금액을 계산하면 숫자로 표시됩니다. 총 금액을 숫자와 한글로 동시에 표시해야 할 경우 총 금액을 두 셀에 표시한 후 한 셀은 '숫자' 표시 형식을 적용하고, 다른 한 셀은 [표시 형식]-[기타] 범주에서 제공하는 [숫자(한글)]를 적용하면 쉽게 한글로 표시할 수 있습니다.

합계 금액 두 번 표시하기

01 [D11] 셀에는 합계 금액을 한글로, [I11] 셀에는 합계 금액을 숫자로 각각 표시해보겠습니다. [D11] 셀에 **=G24+I24**를 입력합니다.

02 [I11] 셀에는 [D11] 셀 값을 그대로 연결하겠습니다. [I11] 셀에 **=D11**을 입력합니다.

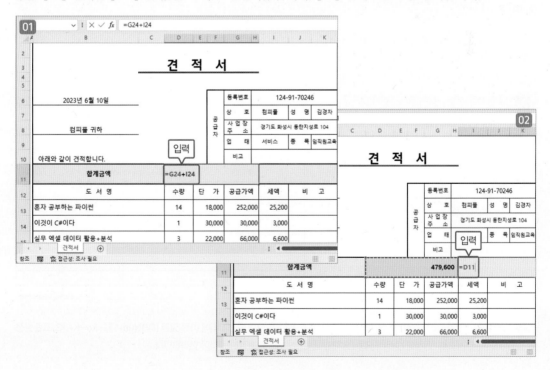

한글로 표시하기

03 [D11] 셀을 선택한 후 Ctrl + 1 을 누릅니다.

04 [셀 서식] 대화상자의 [표시 형식] 탭에서 [범주]-[기타]를 선택하고 [형식]에서 [숫자(한글)]를 선택합니다.

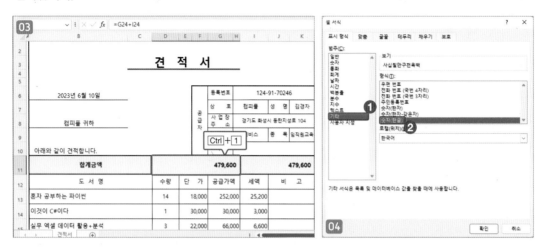

05 [범주]-[사용자 지정]을 선택합니다. [형식]에 [숫자(한글)]의 표시 형식 기호가 표시됩니다. 표시된 기호 맨 앞에 **일금**과 공백 한 칸을 입력하고, 맨 뒤에 **원정**을 입력합니다. [확인]을 클릭합니다.

06 [D11] 셀의 숫자가 한글로 표시되었습니다.

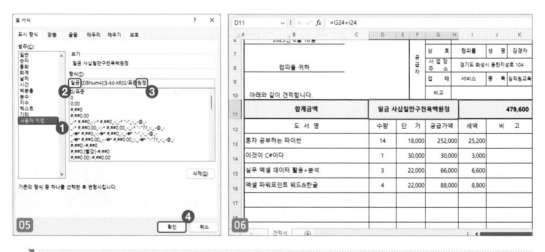

📈 **실력UP** [기타]-[숫자(한글)]를 선택하지 않고 [사용자 지정]을 클릭 후 [형식]에 바로 **일금 [DBNum4][$-ko-KR]G/표준원정** 을 입력해도 되나, 기호를 기억하기 어려우므로 [숫자(한글)]를 선택한 후 수정하는 것이 편리합니다.

괄호가 포함된 통화 형식으로 표시하기

07 [I11] 셀을 선택한 후 Ctrl+1을 누릅니다. [셀 서식] 대화상자의 [표시 형식] 탭에서 [범주]-[사용자 지정]을 클릭하고 **(₩#,##0)**를 입력합니다.

08 [홈] 탭-[맞춤] 그룹-[왼쪽 맞춤▤]을 클릭합니다. 두 개의 합계 금액이 각각 다른 셀에 있지만 수직 중간 테두리가 없어 한 셀에 입력된 것처럼 보입니다.

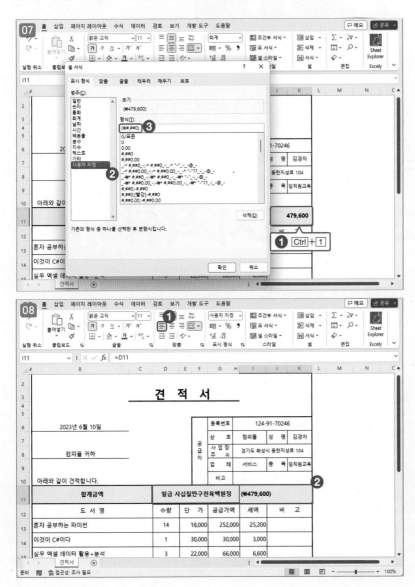

공정과 라인을 선택하여
생산현황을 파악할 수 있는

대시보드 보고서 작성하기

대시보드는 실시간으로 현황을 파악하여 빠른 의사 결정을 할 수 있는 현황판을 의미합니다. 엑셀을 사용해 피벗 테이블과 차트를 구성하여 대시보드 보고서를 작성할 수 있습니다. 피벗 테이블의 슬라이서 기능을 이용하면 확인하고자 하는 항목을 선택할 수 있고, 선택한 항목을 기준으로 피벗 테이블과 차트 결과가 표시되기 때문에 다양한 각도에서 데이터를 분석할 수 있습니다. 생산 데이터 목록을 이용하여 공정별/라인별 실적을 분석하고, 월별 계획대비 생산현황을 파악할 수 있는 대시보드 보고서를 작성해보겠습니다.

❖ CHAPTER 예제 ❖

Before&After 미리 보기

- 피벗 테이블이 너무 많아서 화면이 복잡해요.
- 매월 같은 보고서를 반복해서 만들어야 해요.
- 차별화되고 세련된 보고서를 작성하고 싶어요.

Before

After

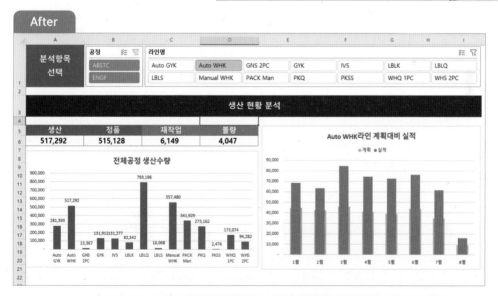

- 보고서를 한눈에 보기 쉽게 작성할 수 있어요.
- 보고 싶은 항목을 클릭하면 피벗과 차트가 자동으로 변경돼요.
- 원본 데이터가 추가되면 보고서에 자동으로 반영돼요.

전체 생산현황의 수량을 집계하는 피벗 테이블과 슬라이서 작성하기

실습 파일 | 11_대시보드.xlsx
완성 파일 | 11_대시보드-STEP02.xlsx

[Data] 시트의 데이터를 표로 등록하여 생산수량, 정품수량, 재작업수량, 불량수량을 집계하는 피벗 테이블을 작성하고, 공정과 라인명을 필터하는 슬라이서를 추가해보겠습니다.

엑셀로 **살아남기**   대시보드 보고서의 핵심! 슬라이서 활용하기

1. 표로 등록하기 피벗 테이블을 작성한 후 원본 데이터의 마지막에 행이나 열이 추가되면 [데이터 원본 변경]으로 매번 데이터 원본 범위를 변경해야 합니다. 이때 원본 데이터를 표로 등록해두면 셀 범위가 자동으로 확장되어 피벗 테이블의 원본 범위도 자동으로 변경됩니다. 또한 같은 데이터로 피벗 테이블을 여러 개 작성할 때도 표로 등록하면 피벗 테이블 작성 시간을 단축할 수 있습니다.

> [홈] 탭-[스타일] 그룹-[표 서식]

2. 피벗 테이블 작성하기 표로 등록한 데이터를 이용해 각 항목별 수량을 집계하는 피벗 테이블을 작성하고 피벗 테이블의 서식을 꾸밉니다.

> [삽입] 탭-[표] 그룹-[피벗 테이블], [테이블/범위에서]

3. [공정] 슬라이서와 [라인] 슬라이서 작성하기 슬라이서는 피벗 테이블에 필터를 적용할 수 있는 기능으로 여러 피벗 테이블을 동시에 제어하고 빠르게 피벗 테이블을 필터링할 수 있을 뿐만 아니라 필터링 상태를 쉽게 확인할 수 있습니다. 작성된 피벗 테이블에서 [공정] 슬라이서와 [라인] 슬라이서를 추가하여 대시보드 보고서의 메인 선택 항목으로 사용합니다.

> [피벗 테이블 분석] 탭-[필터] 그룹-[슬라이서 삽입 ▥]

01 표로 등록하기 피벗 테이블 원본 데이터로 사용할 셀 범위를 표로 등록해보겠습니다. [Data] 시트에서 작업합니다. ❶ [A1] 셀을 선택합니다. ❷ [홈] 탭-[스타일] 그룹-[표 서식 🖾]-[파랑, 표 스타일 밝게 9]를 선택합니다. [표 만들기] 대화상자가 나타나고 ❸ 자동으로 설정되는 범위를 그대로 둡니다. ❹ [확인]을 클릭합니다.

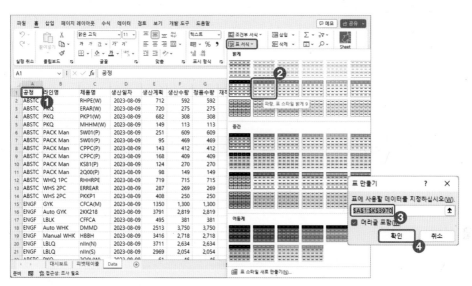

🚨 **SOS** [A1] 셀을 선택한 후 Ctrl+T를 누르거나 [삽입] 탭-[표] 그룹-[표 🖽]를 클릭해도 표로 등록할 수 있습니다.

02 표로 등록되어 ❶ [테이블 디자인] 탭이 표시됩니다. ❷ [테이블 디자인] 탭-[속성] 그룹-[표 이름]을 **생산데이터**로 변경합니다.

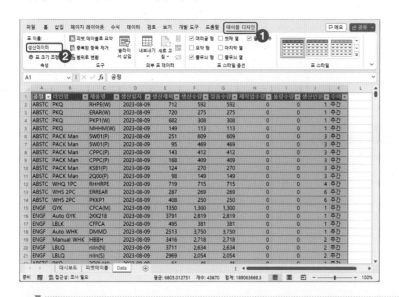

📈 **실력UP** 등록된 표를 해제할 경우 [테이블 디자인] 탭-[표 스타일] 그룹-[없음]을 선택하여 서식을 모두 없애고, [범위로 변환 🖾]을 클릭하면 '표를 정상 범위로 변환하시겠습니까?'라는 메시지가 나타납니다. [확인]을 클릭하면 등록된 표가 해제됩니다.

03 피벗 테이블 작성하기 [대시보드] 시트에서 작업합니다. ❶ [A5] 셀을 선택합니다. ❷ [삽입] 탭–[표] 그룹–[피벗 테이블⛃]–[테이블/범위에서]를 선택합니다. [표 또는 범위 선택] 대화상자의 ❸ [표/범위]에 **생산데이터**를 입력하고 ❹ [피벗 테이블을 배치할 위치를 선택합니다]에는 **대시보드!$A$5**가 입력되었는지 확인합니다. ❺ [확인]을 클릭합니다.

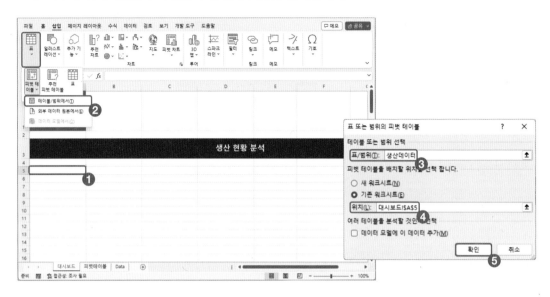

04 피벗 테이블 레이아웃 설정하기 [A5] 셀에 피벗 테이블 작업 영역이 표시되고 오른쪽에는 [피벗 테이블 필드] 작업 창이 나타납니다. ❶ [생산수량] 필드, [정품수량] 필드, [재작업수량] 필드, [불량수량] 필드에 차례대로 체크합니다. ❷ 체크한 네 개의 필드가 [값] 영역으로 추가됩니다.

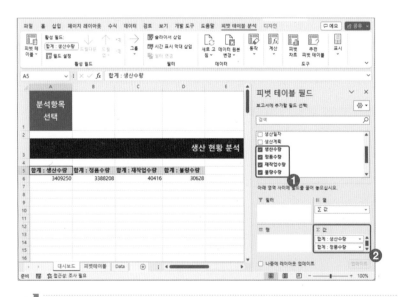

📈 **실력UP** 추가할 필드를 [값] 영역으로 드래그해도 되지만 네 개의 필드 형식이 모두 숫자 형식이므로 체크만 해도 [값] 영역에 자동으로 추가됩니다.

05 피벗 테이블 옵션 변경하기 피벗 테이블이 업데이트될 때 열 너비 자동 맞춤이 되지 않도록 해제해보겠습니다. ❶ [B5] 셀을 마우스 오른쪽 버튼으로 클릭하고 [피벗 테이블 옵션]을 선택합니다. [피벗 테이블 옵션] 대화상자의 ❷ [피벗 테이블 이름]을 **전체피벗**으로 변경하고 ❸ [레이아웃 및 서식] 탭에서 [업데이트 시 열 자동 맞춤]의 체크를 해제합니다. ❹ [확인]을 클릭합니다.

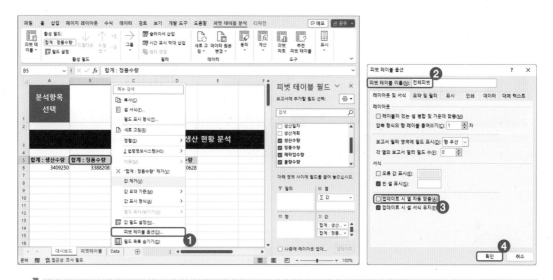

실력UP 대시보드 보고서에는 피벗 테이블이 여러 개 사용되므로 피벗 테이블 구분을 위해 이름을 변경하는 것이 좋습니다. 피벗 테이블 이름은 [피벗 테이블 분석] 탭-[피벗 테이블] 그룹-[피벗 테이블 이름]에서 변경해도 됩니다.

06 열 머리글 변경하고 서식 설정하기 ❶ [A5] 셀에 **생산**, [B5] 셀에 **정품**, [C5] 셀에 **재작업**, [D5] 셀에 **불량**을 각각 입력합니다. ❷ [A5:B5] 셀 범위를 선택한 후 ❸ [홈] 탭-[글꼴] 그룹-[채우기 색 ⬚]-[파랑, 강조1]을 선택합니다.

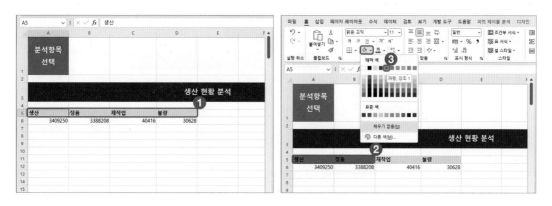

07 ❶ [C5:D5] 셀 범위를 선택한 후 ❷ [홈] 탭-[글꼴] 그룹-[채우기 색 ◇]-[주황, 강조2]를 선택합니다. ❸ [A5:D5] 셀 범위를 선택한 후 ❹ [홈] 탭-[글꼴] 그룹-[글꼴 색 ㄱ]-[흰색, 배경1]을 선택합니다.

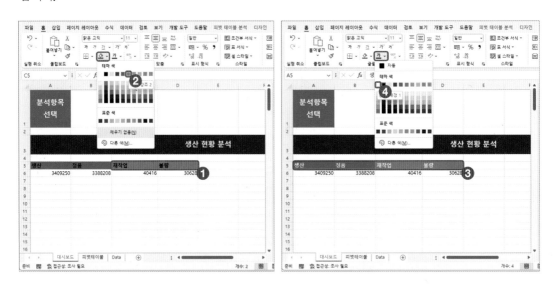

08 글꼴과 테두리 서식 설정하기 ❶ [A5:D6] 셀 범위를 선택한 후 ❷ [홈] 탭-[글꼴] 그룹-[글꼴 크기]를 **14**로 변경하고 ❸ [굵게 ㄱ]를 클릭합니다. ❹ [홈] 탭-[맞춤] 그룹-[가운데 맞춤 ≡]을 클릭한 후 ❺ 마우스 오른쪽 버튼을 클릭하여 [셀 서식]을 선택합니다.

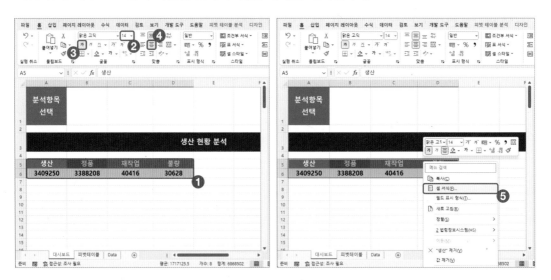

09 [셀 서식] 대화상자의 [표시 형식] 탭에서 ❶ [범주]-[숫자]를 선택하고 ❷ [1000 단위 구분 기호(,) 사용]을 체크합니다. [테두리] 탭에서 ❸ [선]-[스타일]은 [실선]을 선택하고 ❹ [색]은 [흰색, 배경1, 50% 더 어둡게]를 선택합니다. ❺ [미리 설정]에서 [윤곽선⊞]과 [안쪽⊞]을 각각 클릭합니다. ❻ [확인]을 클릭합니다. ❼ [A:E] 열을 선택한 후 열 너비를 F열 크기와 비슷하게 변경합니다.

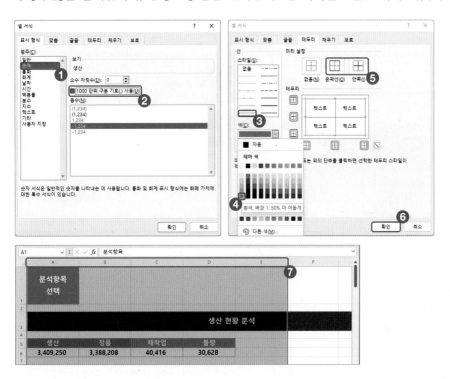

10 슬라이서 추가하기 ❶ [A5] 셀을 선택한 후 ❷ [피벗 테이블 분석] 탭-[필터] 그룹-[슬라이서 삽입⊞]을 클릭합니다. [슬라이서 삽입] 대화상자에서 ❸ [공정]과 [라인명]을 체크한 후 ❹ [확인]을 클릭합니다.

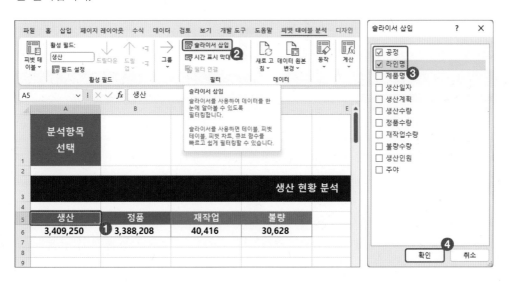

11 ❶ [공정]과 [라인명] 슬라이서가 추가되었습니다. ❷ [공정] 슬라이서를 [B1] 셀로 이동하고 크기를 변경합니다. ❸ [슬라이서] 탭-[슬라이서 스타일] 그룹-[연한 녹색, 슬라이서 스타일 어둡게 6]을 선택합니다.

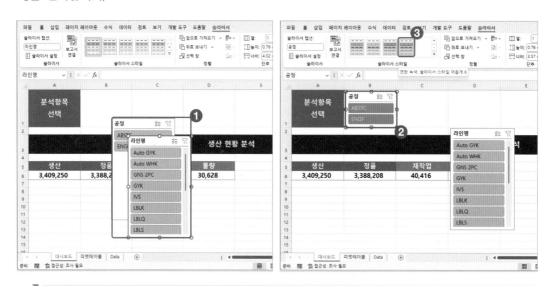

📈 **실력UP** 피벗 테이블의 원본 데이터인 [생산데이터] 목록의 모든 필드를 슬라이서로 추가할 수 있으며 슬라이서를 제거하려면 마우스 오른쪽 버튼을 클릭하여 ["공정"제거]를 선택합니다.

12 ❶ [라인명] 슬라이서를 [C1:I1] 셀 범위로 이동하여 위치와 크기를 변경합니다. ❷ [슬라이서] 탭-[슬라이서 스타일] 그룹-[연한 녹색, 슬라이서 스타일 밝게 6]을 선택합니다. ❸ [슬라이서] 탭-[단추] 그룹-[열]을 **7**로 변경합니다. 일곱 개 열로 표시되어 모든 라인명이 표시됩니다.

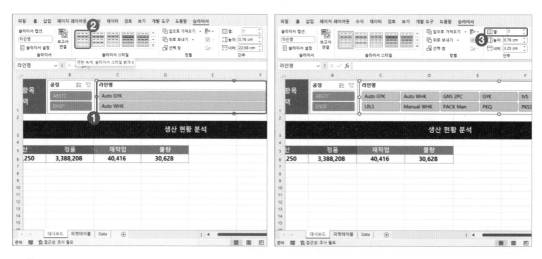

📈 **실력UP** 슬라이서를 배치할 때 Alt 를 누른 상태에서 드래그해 이동하거나 크기를 변경하면 셀 크기에 딱 맞출 수 있습니다.

13 라인명 슬라이서 없는 항목 숨기기 [공정] 슬라이스에서 선택한 공정에 해당되는 라인명만 [라인명] 슬라이서에 표시되도록 설정을 변경해보겠습니다. ❶ [라인명] 슬라이서에서 마우스 오른쪽 버튼을 클릭하고 [슬라이서 설정]을 선택합니다. [슬라이서 설정] 대화상자에서 ❷ [항목 정렬 및 필터링]의 [데이터가 없는 항목 숨기기]에 체크합니다. ❸ [확인]을 클릭합니다.

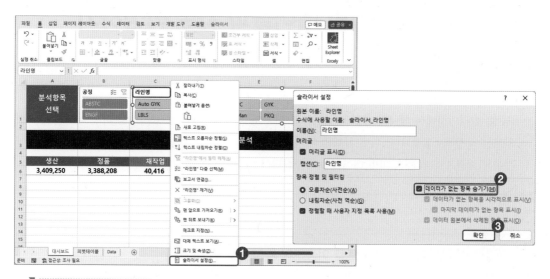

📈 **실력UP** [라인명] 슬라이서에는 모든 공정에 해당하는 라인명이 표시됩니다. [공정] 슬라이서에서 [ABSTC]를 선택하면 [ABSTC] 공정에 해당하는 라인명은 활성화되고, 해당하지 않는 라인명은 비활성화됩니다. [데이터가 없는 항목 숨기기]를 체크하면 비활성화되는 라인명이 아예 표시되지 않습니다.

14 ❶ [공정] 슬라이서에서 [ENGF]를 선택하면 ❷ [라인명] 슬라이서에 [ENGF]에 해당하는 [라인명]만 표시됩니다. 두 슬라이서에서 선택하는 항목에 따라 [전체 피벗] 데이터가 자동으로 변경됩니다. [슬라이서]에 선택된 필터를 해제할 경우 ❸ [필터 지우기🔽]를 클릭합니다.

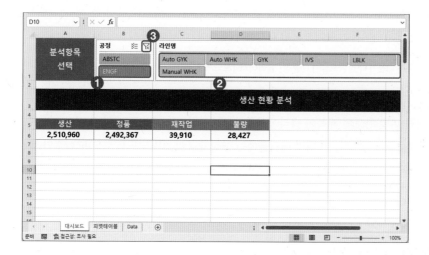

공정별 생산수량을 분석하는 피벗 테이블과 차트 작성하기

실습 파일 | 11_대시보드-STEP02.xlsx
완성 파일 | 11_대시보드-STEP03.xlsx

[공정] 슬라이서에서 하나의 공정을 선택하면 해당 공정의 생산수량을 표시하는 피벗 테이블과 피벗 차트를 작성해보겠습니다. 피벗 차트의 데이터로 사용할 피벗 테이블과 차트 제목을 만들 피벗 테이블이 필요하므로 두 개의 피벗 테이블을 작성합니다.

 엑셀로 살아남기 ┃ 피벗 차트를 이용하여 동적 차트 작성하기

1. 공정별 라인 생산수량을 집계하는 피벗 테이블 작성하기 [피벗 테이블] 시트에 공정별로 라인의 생산수량을 집계하는 피벗 테이블을 작성합니다. 이 피벗 테이블은 대시보드 보고서에 직접적으로 보이지 않고 피벗 차트의 데이터로 사용됩니다.

> [삽입] 탭-[표] 그룹-[피벗 테이블], [테이블/범위에서]

2. 피벗 차트 작성하기 공정별 라인 생산수량을 표시하는 2차원 막대 차트를 작성하여 [공정] 슬라이서에 연결하고 슬라이서에서 선택하는 항목이 차트에 표시되도록 합니다. 차트에 세로 축 레이블은 표시하지 않고 계열에 데이터 레이블이 표시되도록 서식을 설정하여 [대시보드] 시트에 배치합니다.

> [피벗 테이블 분석] 탭-[도구] 그룹-[피벗 차트⬚] [공정] 슬라이서-[보고서 연결]

3. 피벗 차트 제목 만들기 피벗 차트의 제목이 슬라이서에서 필터링할 때마다 자동으로 변경되도록 차트 제목용 피벗 테이블을 작성합니다. 이 피벗 테이블에는 공정 종류만 표시되도록 하고 IF 함수와 COUNTA 함수를 이용하여 차트 제목에 사용할 문자를 만듭니다.

> [삽입] 탭-[표] 그룹-[피벗 테이블⬚]-[테이블/범위에서]
> =IF(COUNTA(D5:D6)=2,"전체",D5)
> =E4&"공정 생산수량"

01 공정별 피벗 테이블 작성하기 [피벗테이블] 시트에서 작업합니다. ❶ [A4] 셀을 선택합니다. ❷ [삽입] 탭-[표] 그룹-[피벗 테이블🖻]-[테이블/범위에서]를 선택합니다. [표 또는 범위의 피벗 테이블] 대화상자의 ❸ [표/범위]에 **생산데이터**를 입력하고 ❹ [피벗 테이블을 배치할 위치를 선택합니다]에는 **피벗테이블!$A$4**가 입력되었는지 확인합니다. ❺ [확인]을 클릭합니다.

02 피벗 테이블 레이아웃 설정하기 [피벗 테이블 필드] 작업 창의 필드 목록에서 ❶ [라인명] 필드를 [행] 영역으로 드래그하고, ❷ [생산수량] 필드를 [값] 영역으로 드래그합니다. ❸ [B5:B19] 셀 범위를 선택한 후 ❹ [홈] 탭-[표시 형식] 그룹-[쉼표 스타일⌐]을 클릭합니다.

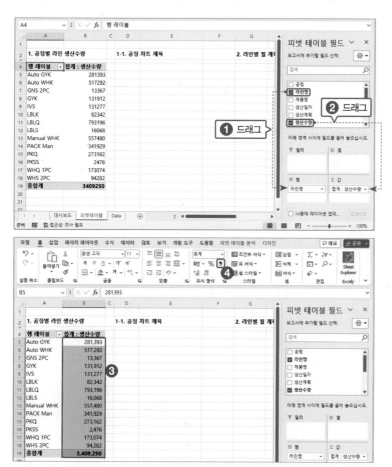

03 피벗 테이블 이름 변경하기 [피벗 테이블 분석] 탭–[피벗 테이블] 그룹–[피벗 테이블 이름]을 **1.공정피벗**으로 변경합니다.

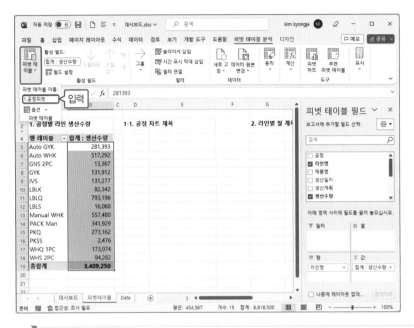

📈 **실력UP** [피벗 테이블] 시트에는 총 네 개의 피벗 테이블을 작성할 예정입니다. 이때 피벗 테이블 이름을 알기 쉽게 변경해야 [대시보드] 시트의 슬라이서와 연결할 때 편리합니다.

04 차트 제목용 피벗 테이블 작성하기 [공정] 슬라이서에서 필터링할 때마다 피벗 차트의 제목이 자동으로 변경되게 하려면 차트 제목에 사용할 피벗 테이블이 필요합니다. ❶ [D4] 셀을 선택한 후 ❷ [삽입] 탭–[표] 그룹–[피벗 테이블▦]–[테이블/범위에서]를 선택합니다. [표 또는 범위의 피벗 테이블] 대화상자의 ❸ [표/범위]에 **생산데이터**를 입력하고 ❹ [피벗 테이블을 배치할 위치를 선택합니다]에는 **피벗테이블!$D$4**가 입력되었는지 확인합니다. ❺ [확인]을 클릭합니다.

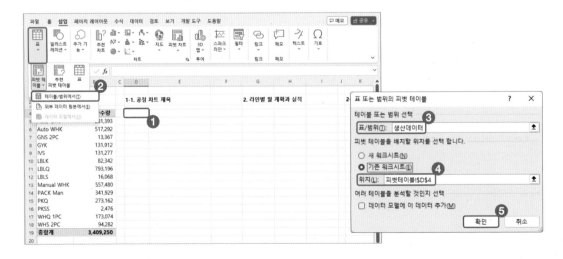

05 피벗 테이블 레이아웃 설정하기 [피벗 테이블 필드] 작업 창의 필드 목록에서 ❶ [공정] 필드를 [행] 영역으로 드래그합니다. 공정에 해당하는 목록만 필요하므로 [행] 영역만 사용합니다. ❷ [총합계]에서 마우스 오른쪽 버튼을 클릭하고 [합계 제거]를 선택합니다.

06 함수로 차트 제목 만들기 피벗 테이블로 표시된 [행 레이블]의 목록을 이용하여 차트 제목으로 사용할 문자를 만들어보겠습니다. ❶ [E4] 셀에 **=IF(COUNTA(D5:D6)=2,"전체",D5)**를 입력합니다. ❷ [E5] 셀에 **=E4&"공정 생산수량"**를 입력합니다.

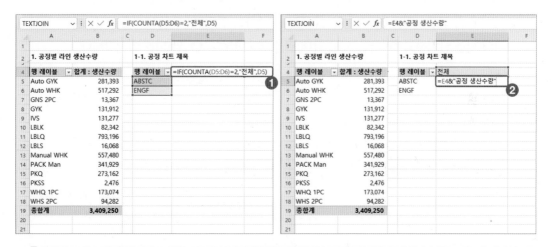

📈 **실력UP** [대시보드] 시트의 [공정] 슬라이스에서 필터가 해제되면 피벗 테이블에 두 개의 공정명이 표시되고, [ABSTC] 공정을 클릭하면 피벗 테이블의 행 레이블에 'ABSTC'만 표시됩니다. 하지만 아직 [공정] 슬라이서와 피벗 테이블을 연결하지 않았기 때문에 동작하지는 않습니다.

📈 **실력UP** [E4] 셀의 수식은 행 레이블에 나타나는 항목 수가 두 개이면 '전체'로 표시하고, 한 개이면 나타나는 공정명을 그대로 표시합니다. [E5] 셀의 수식은 [E4] 셀의 결과에 '공정 생산수량' 문자를 추가하여 표시합니다. 이 두 개의 수식을 합쳐서 한 셀에 입력해도 되지만 [E4] 셀의 수식은 [2-2. 라인별 월 차트 제목] 피벗에서도 사용해야 하므로 나누어 입력합니다.

---

07 피벗 테이블 이름 변경하기 [피벗 테이블 분석] 탭–[피벗 테이블] 그룹–[피벗 테이블 이름]을 **1-1.공정제목피벗**으로 변경합니다.

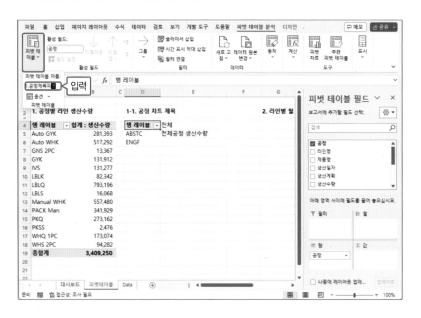

08 피벗 차트 작성하기 ❶ [1.공정피벗] 피벗 테이블에서 임의의 셀을 선택한 후 ❷ [피벗 테이블 분석] 탭–[도구] 그룹–[피벗 차트🔲]를 클릭합니다. [차트 삽입] 대화상자의 ❸ [모든 차트] 탭에서 [세로 막대형]을 클릭하고 ❹ [묶은 세로 막대형]을 클릭합니다. ❺ [확인]을 클릭합니다.

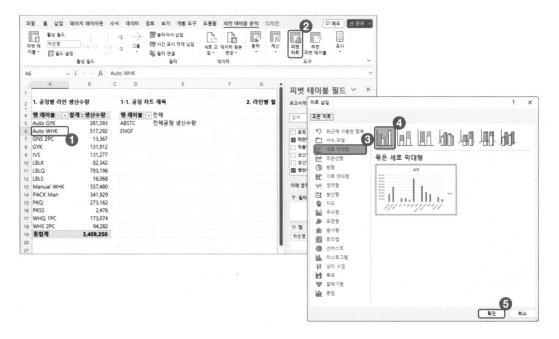

09 피벗 차트가 작성되었습니다. ❶ [피벗 차트 분석] 탭-[표시/숨기기] 그룹-[필드 단추📧]-[모두 숨기기]를 선택합니다. ❷ [피벗 차트] 그룹-[피벗 차트 이름]을 **1.공정차트**로 변경합니다.

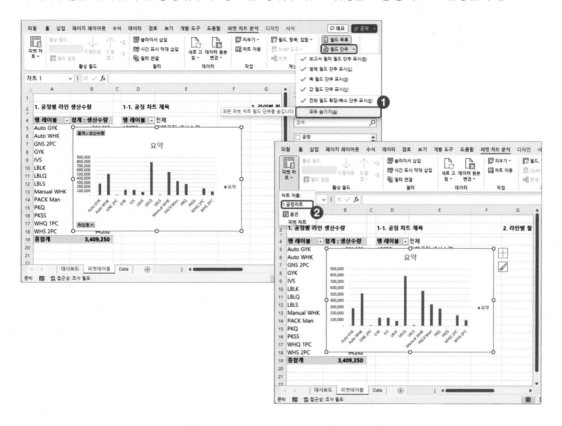

10 피벗 차트 서식 변경하기 ❶ [범례]를 클릭하고 Delete 를 눌러 삭제합니다. ❷ [차트 요소⊞]-[데이터 레이블]에 체크합니다.

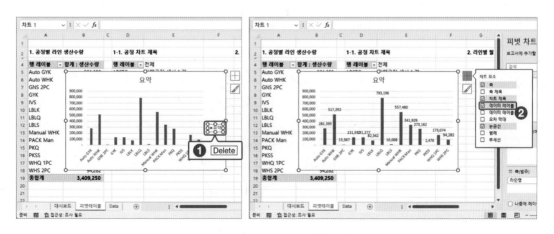

11 ❶ [차트 계열]에서 마우스 오른쪽 버튼을 클릭한 후 [데이터 계열 서식]을 선택합니다. [데이터 계열 서식] 작업 창의 ❷ [계열 옵션]–[간격 너비]를 **100%**로 변경합니다.

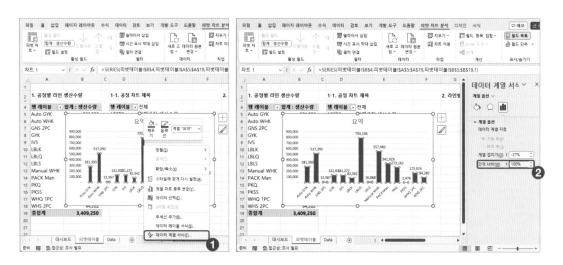

12 **차트 제목 수식과 연결하기** [E5] 셀에 수식으로 입력해둔 데이터를 차트 제목으로 연결해보겠습니다. ❶ [차트 제목]을 클릭한 후 ❷ [수식 입력줄]에 =를 입력합니다. ❸ [E5] 셀을 클릭합니다. ❹ [수식 입력줄]에 **=피벗테이블!$E$5**가 입력되면 ❺ Enter 를 누릅니다. ❻ [E5] 셀의 수식 결과가 차트 제목으로 표시됩니다. ❼ Ctrl + B 를 눌러 굵게 표시합니다.

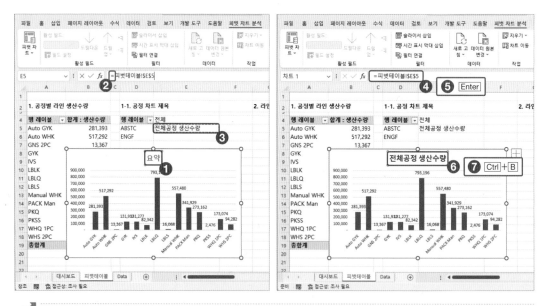

📈 **실력UP** 차트 제목에는 함수를 사용할 수 없지만 셀과 연결하는 수식은 사용할 수 있으므로 차트 제목으로 사용할 문자를 셀에 함수를 이용하여 만든 후 [수식 입력줄]에 '=시트명!셀주소' 형식으로 입력합니다.

13 차트를 대시보드 시트로 이동하기 ❶ 작성된 차트의 [차트 영역]을 클릭한 후 Ctrl + X 를 눌러 잘라냅니다. ❷ [대시보드] 시트에서 Ctrl + V 를 눌러 차트를 붙여 넣습니다. ❸ 차트를 [전체피벗] 아래쪽으로 이동하고 크기를 적절하게 변경합니다.

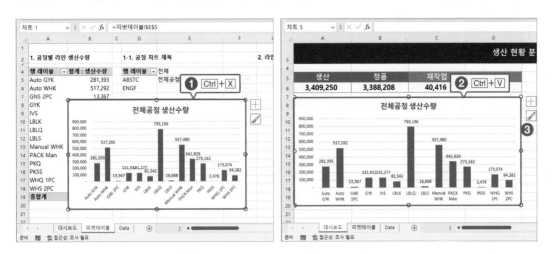

14 [공정] 슬라이서와 연결하기 [피벗테이블] 시트에 추가한 두 개의 피벗 테이블을 [공정] 슬라이서와 연결해보겠습니다. ❶ [공정] 슬라이서에서 마우스 오른쪽 버튼을 클릭한 후 [보고서 연결]을 선택합니다. [보고서 연결(공정)] 대화상자에서 ❷ [1.공정피벗]과 [1-1.공정제목피벗]에 체크합니다. ❸ [확인]을 클릭합니다.

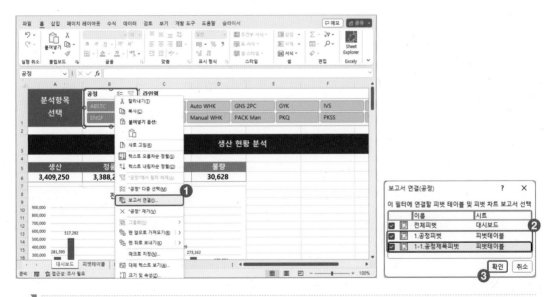

📈 **실력UP** 피벗 차트는 [1.공정피벗]으로 작성하였으므로 [1.공정피벗]이 슬라이서와 연결되면 차트도 연결됩니다. [라인명] 슬라이서는 [공정] 슬라이서의 하위 내용을 표시하므로 이 피벗 테이블과는 연결하지 않습니다.

15 ❶ [공정] 슬라이서에서 하나의 공정을 선택하면 ❷ 차트 제목과 내용이 변경됩니다. ❸ [공정] 슬라이서의 필터를 해제하면 ❹ 차트에 전체 공정 내용이 표시됩니다.

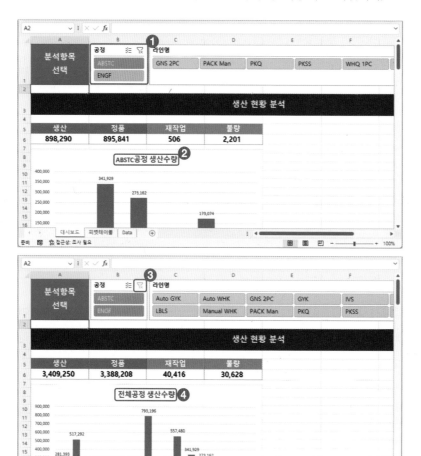

 실력UP 슬라이서의 필터링을 초기화하려면 슬라이서의 우측 상단에 위치한 [필터 지우기 ▽]를 클릭합니다.

STEP 03

라인별 월 계획대비 실적을 분석하는 피벗 테이블과 차트 작성하기

실습 파일 | 11_대시보드-STEP03.xlsx
완성 파일 | 11_대시보드(완성).xlsx

공정과 라인 슬라이서에서 필터링할 항목을 선택하면 월별로 계획 수량과 생산 수량을 표시하는 피벗 테이블과 피벗 차트를 작성해보겠습니다. 피벗 차트 데이터로 사용할 피벗 테이블과 차트 제목에 사용할 텍스트를 추출하는 피벗 테이블을 작성하여 슬라이서에 연결하고, 피벗 차트는 계획 수량과 실적 수량이 겹쳐서 보이도록 혼합 막대 차트로 작성합니다.

 엑셀로 살아남기   **겹치는 막대 차트로 계획대비 실적 표현하기**

---

1. 월별 계획 수량과 생산 수량을 집계하는 피벗 테이블 작성하기 [피벗 테이블] 시트에 월별 계획 수량과 생산 수량을 집계하는 피벗 테이블을 작성합니다. 이 피벗 테이블은 대시보드 보고서에 직접적으로 보이지 않고 피벗 차트의 데이터로 사용됩니다.

> [삽입] 탭-[표] 그룹-[피벗 테이블📄]-[테이블/범위에서]

2. 피벗 차트 작성하기 계획대비 실적의 현황을 직관적으로 분석할 수 있도록 겹친 세로 막대형 피벗 차트를 작성합니다. 묶은 세로 막대형 차트에서 두 개의 계열을 기본 축, 보조 축으로 나눠 설정하면 계열 간격 너비를 다르게 설정할 수 있고, 항목 요소를 겹쳐서 표현할 수도 있습니다. 작성된 차트는 [대시보드] 보고서에 배치하고 슬라이서와 연결합니다.

> [피벗 테이블 분석] 탭-[도구] 그룹-[피벗 차트📊]   [라인명] 슬라이서-[보고서 연결]

3. 피벗 차트 제목 만들기 공정 차트 제목 피벗테이블을 복사하여 라인명이 표시되는 피벗 테이블로 변경합니다. 피벗의 내용으로 IF 함수와 COUNTA 함수를 이용하여 차트 제목에 사용할 문자를 만듭니다.

> [삽입] 탭-[표] 그룹-[피벗 테이블📄]-[테이블/범위에서]
> =IF(COUNTA(K5:K18)=1,K5&"라인 계획대비 실적",E4&"공정 계획대비 실적")

01 라인별 피벗 테이블 작성하기 [피벗테이블] 시트에서 작업합니다. ❶ [G4] 셀을 선택합니다. ❷ [삽입] 탭-[표] 그룹-[피벗 테이블▣]-[테이블/범위에서]를 선택합니다. [표 또는 범위의 피벗 테이블] 대화상자의 ❸ [표/범위]에 **생산데이터**를 입력하고 ❹ [피벗 테이블을 배치할 위치를 선택합니다.]에는 **피벗테이블!$G$4**가 입력되었는지 확인합니다. ❺ [확인]을 클릭합니다.

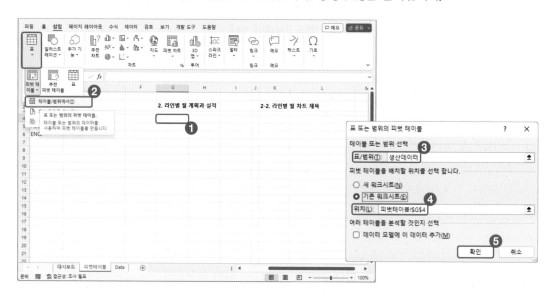

02 피벗 테이블 레이아웃 설정하기 [피벗 테이블 필드] 작업 창의 필드 목록에서 ❶ [생산일자] 필드를 [행] 영역으로 드래그하고 ❷ [생산계획] 필드와 [생산수량] 필드를 [값] 영역으로 드래그합니다. ❸ [G5] 셀에서 마우스 오른쪽 버튼을 클릭하고 [그룹]을 선택합니다.

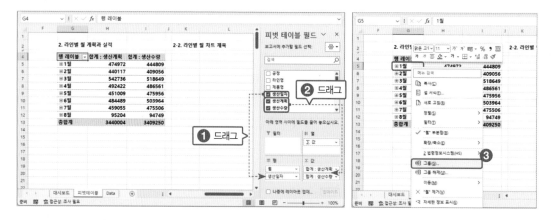

03 [그룹화] 대화상자에서 ❶ [단위]에 [일]을 선택 해제하고, [월]만 선택합니다. ❷ [확인]을 클릭합니다. ❸ [H4] 셀에 **계획**을 입력하고, [I4] 셀에 **실적**을 입력합니다. ❹ [H5:I13] 셀 범위를 선택한후 ❺ [홈] 탭–[표시 형식] 그룹–[쉼표 스타일 **,**]을 클릭합니다. ❻ [피벗 테이블 분석] 탭–[피벗 테이블] 그룹–[피벗 테이블 이름]을 **2.월피벗**으로 변경합니다.

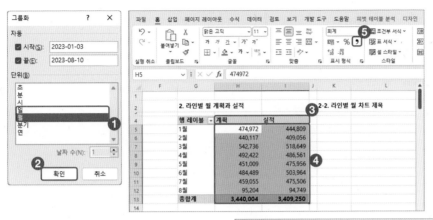

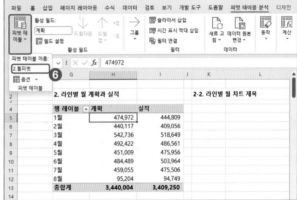

실력UP [H4:I4]의 열 레이블은 피벗 차트의 범례로 사용되므로 변경하는 것이 좋습니다.

04 차트 제목용 피벗 테이블 복사하기 [공정 차트 제목] 피벗 테이블을 복사하여 [라인별 월 차트 제목] 피벗 테이블로 변경해보겠습니다. ❶ [D4:D6] 셀 범위를 선택한 후 Ctrl + C 로 복사합니다. ❷ [K4] 셀을 선택한 후 Ctrl + V 로 붙여 넣습니다.

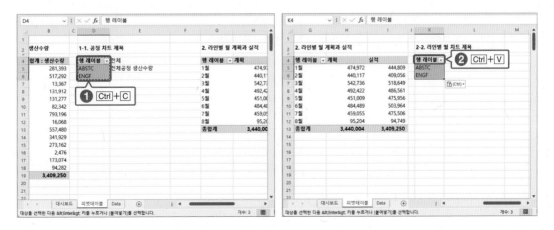

05 [피벗 테이블 필드] 작업 창의 필드 목록에서 ❶ [공정] 필드를 체크 해제하고 ❷ [라인명] 필드를 [행] 영역으로 드래그합니다. ❸ [L4] 셀에 **=IF(COUNTA(K5:K18)=1,K5&"라인 계획대비 실적",E4&"공정 계획대비 실적")**를 입력합니다.

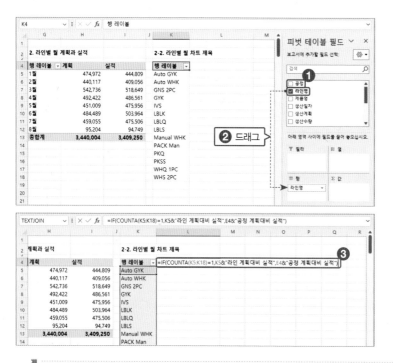

📈 **실력UP** [K5:K18] 셀 범위의 개수가 한 개이면 [라인명] 슬라이서에서 한 개만 선택한 상태이므로 해당 라인명에 '라인 계획대비 실적' 문자를 포함하여 표시합니다. 한 개가 아니면 [E4] 셀에 입력된 수식의 결과에 '공정 계획대비 실적' 문자를 포함하여 표시합니다.

06 ❶ 두 번째 피벗 차트 제목으로 사용할 문자가 표시되었습니다. ❷ [피벗 테이블 분석] 탭-[피벗 테이블] 그룹-[피벗 테이블 이름]을 **2-2.월제목피벗**으로 변경합니다.

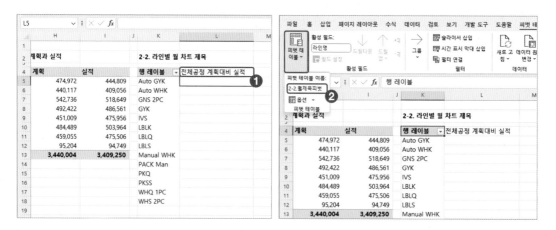

07 피벗 차트 작성하기 ❶ [2.월피벗] 피벗테이블에서 임의의 셀을 선택한 후 ❷ [피벗 테이블 분석] 탭-[도구] 그룹-[피벗 차트 🖼]를 클릭합니다. [차트 삽입] 대화상자의 ❸ [모든 차트] 탭에서 [혼합]을 클릭합니다. ❹ [실적] 계열의 [차트 종류]를 [묶은 세로 막대형]으로 변경하고, [보조 축]을 체크합니다. ❺ [확인]을 클릭합니다.

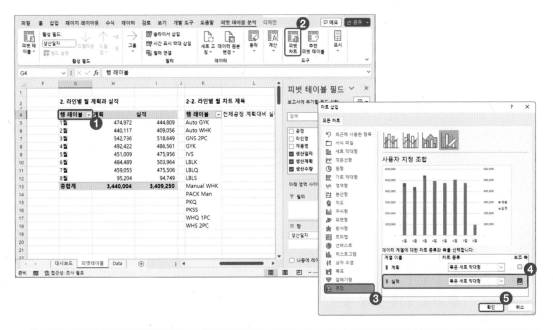

📈 **실력UP** [계획]과 [실적] 계열을 겹치게 표시하고 [간격 너비]를 다르게 지정하려면 한 개의 계열은 [보조 축]으로 설정해야 합니다. 두 계열이 겹쳤을 때 [보조 축]으로 설정한 계열이 위로 정렬됩니다.

08 피벗 차트가 작성되었습니다. ❶ [피벗 차트 분석] 탭-[표시/숨기기] 그룹-[필드 단추 🖼]-[모두 숨기기]를 선택합니다. ❷ [피벗 차트] 그룹-[피벗 차트 이름]을 **2.월차트**로 변경합니다.

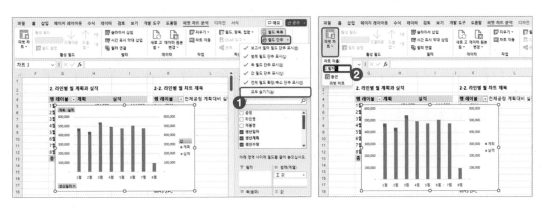

09 차트 서식 변경하기 ❶ [차트 요소⊞]–[차트 제목]에 체크하고 ❷ [차트 요소⊞]–[범례]–[위쪽]을 선택합니다.

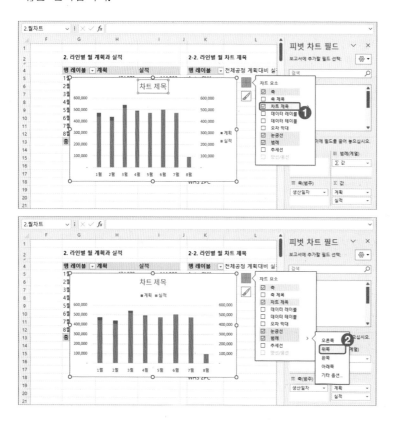

10 ❶ [보조 세로 축]을 클릭한 후 Delete 를 눌러 삭제합니다. [보조 세로 축]을 삭제해도 레이블만 삭제된 상태이므로 차트 계열에는 영향을 주지 않습니다. ❷ [계획] 계열에서 마우스 오른쪽 버튼을 클릭한 후 [데이터 계열 서식]을 선택합니다.

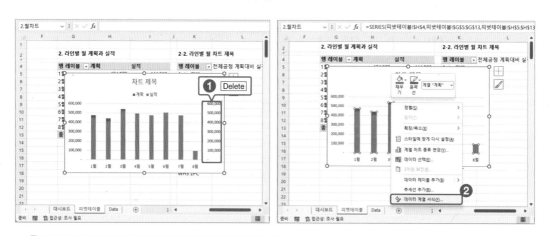

📈 **실력UP** [계획] 계열은 예제 상에서 파란색 막대그래프로 표시되는 계열입니다. 해당 계열만 선택된 상태에서 작업해야 합니다.

11 [데이터 계열 서식] 작업 창에서 [계열 옵션]의 [간격 너비]를 **100%**로 변경합니다.

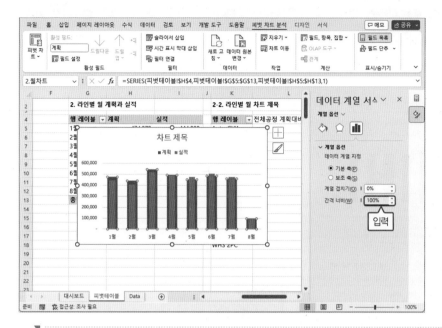

12 ❶ [채우기 및 선📷]을 클릭한 후 ❷ [채우기]를 클릭합니다. ❸ [단색 채우기]를 선택한 후 ❹ [색]에서 [흰색, 배경1, 25% 더 어둡게]를 선택합니다.

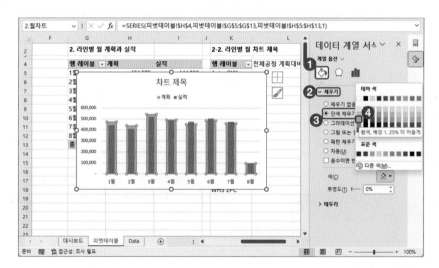

13 ❶ [실적] 계열을 클릭합니다. ❷ [데이터 계열 서식] 작업 창에서 [계열 옵션]에서 [간격 너비]를 **150%**로 변경합니다. ❸ [채우기 및 선◎]을 클릭한 후 ❹ [채우기]를 클릭합니다. ❺ [단색 채우기]를 선택한 후 ❺ [색]–[녹색, 강조 6]을 선택합니다.

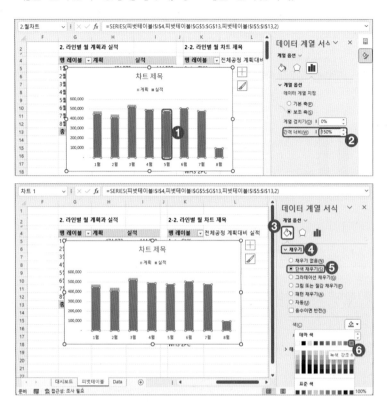

14 차트 제목 셀과 연결하기 [L4] 셀에 수식으로 입력해둔 데이터를 차트 제목으로 연결해보겠습니다. ❶ [차트 제목]을 클릭한 후 ❷ 수식 입력줄에 **=**를 입력합니다. ❸ [L4] 셀을 클릭합니다. ❹ [수식 입력줄]에 **=피벗테이블!$L$4**가 입력되면 ❺ Enter 를 누릅니다. ❻ [L4] 셀의 수식 결과가 차트 제목으로 표시됩니다. ❼ Ctrl + B 를 눌러 굵게 표시합니다.

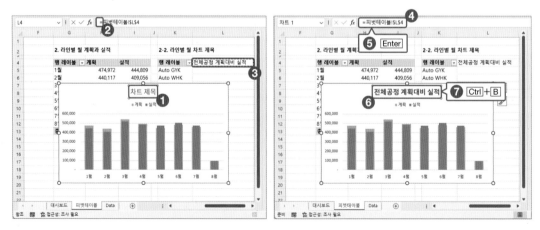

15 차트를 [대시보드] 시트로 이동하기 ❶ 작성된 차트의 [차트 영역]을 클릭한 후 Ctrl + X를 눌러 잘라냅니다. ❷ [대시보드] 시트를 선택한 후 Ctrl + V로 붙여 넣습니다. ❸ 차트를 [전체피벗] 오른쪽에 옮기고 크기를 적절하게 변경합니다.

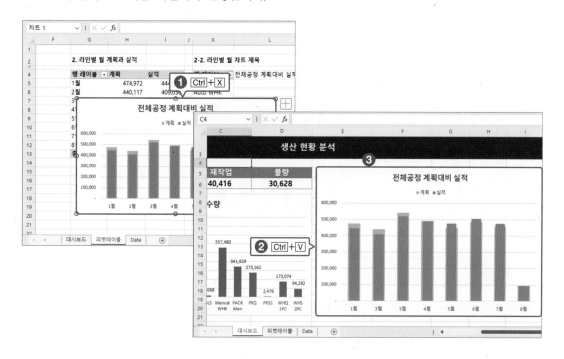

16 [공정] 슬라이서와 연결하기 ❶ [공정] 슬라이서에서 마우스 오른쪽 버튼을 클릭한 후 [보고서 연결]을 선택합니다. [보고서 연결(공정)] 대화상자에서 ❷ [2.월피벗]에 체크합니다. ❸ [확인]을 클릭합니다.

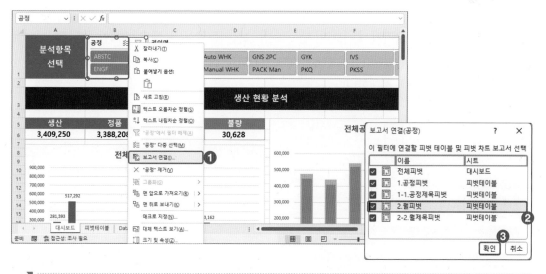

📈 **실력UP** [2-2.월제목피벗] 피벗 차트는 [1-1.공정제목피벗] 피벗 테이블을 복사했기 때문에 슬라이서와 연결되어 있습니다.

17 [라인명] 슬라이서와 연결하기 [2.월피벗]은 [라인명] 슬라이서와 연결되어야 합니다. ❶ [라인명] 슬라이서에서 마우스 오른쪽 버튼을 클릭한 후 [보고서 연결]을 선택합니다. [보고서 연결(라인명)] 대화상자에서 ❷ [2.월피벗]과 [2-2.월제목피벗]을 체크합니다. ❸ [확인]을 클릭합니다. ❹ [공정]과 [라인명] 슬라이서에서 필터를 적용하면 차트의 결과가 변경됩니다.

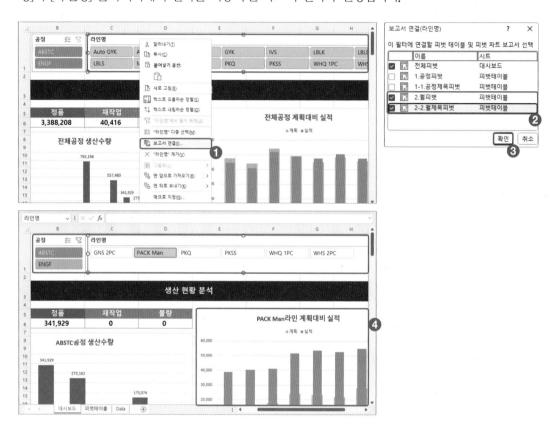

18 눈금선 해제와 시트 숨기기 ❶ [보기] 탭-[표시] 그룹-[눈금선]을 체크 해제합니다. ❷ [피벗테이블] 시트를 선택한 후 ❸ Shift를 누른상태에서 [Data] 시트를 선택합니다. ❹ 마우스 오른쪽 버튼을 클릭한 후 [숨기기]를 선택합니다.

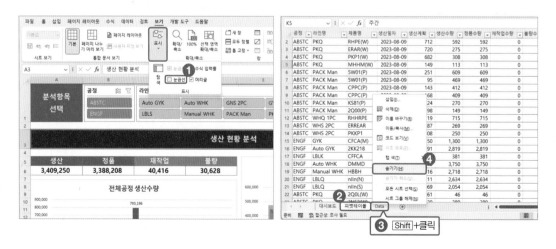

틀 고정과 그룹으로 전체와 부분을 선택하여 보기

KeyPoint | Shift + Alt + →, ←

실습 파일 | 11_강사노하우(틀고정과그룹).xlsx
완성 파일 | 11_강사노하우(틀고정과그룹_완성).xlsx

워크시트에 많은 양의 데이터가 입력되어 있다면 틀 고정을 이용하여 제목 행이나 제목 열과 같은 특정 영역을 고정해놓고 작업하는 것이 편리합니다. 또한 관련된 열이나 행들을 하나의 그룹으로 묶어두면 윤곽 확장/축소 단추(+ / -)가 표시되어 클릭만으로 행과 열을 빠르게 숨기고 취소할 수 있습니다.

틀 고정하기

01 4행까지 틀 고정을 하여 5행부터 스크롤이 되도록 해보겠습니다. 5행을 클릭한 후 [보기] 탭-[창] 그룹-[틀 고정 📖]-[틀 고정]을 선택합니다.

02 틀 고정이 되면서 4행과 5행 사이에 수평선이 생깁니다. 화면을 아래로 스크롤해봅니다. 1행 부터 4행까지 고정됩니다.

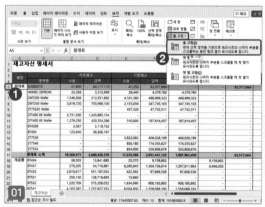

03 다른 기준으로 틀 고정을 하려면 기존에 설정한 틀 고정을 해제해야 합니다. [보기] 탭–[창] 그룹–[틀 고정▦]–[틀 고정 취소]를 선택합니다.

04 이번에는 행과 열을 동시에 고정하기 위해 [C5] 셀을 선택한 후 [보기] 탭–[창] 그룹–[틀 고정▦]–[틀 고정]을 선택합니다. 틀 고정 위치는 선택한 셀을 기준으로 행은 위쪽 행까지, 열은 왼쪽 열까지 고정되어 행은 4행까지 열은 B열까지 고정됩니다.

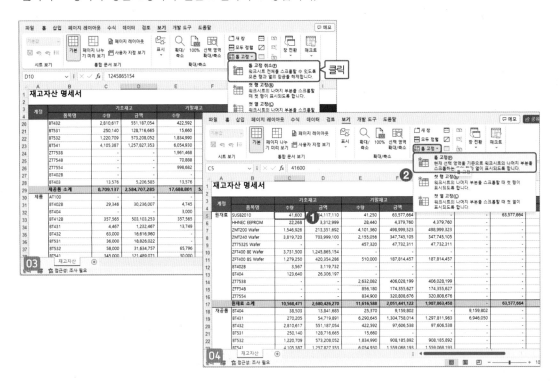

05 화면을 아래와 오른쪽으로 스크롤해봅니다. 행과 열이 모두 틀 고정되었습니다.

그룹 설정하기

06 관련된 행이나 열끼리 묶어서 그룹 윤곽 단추가 표시되도록 해보겠습니다. [C:F] 열을 선택한 후 Shift + Alt + → 를 누릅니다. 열 머리글 위에 확장/축소 단추(+/−)가 표시됩니다.

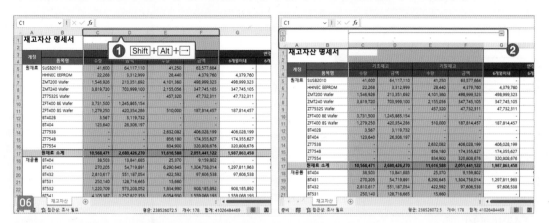

📈 **실력UP** 그룹 해제는 Shift + Alt + ← 를 누르고, 리본 메뉴를 이용할 때는 [데이터] 탭–[개요] 그룹–[그룹 🔢] 또는 [그룹 해제 🔢]를 선택합니다.

07 [J:M] 열을 선택한 후 Shift + Alt + → 를 누릅니다. 열 머리글 위에 확장/축소 단추(+/−)가 표시됩니다.

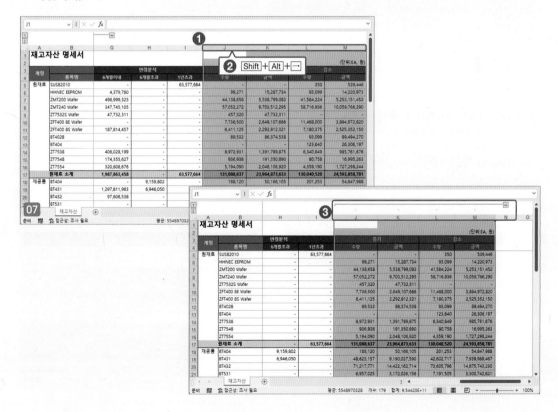

08 축소 단추 − 를 클릭하면 그룹 설정된 열이 숨겨지고, 확대 단추 + 를 클릭하면 숨겨진 열이 다시 표시됩니다. 왼쪽 윤곽 번호 ①을 클릭하면 모두 축소되고, 윤곽 번호 ②를 클릭하면 모두 확대됩니다.

09 행은 각 계정별 소계가 항상 표시되도록 하고, 세부 항목만 그룹으로 확대/축소할 수 있도록 그룹 설정을 해보겠습니다. [5:16] 행을 선택한 후 Shift + Alt + − 를 누릅니다. 행 머리글 왼쪽에 확장/축소 단추(+ / −)가 표시됩니다.

10 [18:28] 행을 선택한 후 Shift + Alt + − 를 누릅니다.

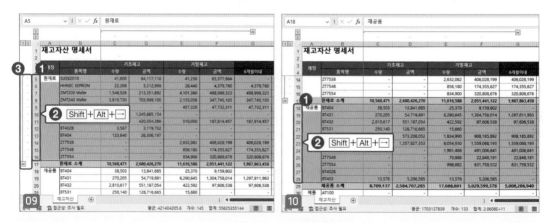

11 행 그룹 윤곽 번호 ①을 클릭하면 각 계정별 소계만 표시됩니다.

12 윤곽 번호 ②를 클릭하면 모든 행 데이터가 표시됩니다.

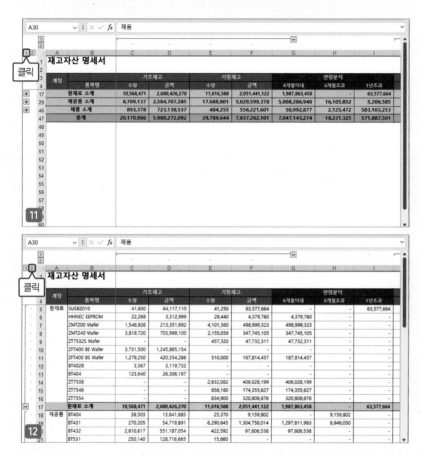

찾아보기

찾아보기